prépabac

Cours & entraînement

Histoire-Géographie

2de

Élisabeth Brisson
Professeur agrégée d'Histoire
Docteur en Histoire

Florence Holstein
Professeur agrégée d'Histoire-Géographie
au lycée Richelieu (Rueil-Malmaison)

Hatier

Mode d'emploi

Votre ouvrage Prépabac

- Conforme au nouveau programme d'Histoire-Géographie 2de entré en vigueur à la rentrée 2010, ce Prépabac vous propose un **outil de travail** complet et efficace.
- Sur chaque thème du programme, vous trouverez : un **cours** structuré, des fiches de **méthode**, des **exercices** progressifs et leurs **corrigés** détaillés.
- Enrichies de nombreux **commentaires** et **conseils** des auteurs, toutes ces ressources vous permettent d'aborder en confiance vos contrôles durant l'année.

COURS | **MÉTHODE** | **EXERCICES** | **CORRIGÉS**

Sur le site www.annabac.com

- L'achat de ce Prépabac vous permet de bénéficier d'un **accès GRATUIT** aux ressources d'annabac.com : fiches de cours, podcasts, quiz, exercices et sujets corrigés...
- Pour profiter de cette offre, rendez-vous sur www.annabac.com, dans la rubrique « Vous avez acheté un ouvrage Hatier ? ».

ISBN : 978-2-218-96892-1

sommaire

HISTOIRE

sommaire

GÉOGRAPHIE

Les enjeux du développement

Gérer les ressources terrestres

Aménager la ville

sommaire

Gérer les espaces terrestres

Histoire

www.annabac.com

CHAPITRE 1

La place des populations de l'Europe dans le peuplement de la Terre

Présents sur le continent européen depuis environ deux millions d'années, les Européens sont le produit de multiples brassages de populations. Avec l'Inde et la Chine, l'Europe constitue ainsi l'un des trois grands foyers de peuplement du monde. Comment, de l'Antiquité au XIXe siècle, les Européens contribuent-ils à la croissance de la population mondiale, d'abord en Europe du fait de leur accroissement quantitatif, puis dans le reste du monde ?

Le **peuplement** correspond à la répartition de la population sur un espace géographique, tandis que la **population** est l'ensemble des individus qui habitent en un lieu donné.

I Le foyer de peuplement européen

Dans l'évolution de la population à l'échelle mondiale, donc sur le temps long, la part de la population européenne se révèle importante et relativement stable.

A L'Europe, un foyer de peuplement ancien

- Au cours de la période **néolithique**, à partir de 7000 av. J.-C., des populations venues du Proche-Orient s'installent peu à peu à travers l'Europe, apportant avec elles les techniques agricoles, la céramique, l'élevage. Vers 4000 av. J.-C., l'Europe compte peut-être 2 millions d'habitants.
- À partir de cette date, au début de l'Antiquité, les **peuples indo-européens**, venus des steppes au nord de la mer Noire, vont s'installer dans toute l'Europe par vagues successives. Ils y propagent leur culture, leurs croyances, leur langue, qui est à l'origine de la plupart des langues européennes actuelles. Les Grecs, les Romains, les Celtes (Gaulois, Irlandais), les Germains, les Scandinaves, les Baltes, les Slaves sont des Indo-Européens.
- Vers 400 av. J.-C., la Terre est peuplée d'environ 150 millions d'habitants, dont 30 millions en Europe (→ zoom p. 9).

ZOOM

Le peuplement de la Terre sur deux millénaires

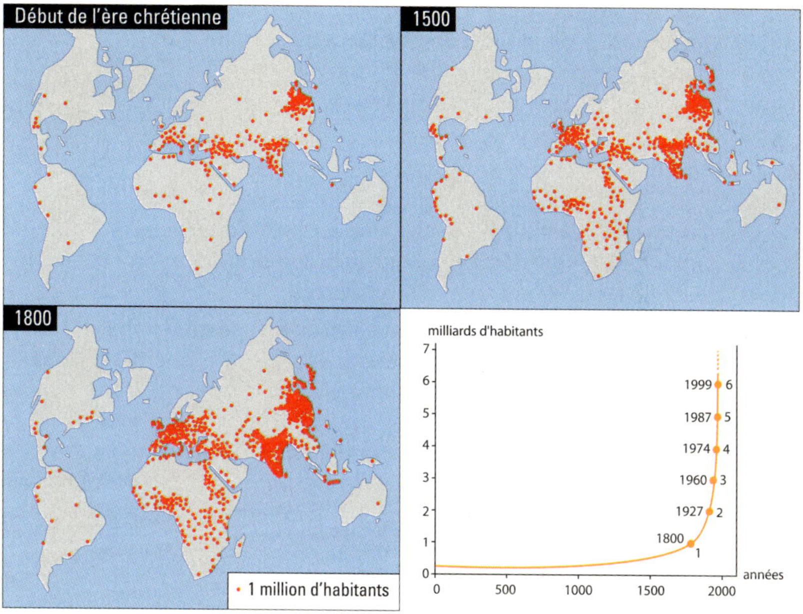

▶ Depuis l'Antiquité, trois foyers de peuplement majeurs se distinguent : l'**Asie de l'Est** (Chine), l'**Asie du Sud** (Inde) et l'**Europe**. La croissance démographique y est favorisée par le climat (qui permet la culture du riz ou du blé), l'ancienneté du peuplement (effet d'accumulation) et la présence d'États puissants.

▶ Entre le début de l'ère chrétienne et 1500, la population mondiale est presque **multipliée par deux**. En 1500, l'Europe compte 78 millions d'habitants, le sous-continent indien 95 millions et la Grande Chine 84 millions. À partir de 1600, les trois foyers majeurs connaissent une remarquable croissance de leur population.

▶ Entre 1800 et 1900, les **densités** de population augmentent dans le monde, surtout en Europe et aux **États-Unis**, qui deviennent le quatrième foyer de peuplement.

B Une croissance démographique lente et irrégulière jusqu'au XVIIIe siècle

La **démographie** est l'étude scientifique des populations, de leur évolution quantitative et qualitative, et de leurs mouvements.

- L'évolution démographique est marquée par l'**alternance de périodes de croissance et de périodes de crise**, ou accidents démographiques. Entre 500 et 1500, le nombre des Européens double cependant, passant de 39 millions à 78 millions.
- Les périodes de croissance de la population européenne s'expliquent surtout par des **progrès agricoles**. Au Moyen Âge, en particulier entre le XIe et le XIIIe siècle, les défrichements et l'usage de la charrue permettent de cultiver davantage de terres et de produire bien plus. Par conséquent, les hommes sont mieux nourris.
- Les périodes de crise, qui se traduisent par une stagnation voire une diminution de la population européenne, sont dues au surgissement de « **fléaux** », surtout à l'époque médiévale. Les **épidémies** se propagent rapidement dans les villes, où les densités sont élevées : la plus célèbre est la **peste noire** de 1348-1349, qui décime un tiers de la population européenne. Les famines reviennent régulièrement, surtout en cas de mauvaises récoltes consécutives à des vagues de froid ou de chaleur. Les **guerres**, notamment celle de Cent Ans (XIVe-XVe s.), provoquent de nombreux morts.

C Un nouveau régime démographique à partir du XVIIIe siècle

La **transition démographique** est le passage d'une période d'équilibre démographique, où natalité et mortalité sont élevées, à une autre période d'équilibre démographique, où natalité et mortalité sont faibles. Durant cette transition, la population croît rapidement.

- L'Europe voit sa population doubler entre 1800 et 1900. Elle représente, à la fin du XIXe siècle, **un quart de l'humanité** (420 millions d'Européens pour une population mondiale de 1 610 millions) contre environ 15 % auparavant.
- La France et l'Angleterre sont les premiers pays, dès 1750, à entamer leur transition démographique. Vers 1700, un Européen sur quatre est français : le royaume de France est un géant démographique. Mais au XVIIIe siècle, si la hausse de la population française est importante (+ 33 %), elle l'est toutefois beaucoup moins que celle d'autres régions d'Europe : Irlande (+ 110 %), Russie d'Europe (+ 80 %), Angleterre (+ 61 %)...

■ Le **recul de la mortalité** est lié à plusieurs facteurs :
- les progrès techniques dans l'agriculture, qui permettent d'accroître les rendements ;
- la raréfaction des famines et des épidémies ;
- les progrès sanitaires : les médecins sont désormais capables de soigner certaines maladies (Jenner invente le vaccin contre la variole à la fin du XVIIIe siècle) et l'hygiène est plus rigoureuse.

■ Jusqu'au XIXe siècle, la **natalité** se maintient à un taux élevé. À l'exception de la France, où elle diminue dès la fin du XVIIIe s., les premiers signes d'une baisse de la natalité n'apparaissent qu'à la fin du XIXe siècle. Les couples limitent alors le nombre de naissances (abstinence, pratiques contraceptives) afin d'offrir de meilleures conditions de vie à leurs enfants. Ils intériorisent ainsi les théories malthusiennes. L'urbanisation contribue aussi à limiter les naissances car les logements en ville sont plus petits.

L'économiste **Thomas R. Malthus** (1766-1834) préconise la limitation des naissances afin que tous les hommes puissent être nourris.

II La contribution des Européens au peuplement du monde

A Les déplacements forcés : le cas des traites négrières

■ La traite négrière est le transport et le commerce d'**esclaves noirs**. Elle est apparue avec les traites orientales (VIe s.) au profit du monde musulman, à travers le Sahara. Pratiquée durant des siècles, la traite a contribué à façonner la répartition de la population sur la Terre.

■ Entre 1500 et 1600, la conquête de l'Amérique est suivie d'un **effondrement de l'effectif des populations autochtones** (de 80 à 4,5 millions). Celles-ci sont victimes des maladies infectieuses introduites par les Européens et des rudes conditions de vie imposées par les *conquistadores* (travail forcé) (→ chap. 5).

■ Entre le XVIe et le XIXe siècle, **les Européens déportent 11 millions d'Africains** pour remplacer les Indiens. Cette traite donne lieu au commerce triangulaire au profit de l'Espagne et du Portugal, puis de l'Angleterre et de la France. Des marchandises de faible valeur, chargées dans les ports de l'Atlantique, tels Nantes ou Bordeaux, sont échangées contre des esclaves africains, qui sont transportés dans des conditions épouvantables à travers l'Atlantique. Les navires négriers rapportent ensuite des produits tropicaux en Europe. À cause de la traite négrière, la population africaine chute de l'ordre de 10 % entre 1700 et 1800.

B L'émigration européenne vers d'autres continents au XIXe siècle

Presque toutes les régions d'Europe participent au mouvement d'émigration outre-mer. Les **causes des départs** sont complexes et multiples.

- Dans un contexte de pression démographique et de bouleversement économique accompagnant le processus d'industrialisation, les migrations européennes s'expliquent en premier lieu par le **surpeuplement** et la **misère**. En effet, les progrès de l'agriculture, réduisant les besoins en main-d'œuvre dans les campagnes, alimentent un exode rural d'autant plus fort que la population augmente du fait de la transition démographique en cours. Or, le développement industriel ne permet pas de fournir un emploi à tous les nouveaux venus. Les premiers Européens à partir pour trouver de meilleures conditions de vie sont les Britanniques, vers 1830 (→ zoom p. 13).

> On appelle **exode rural** la migration des habitants des campagnes vers les villes.

- L'émigration relève également de la fuite devant les **persécutions** dont sont victimes certaines populations, en particulier les juifs d'Europe de l'Est contre lesquels de nombreux pogroms sont organisés.
- Les puissances européennes créent des colonies de peuplement en Afrique et en Asie. À partir de la prise d'Alger, en 1830, des populations européennes (Français, Italiens) s'installent progressivement en Algérie. De leur côté, les «pays neufs» qui, comme les États-Unis, connaissent un fort développement économique au XIXe siècle, accueillent l'immigration européenne pour satisfaire leurs **besoins de main-d'œuvre** (dans l'industrie ou l'agriculture). Ils contrôlent cependant étroitement les flux d'immigration à leur arrivée (complexe douanier d'Ellis Island à New York, ouvert en 1892).

> Une **colonie de peuplement** est une colonie dans laquelle la métropole favorise l'implantation de populations nouvelles afin de mettre en valeur le territoire.

- Les **progrès de la navigation** rendent possibles de telles migrations. *Clippers* puis *steamers* facilitent les déplacements, tandis que la publicité de compagnies transatlantiques de certains États incite au départ.

C Le cas de l'émigration irlandaise au XIXe siècle

1. Une émigration massive, principalement vers les États-Unis

- Au XIXe siècle, les Irlandais émigrent en masse : plus de 5 millions d'entre eux quittent le pays, dont 3 millions vers les États-Unis et 1 million vers le Canada. Leurs destinations privilégiées sont les **pays anglophones d'Amérique du**

ZOOM

Les migrations européennes au XIXe siècle

▶ De 1820 à 1914, environ **55 millions d'Européens** quittent leur pays d'origine pour s'installer sur un autre continent : 33 millions aux États-Unis, 4,5 millions au Canada, 16 millions en Amérique latine (Argentine, Brésil), Océanie (Australie, Nouvelle-Zélande) et Afrique.

▶ Sur ces 55 millions d'Européens, 12 millions sont des **Anglais**, 11 millions des **Irlandais** et 500 000 des **Français**. Jusqu'en 1880, les migrants sont surtout originaires de l'Europe du Nord ; après cette date, ils viennent principalement de l'Europe de l'Est et du Sud (7 millions d'**Italiens** émigrent entre 1871 et 1914).

Nord et d'Océanie, où ils pensent s'intégrer plus facilement. Vers 1850, ils constituent la première nation d'immigrants entrant aux États-Unis.

À cause d'un champignon parasite, le mildiou, les récoltes de pomme de terre en Irlande s'effondrent plusieurs années de suite, entraînant la **Grande Famine**.

- L'émigration irlandaise démarre dès les années 1830, mais la Grande Famine de la fin des années 1840 lui impulse une accélération brutale et spectaculaire. La surmortalité et l'émigration de masse font perdre au pays le tiers de sa population en quelques années. Puis, dans les années 1880, les grands propriétaires terriens (souvent des protestants anglais) expulsent les petits paysans (souvent des catholiques irlandais) des terres qu'ils exploitaient jusque-là. Enfin, l'émigration s'alimente d'elle-même, les premiers migrants invitant les autres à les suivre.

2. Les difficultés de l'intégration

- Les immigrés irlandais sont confrontés à plusieurs problèmes à leur arrivée aux États-Unis, à commencer par le **chômage**. En effet, les emplois disponibles ne sont pas suffisants pour occuper tous les immigrants qui affluent et qui, pour la plupart, se concentrent dans les grandes villes.
- Les Irlandais – comme les autres immigrés – sont d'abord peu intégrés à la société américaine. Ils sont **regroupés entre eux** et vivent dans les quartiers les moins agréables, sans égouts et à proximité des usines. De plus, ils doivent souvent faire face à l'**hostilité de la population** : des caricatures présentent les hommes comme alcooliques et les femmes, exerçant souvent la profession de domestique, comme stupides.
- Malgré ces difficultés, le brassage des populations finit peu à peu par s'opérer pour ceux qui décident de rester : c'est le *melting pot*. Signe d'intégration des Irlandais, la **fête de la Saint-Patrick** devient avant la fin du XIXe siècle l'une des grandes fêtes new-yorkaises, puis américaines.

RÉCAPITULONS

- Depuis l'Antiquité, l'Europe joue un rôle majeur dans le peuplement de la Terre. Grâce à une forte croissance démographique à partir du milieu du XVIIIe siècle, le continent européen devient le deuxième foyer de peuplement de la planète derrière l'Asie.
- Les migrations des populations européennes du XIXe siècle contribuent à l'émergence de nouveaux foyers de peuplement.

Étudier un graphique en histoire

LA DÉMARCHE

- **Identifier le type et l'objet du graphique.** Il peut s'agir d'une ou plusieurs courbes, d'un graphique en barres, d'un graphique circulaire. Son objet est indiqué par le titre et la légende.
- **Repérer les grandes tendances de l'évolution :** hausse, baisse, évolution erratique, contrastée ou en dents de scie. Notez les extrêmes et les irrégularités.
- **Dégager une interprétation**. Faites appel à vos connaissances ou comparez avec un autre document.

L'EXEMPLE COMMENTÉ

DOCUMENT La transition démographique

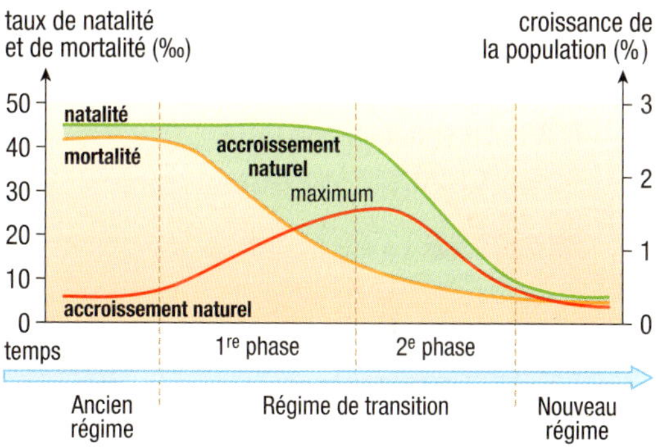

- **Identifier le type et l'objet du graphique.** Il s'agit d'un graphique en courbes qui met en évidence l'évolution des taux de natalité (vert) et de mortalité (orange) et ses conséquences sur l'accroissement naturel de la population (rouge) lors d'une transition démographique.
- **Repérer les grandes tendances de l'évolution.** On peut distinguer deux phases :
  - **1re phase** : baisse de la mortalité alors que la natalité reste élevée ;
  - **2e phase** : baisse de la natalité tandis que la mortalité continue de baisser.

  La population augmente fortement pendant le régime de transition, avec un accroissement naturel maximum lors du passage de la 1re à la 2e phase.
- **Dégager une interprétation.** La baisse de la mortalité (1re phase) peut s'expliquer par les progrès de l'alimentation et de l'hygiène. La baisse de la natalité (2e phase) est liée à la hausse du niveau de vie, à l'urbanisation, à la contraception, etc.

VÉRIFIER SES CONNAISSANCES

1 Définir

Que signifie l'expression « équilibre démographique » ?

2 Expliquer

Quelles sont les causes de la surmortalité en Europe jusqu'au XVIIIe siècle ?

S'ENTRAÎNER

3 Dégager l'information principale d'un texte

Dégagez l'information principale du texte suivant.

DOCUMENT Lettre de Fénelon à Louis XIV (1694)

« Vos peuples [...] meurent de faim. La culture des terres est presque abandonnée, les villes et les campagnes se dépeuplent ; tous les métiers languissent et ne nourrissent plus les ouvriers ; tout commerce est anéanti [...]. La France entière n'est plus qu'un grand hôpital désolé et sans provision.

4 Étudier un graphique

En vous appuyant sur la fiche méthode (→ p.15), étudiez le graphique suivant.

DOCUMENT La diminution de la population en Europe occidentale suite à la peste noire de 1346-1353

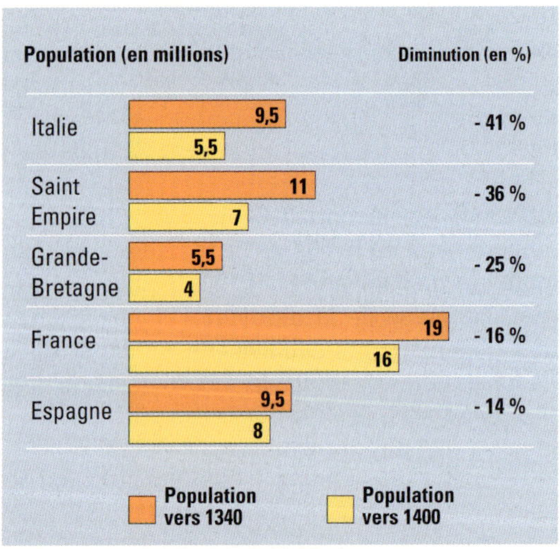

POUR VOUS AIDER

- **Situez** les dates de 1340 et 1400 par rapport à la peste noire.
- **Expliquez** la propagation foudroyante de la maladie à toute l'Europe occidentale.

VÉRIFIER SES CONNAISSANCES

1 Définir

L'**équilibre démographique** correspond à un équilibre entre les taux de natalité et de mortalité. Il exclut une croissance démographique forte.

2 Expliquer

La **surmortalité** en Europe jusqu'au XVIIIe siècle est causée par la récurrence des guerres, des épidémies, notamment de peste, et des famines.

S'ENTRAÎNER

3 Dégager l'information principale d'un texte

Dans ce texte, Fénelon décrit les causes et les effets d'une crise démographique : famine, hausse de la mortalité, chute de la production faute de main-d'œuvre, dépérissement de l'artisanat et du commerce faute de débouchés.

Une **crise démographique** est une augmentation brutale et temporaire du nombre de décès.

4 Étudier un graphique

1. [Identifier le type et l'objet du graphique]

Ce graphique en barres permet de comparer les effets de la peste noire de 1346-1353 sur la population des pays d'Europe occidentale.

2. [Repérer les grandes tendances de l'évolution]

On constate partout une terrible **diminution de la population** entre 1340 et 1400 : au total, les cinq espaces présentés sur le graphique comptent 14 millions d'habitants en moins. Cette diminution est plus ou moins marquée selon les pays : de – 41 % en Italie à – 14 % en Espagne.

Servez-vous du graphique pour calculer des données qu'il ne fournit pas directement.

3. [Dégager une interprétation]

Au XIVe siècle, l'Europe connaît une période d'extrême surmortalité provoquée par une épidémie de peste sans précédent, qui sévit à partir de 1346 et réapparaît plusieurs fois. Sa propagation foudroyante reflète les **conditions de vie** de l'époque : circulation accrue des populations à cause du développement du commerce, hausse de la population urbaine, promiscuité, manque d'hygiène.

La peste noire tue au total 24 millions de personnes, soit plus du **tiers de la population européenne**. Elle met fin à une situation de déséquilibre démographique : depuis la fin du XIIIe siècle, la croissance de la population européenne était plus rapide que celle des ressources.

www.annabac.com

CHAPITRE

2 L'invention de la citoyenneté dans le monde antique

La cité d'Athènes, aux Vᵉ et IVᵉ siècles avant J.-C., puis l'Empire romain, entre le Iᵉʳ et le IIIᵉ siècle après J.-C., ont mis en place deux systèmes politiques centrés sur le citoyen. Notre monde occidental en porte l'héritage, même si la définition du citoyen est moins restrictive et si le sens des termes « démocratie », « république » et « empire » n'est plus le même. Qui sont les citoyens à Athènes et à Rome ? Quel rôle jouent-ils dans ces deux contextes très différents ?

I Citoyenneté et démocratie à Athènes (Vᵉ-IVᵉ s. av. J.-C.)

A La démocratie, une invention athénienne

Depuis le VIIᵉ siècle av. J.-C., la Grèce est composée de plusieurs centaines de cités indépendantes. Athènes est l'une des plus peuplées et des plus puissantes.

Appelée en grec *polis* (qui a donné « politique » en français), la **cité** grecque est un mode d'organisation politique constitué d'une communauté humaine rassemblée sur un petit territoire, comprenant une ville principale et les campagnes environnantes.

1. Les législateurs du VIᵉ s. av. J.-C.

À partir du VIIᵉ siècle avant J.-C., les guerres incessantes entre les cités entraînent une crise à la fois sociale et politique à Athènes. Deux hommes jouent un rôle décisif pour la résoudre et instaurer la démocratie, c'est-à-dire un régime où le pouvoir est exercé par le peuple.

■ **Solon**, archonte en 594-593 av. J.-C., répond à la **crise sociale** par plusieurs décisions :
- suppression de l'esclavage pour dettes ;
- égalité devant la loi (**isonomie**) ;
- participation de tous aux décisions concernant la cité ;
- distinction des obligations de chacun en fonction de sa fortune (hautes fonctions réservées aux plus riches).

■ En 508-507 av. J.-C., **Clisthène**, membre d'une grande famille athénienne, répond à la **crise politique**. Tout membre du *demos* (peuple des citoyens) peut accéder aux fonctions politiques. Un citoyen n'est plus défini par son appartenance à une famille mais par un lieu de naissance et de résidence. Un système territorial reposant sur l'organisation de dix tribus devient le cadre des institutions de la cité. La réforme de Clisthène crée ainsi un **espace civique**.

■ Le **territoire « des Athéniens »** est divisé en trois ensembles : la ville, la côte, l'intérieur. Chaque ensemble est divisé en dix trittyes (regroupements de dèmes). La réunion d'une trittye de chacun des trois ensembles forme une tribu : il y a donc dix tribus.

Une tribu = une trittye de la ville + une trittye de la côte + une trittye de l'intérieur.

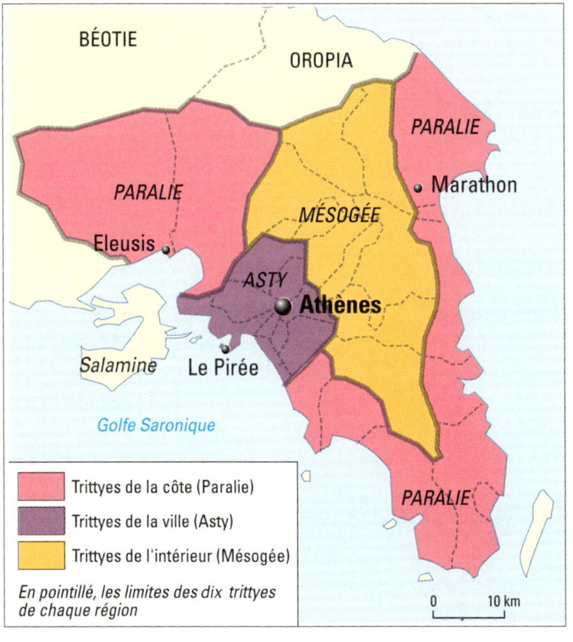

▸ **Le territoire athénien**

2. Les guerres médiques (début Ve s. av. J.-C.)

■ À la tête d'un puissant empire, les **Perses** (ou Mèdes) veulent se rendre maîtres des cités grecques pour dominer l'ensemble de la Méditerranée orientale. Mais ils sont battus à **Marathon** (– 490) puis à **Salamine** (– 480) par une coalition de cités, dont Athènes qui combat en première ligne.

Dans l'esprit des Athéniens, cette victoire témoigne de l'**efficacité de la démocratie** : un petit peuple d'hommes libres a triomphé d'une masse soumise à un souverain puissant. Le régime en sort renforcé, et Athènes établit sa prééminence parmi les cités grecques.

3. Périclès

Issu de la puissante famille des Alcméonides, Périclès (495-429 av. J.-C.) est élu **stratège** chaque année entre -443 et -429 (soit 14 fois). Orateur remarquable, il contribue au développement de la puissance et du rayonnement de la démocratie athénienne, en puisant largement dans le trésor de la ligue de Délos.

Créée en -477, la **ligue de Délos** rassemble de nombreuses cités grecques autour d'Athènes, afin d'organiser la défense contre les Perses. Elle entretient une flotte commune.

Pour inciter les citoyens à remplir leurs devoirs civiques, Périclès crée le *misthos*, une **indemnité** journalière dans l'exercice de certaines charges publiques. Il limite l'accès à la citoyenneté en réservant ce statut aux hommes nés de père et de mère athéniens (-451). Il fait reconstruire l'Acropole et ériger le théâtre, l'Odéon.

B Le citoyen athénien

1. Qui peut être citoyen athénien ?

Seul un petit nombre d'Athéniens possède le statut de citoyen : sur une population estimée à environ 400 000 personnes, c'est le cas de **40 à 50 000 hommes environ**. Le reste de la population est constitué de 140 000 femmes et enfants de citoyens, d'environ 50 000 étrangers libres (femmes et enfants compris) appelés métèques, et de 130 000 à 150 000 esclaves.

	Citoyen	Non-citoyen
Sexe	Homme	Femme
Origine	Né de père et de mère athéniens à partir de -451 Inscrit sur les registres d'un dème	Étranger
Âge	18 ans	Enfant
Liberté	Homme libre	Esclave

■ Les **conditions requises pour être citoyen** entraînent l'exclusion politique d'une bonne partie de la société.

2. Privilèges et obligations du citoyen athénien

Le statut de citoyen ne recouvre pas une différenciation sociale : il existe des citoyens pauvres et, par exemple, des métèques riches. Néanmoins, la citoyenneté s'accompagne d'un certain nombre de droits, comme celui de pouvoir posséder des terres. Elle impose aussi des obligations :

- **obligations militaires** : avoir été éphèbe (avoir accompli une sorte de service militaire de deux ans entre 18 et 20 ans) et se consacrer à la défense de la cité, en fonction de ses moyens (cavalier, hoplite, rameur), de 18 à 60 ans ;
- **obligations politiques** : se rendre à l'Ecclésia pour prendre part aux débats et participer à la décision politique ; « être tour à tour gouvernant et gouverné » (Aristote) ;
- **obligations religieuses** : participer aux fêtes en l'honneur des dieux, en particulier d'Athéna, déesse protectrice d'Athènes. La religion grecque possède en effet une **dimension civique** : elle contribue à la cohésion de la cité.

Les **hoplites** sont les soldats de l'infanterie athénienne, armés d'une lance et d'un bouclier. Leur rôle fut décisif dans la victoire contre les Perses.

C Le fonctionnement de la démocratie athénienne

1. Les institutions

■ L'**Ecclésia**, assemblée de tous les citoyens, se réunit quarante fois par an sur la colline de la Pnyx, avec un ordre du jour précis.

■ Elle désigne également les **magistrats**, sortes de « ministres ». Ils sont dix par fonction, avec un mandat d'un an. Les dix **archontes** s'occupent des questions religieuses. Les magistrats les plus importants sont les dix **stratèges**, en charge des affaires militaires.

■ Les magistrats sont contrôlés par la **Boulê**, organe délibératif constitué de cinq cents « bouleutes », citoyens de plus de 30 ans tirés au sort à raison de cinquante par tribu. La Boulê siège dans le bouleutérion. L'année politique est divisée en dix périodes : durant chacune d'elles, cinquante bouleutes (les prytanes) dirigent la cité.

■ Les citoyens les plus riches financent les dépenses publiques : il existe différentes charges ou **liturgies** (armer les trières, recruter les acteurs et les chœurs, payer les frais d'un banquet public).

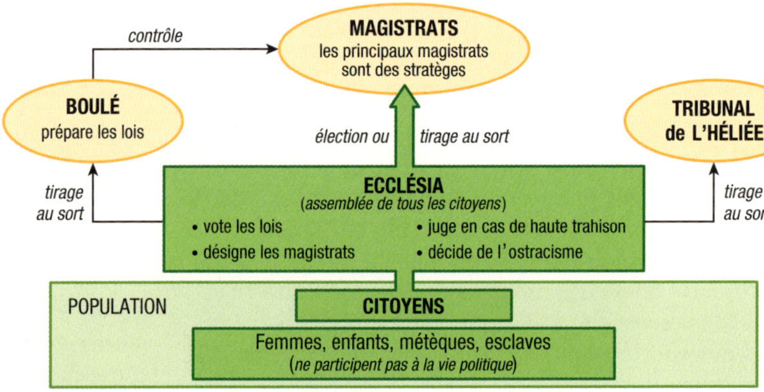

Le fonctionnement de la démocratie athénienne

2. Le rôle central de l'Ecclésia

> Une **démocratie directe** est un régime dans lequel chaque citoyen prend part aux décisions politiques.

- L'Ecclésia est le lieu d'exercice d'une démocratie directe : **tous les citoyens sont appelés à se prononcer** pour ou contre une loi et sur l'entrée en guerre de la cité. Ils peuvent également décider l'exil (dix ans) de tout citoyen dont l'ambition personnelle est soupçonnée d'être un danger pour le régime démocratique. Le nom de l'indésirable est alors inscrit sur un tesson de poterie, ou *ostracon*, d'où le nom d'« **ostracisme** » donné à cette pratique.
- Dans le processus de décision, le rôle du **discours** long est primordial. Chacun des citoyens détermine sa position en connaissance de cause à la suite des discours des **orateurs** (hommes politiques), qui passent par toutes les étapes du raisonnement et prennent le temps d'envisager tous les arguments.

D La démocratie mise en question

1. Débats et limites

- Les discussions entre citoyens à l'Ecclésia amènent souvent à voter des décrets contradictoires, ce qui **paralyse** le système démocratique.
- La démocratie est également l'objet de **débats** : à qui revient le pouvoir ? à tous ou aux meilleurs (les *aristoï*) ? Participer aux délibérations suppose-t-il des compétences particulières, ou est-ce accessible à tout citoyen ? Le tirage au sort est-il valable pour toutes les fonctions ?

Dans ce contexte, celui qui maîtrise la parole et le discours, s'impose : ainsi, les **sophistes** se font payer généreusement pour enseigner l'art de persuader quelle que soit la vérité.

Ces dysfonctionnements mettent en péril la cité : selon l'orateur **Démosthène** (384-322 av. J.-C.), ils empêchent Athènes de réagir de façon appropriée à la politique du roi Philippe II de Macédoine, qui menace l'indépendance des cités grecques.

2. Des critiques d'origines diverses

Elles sont formulées dès le temps de Périclès par ses adversaires. Ainsi, l'historien **Thucydide** (460-395 av. J.-C.) dénonce l'impérialisme de Périclès, la démocratie ne fonctionnant que parce qu'Athènes puise dans le trésor de Délos.

Elles sont aussi formulées par les philosophes :
- selon **Platon** (428-347 av. J.-C.), qui décrit l'organisation d'une cité idéale dans *La République* et dans *Les Lois*, seul le philosophe peut détenir le pouvoir, les autres hommes étant aliénés par leurs illusions ;
- **Aristote** (384-322 av. J.-C.) dénonce les excès de la démocratie directe, sources de démagogie, et prône le développement de l'enseignement.

Elles sont, enfin, formulées par les auteurs de théâtre (→ zoom p. 24).

3. Des menaces internes et externes

La guerre du Péloponnèse favorise deux « révolutions » contre la démocratie, qui se soldent toutefois par un échec :
- en – 411, les adversaires de la démocratie prennent le pouvoir pour instaurer une **oligarchie** (régime dans lequel le pouvoir est détenu par un petit nombre de personnes), mais les soldats et les marins font échouer leur démarche ;
- en – 404, le gouvernement des Trente tente d'instaurer un régime tyrannique après la défaite d'Athènes.

Contestant l'impérialisme athénien, Sparte et ses alliées déclenchent la **guerre du Péloponnèse** (431-404 av. J.-C.). Celle-ci s'achève par la défaite d'Athènes.

L'émergence du **royaume de Macédoine** sous le règne de Philippe II (382-336 av. J.-C.) est consacrée par la bataille de Chéronée (– 338), qui met fin à l'indépendance des cités grecques. Cette nouvelle puissance s'affirme avec Alexandre le Grand (356-323 av. J.-C.), fils de Philippe II, dont les conquêtes (qui le mènent de la Grèce à l'Indus en passant par l'Égypte) sont à l'origine d'un vaste empire.

En – 322, les Macédoniens imposent une **réforme** qui prive la moitié des citoyens de leurs droits civiques, ce qui dénature la démocratie athénienne.

ZOOM

Le théâtre, lieu de débat politique

▲ Épidaure, théâtre construit au milieu du IVe siècle

▶ **Aristophane** (v. 458-v. 385 av. J.-C.) tourne en dérision les pratiques de la démocratie dans nombre de ses comédies : *Les Guêpes* (– 422) est une satire de la justice, *L'Assemblée des femmes* (– 392) ou *Ploutos* (– 388) s'attaquent aux limites de la démocratie.

▶ **Euripide** (480-406 av. J.-C.), auteur tragique considéré comme un révolutionnaire, défend la liberté inhérente à la démocratie, malgré les dérives de celle-ci. Certaines de ses pièces, comme *Iphigénie à Aulis* (– 406), *Hécube* (– 424) ou *Les Bacchantes* (posthume), montrent le fonctionnement de la démocratie et les valeurs qui lui sont indispensables.

II Citoyenneté et Empire à Rome (Ier-IIIe s.)

Pourquoi et comment la citoyenneté romaine s'est-elle étendue à tout l'Empire ?

A De la République à l'Empire

■ En 27 av. J.-C., Auguste réorganise la vie politique de Rome et des provinces au profit de son pouvoir personnel et dynastique : le **principat**. Il met ainsi un terme à la République et institue l'Empire, qui s'étend de l'Atlantique au Proche-Orient et de l'Angleterre à l'Afrique du Nord, englobant l'ensemble du bassin méditerranéen et une bonne partie de l'Europe (→ zoom p. 28).

■ Cependant, l'empereur n'abolit pas pour autant les traditions et les **institutions de la République**, même s'il les vide de leur substance (il contrôle désormais le recrutement du Sénat). De même, le statut de citoyen romain perdure, mais son contenu et sa signification changent.

Petit-neveu puis fils adoptif de Jules César, Octave devient le premier empereur romain sous le nom d'**Auguste**, de 27 av. J.-C. à 14 apr. J.-C. Il définit l'organisation du nouveau régime et étend et stabilise les frontières de l'Empire.

B Le citoyen romain

1. Le statut de citoyen

■ Le citoyen est un homme libre de plus de 17 ans qui appartient à la cité, c'est-à-dire Rome ainsi que, depuis le Ier siècle av. J.-C., l'ensemble de l'Italie.

■ Le citoyen a des **droits**, des **obligations**, des **avantages** :
- droit de participer à la vie publique, qui procède du droit de suffrage (vote et éligibilité) ; droit de mariage et de propriété, accompagné de certains avantages fiscaux ; droit de porter la toge et droit d'utiliser la dénomination constituée du prénom, du nom et du surnom (« Marcus Valérius Celerinus ») ;
- obligations de service militaire (dix années) et d'assistance (aider son compagnon d'armes, etc.) ;
- avantage de ne relever que d'une juridiction romaine, plus favorable.

De 509 à 27 av. J.-C., la **République romaine** se caractérise par le refus de toute souveraineté monarchique et par la rotation du pouvoir entre des magistrats élus par les assemblées du peuple.

■ Toutefois, depuis la fin de la République et l'institution de l'Empire, les droits politiques des citoyens sont réduits à rien : les assemblées n'ont plus le pouvoir de voter les lois ni d'élire les magistrats. Seuls demeurent les privilèges fiscaux et juridiques : les citoyens sont désormais des **sujets**, et la citoyenneté devient avant tout une **dignité**.

2. L'acquisition du statut de citoyen

Contrairement à la citoyenneté athénienne qui n'était qu'héréditaire, la citoyenneté romaine possède un **caractère ouvert**. Elle peut en effet s'acquérir de deux manières :

- par **affranchissement**, pour un esclave ;
- en reconnaissance du **service dans l'armée**, pour un soldat. À partir du règne de l'empereur Claude (41-54), tous les soldats ayant effectué 25 ans de service obtiennent automatiquement la citoyenneté romaine.

3. Le citoyen est inscrit dans une société hiérarchisée

- Il existe une hiérarchie entre citoyens. Certains droits (être magistrat, faire partie du Sénat...) ne sont réservés qu'à une **élite**, les *honestiores* (les plus honorables) qui se différencient des *humiliores* (les plus humbles).

- Les **femmes** n'ont aucun droit politique mais transmettent la citoyenneté à leurs enfants. Les **esclaves** (hommes libres vaincus lors des conquêtes) sont nombreux dans les mines et l'agriculture ; ceux qui sont employés pour des charges domestiques sont mieux traités.

C L'extension de la citoyenneté

1. Une diffusion d'abord limitée à certaines cités et aux élites...

- Depuis le Ier siècle av. J.-C., les conquêtes romaines s'accompagnent d'une diffusion de la citoyenneté. Ainsi, dans les provinces conquises, le **droit de cité romaine** (qui donne aux hommes libres le statut de citoyen romain) est octroyé à certaines cités. Les autres, appelées cités pérégrines, conservent leurs propres lois.

- Pourtant, au début du principat, les notables des provinces conquises ne peuvent accéder au Sénat. Sous le règne de Claude, des notables de la province de Gaule chevelue sollicitent le droit de cité complet, qui leur permettrait d'accéder aux magistratures romaines, donc au Sénat. L'empereur leur répond favorablement. Les **tables claudiennes** témoignent de ce début de processus d'ouverture : ces deux morceaux d'une plaque de bronze (retrouvés à Lyon en 1528) portent la retranscription du discours prononcé en ce sens par Claude devant le Sénat romain, en 48.

Cette faveur accordée aux notables de la Gaule entraîne peu à peu une ouverture du Sénat aux notables des provinces, non sans résistance de la part des sénateurs les plus conservateurs.

2. … puis généralisée à tous les hommes libres de l'Empire

L'octroi de la citoyenneté aux élites est considéré comme un moyen d'**intégrer les populations conquises** à l'Empire. Les notables peuvent ainsi faire carrière dans l'administration et dans l'armée, et faire bénéficier leurs concitoyens de leurs richesses à travers l'évergétisme.

En rupture avec cette logique d'extension élitiste, le droit de cité romaine (sans droit de suffrage) est accordé en 212 par l'empereur **Caracalla** à tous les hommes libres de l'Empire (édit de Caracalla ou Constitution antonine). Cette universalisation de la citoyenneté accroît encore l'intégration des populations (→ zoom p. 28). Mais elle permet aussi d'augmenter les revenus fiscaux de l'empereur (les citoyens doivent verser des taxes sur les successions).

> L'**évergétisme** est une pratique consistant, pour un notable fortuné, à financer des dépenses publiques (construction d'édifices, fêtes, spectacles, etc.). Manifestation d'attachement à la cité et à l'Empire, il constitue une obligation morale pour les citoyens aisés.

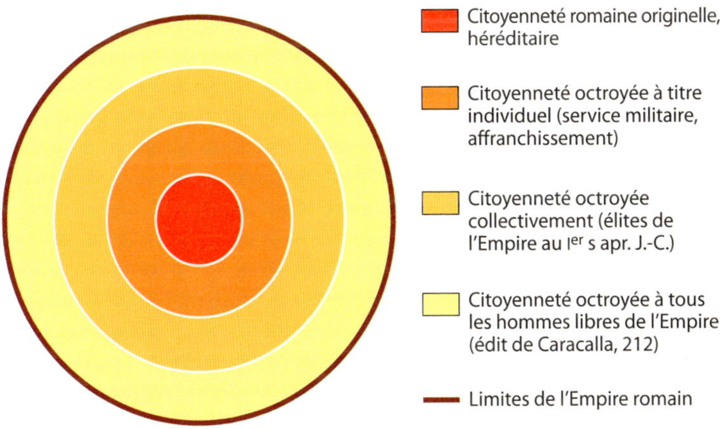

▸ **La citoyenneté romaine**

zOOM

L'expansion de la citoyenneté dans l'Empire romain

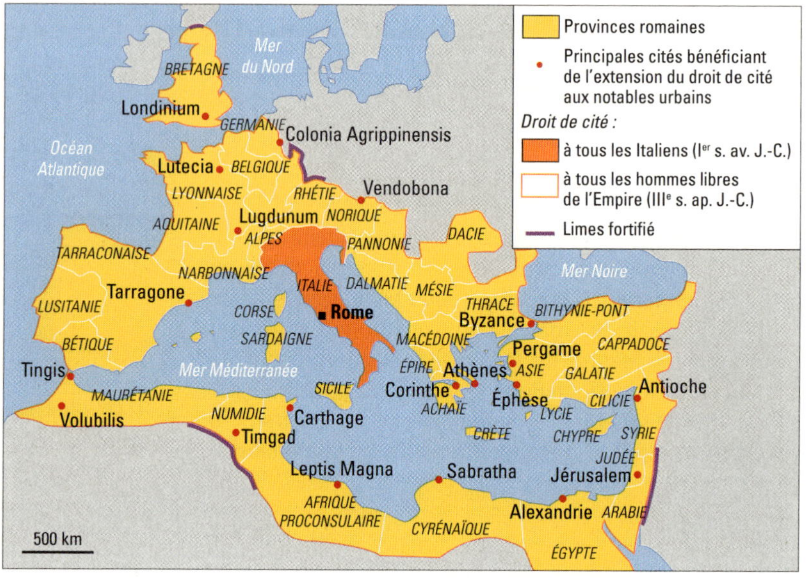

▶ L'Empire, bordé par le *limes* là où le danger extérieur est le plus grand, est organisé en **provinces**, de statut varié, mais dont le gouvernement dépend toujours de Rome. Les villes sont administrées par des magistrats (les décurions).

▶ Les armes, la participation des élites locales à l'administration et la romanisation assurent l'unité et la paix, que vient renforcer la **diffusion de plus en plus large** de la citoyenneté romaine.

▶ « Je donne donc à tous ceux qui habitent l'empire le droit de cité romaine, étant entendu que personne ne se trouvera en dehors du cadre des cités, excepté les déditices [habitants de l'Empire ne vivant pas dans une cité, et donc exclus de la citoyenneté]. Il se doit en effet que la multitude soit non seulement associée aux charges qui pèsent sur tous, mais qu'elle soit désormais aussi englobée dans la victoire » (**édit de Caracalla**).

3. La romanisation

La **romanisation** désigne l'adoption progressive du modèle culturel et politique romain par les populations de l'Empire. Témoignage de loyalisme, elle favorise et accompagne la généralisation du droit de cité romain, en s'appuyant sur divers moyens :
- l'**urbanisme**, qui se développe sur le modèle de Rome : plan orthogonal (*cardo* et *decumanus*), construction de temples, forums, marchés, aqueducs, théâtres, thermes, ces édifices traduisant également une diffusion du **mode de vie à la romaine** ;
- le culte impérial, qui témoigne de l'adhésion des populations à l'empereur ;
- l'usage du **latin**, qui se répand (le grec est réservé à l'élite).

Mis en place par Auguste, le **culte impérial** est le culte rendu à chaque empereur, divinisé, ainsi qu'à sa famille.

RÉCAPITULONS

- À Athènes, le statut de citoyen s'accompagne d'une participation directe à la vie politique, mais il reste limité au niveau territorial (la cité) et social (environ 10 % de la population). -> démocratie directe
- À Rome, la citoyenneté peut s'acquérir, s'ajouter aux appartenances locales et familiales, et donc unifier des populations diverses sur tout le territoire de l'Empire. Mais au sein de celui-ci, l'essentiel du pouvoir appartient à l'empereur, les citoyens n'ayant guère de droits politiques. Ils bénéficient néanmoins d'un statut privilégié : la citoyenneté est un symbole de réussite sociale et d'intégration culturelle. -> cité grecque.

Identifier un document historique

LA DÉMARCHE

Nature. Elle peut être extrêmement variée :
- texte : officiel (loi, décret...), discours, témoignage, inscription, roman, etc. ;
- objet : de la vie courante (un vase), de l'activité économique (un outil), etc. ;
- monument : officiel, de divertissement (théâtre, stade), religieux (temple, église...), ouvrage d'art (pont, aqueduc...) ;
- document visuel : affiche (publicitaire, de propagande...), œuvre d'art (tableau, sculpture, dessin...), photographie (artistique, de presse...) ;
- film : d'auteur, grand public.

Source. De quelle œuvre provient ce texte ? Où ce monument se trouve-t-il ? Où cet objet a-t-il été découvert ?

Auteur et destinataire. Qui a fabriqué le document ? À la demande de qui ? À qui s'adresse-t-il ?

Date et contexte. Quand le document a-t-il été produit ? Qu'est-ce qui caractérise ce moment ? En quoi cela influe-t-il sur la teneur du document ?

L'EXEMPLE COMMENTÉ

DOCUMENT **Les tables claudiennes**

Nature. Deux morceaux d'une plaque de bronze (incomplète) où est retranscrit le discours prononcé par Claude devant le Sénat, demandant d'accorder le droit de cité aux notables de Gaule.

Source. Les tables ont été découvertes à Lyon en 1528.

Auteur et destinataire. Claude, empereur de 41 à 54, originaire de Lyon, s'adresse au Sénat romain.

Date et contexte. Nous sommes en 48, dans une période marquée par l'extension et la reconnaissance du droit de cité aux notables des provinces de Gaule, qui souhaitent accéder aux magistratures romaines et donc au Sénat. Les sénateurs romains se montrent peu favorables à cette évolution, comme le raconte l'historien Tacite dans ses *Annales*, mais les Gaulois obtiendront gain de cause.

VÉRIFIER SES CONNAISSANCES

1 Définir

a. Démocratie directe b. Cité grecque

2 Expliquer

Quelles sont les caractéristiques et les limites de la citoyenneté romaine ?

S'ENTRAÎNER

3 Identifier un document historique

Appliquez la méthode (→ p. 30) au document suivant.

DOCUMENT
Cavaliers. Frise des Panathénées, Parthénon, 445-438 av. J.-C.

VÉRIFIER SES CONNAISSANCES

1 Définir

a. La **démocratie directe** est un système politique dans lequel tous les citoyens prennent part à la décision politique, sans intermédiaire. Elle se distingue de la **démocratie représentative**, dans laquelle les citoyens élisent des représentants auxquels revient la décision politique.

b. Une **cité grecque** *(polis)* est une organisation politique constituée d'une ville et d'un territoire, dans laquelle vit une communauté humaine divisée entre libres et non-libres.

Souligner ce qui différencie une notion d'une notion voisine montre que vous avez bien compris de quoi il s'agit et valorise votre copie.

2 Expliquer

La **citoyenneté** se caractérise, à Rome et en Italie, par les droits de suffrage (vote et éligibilité), de mariage, de propriété. Mais dans les faits, le droit de suffrage disparaît avec la fin de la République. La citoyenneté peut s'acquérir par affranchissement ou pour services rendus dans l'armée. Les notables provinciaux, suite à la décision de l'empereur Claude (48), en bénéficient à leur tour, puis c'est le cas de tous les hommes libres de l'Empire grâce à l'édit de Caracalla (212), qui la dénature puisqu'il en retire officiellement le droit de suffrage.

S'ENTRAÎNER

3 Identifier un document historique

1. [Nature]

Il s'agit d'un marbre sculpté en relief, représentant des cavaliers en mouvement.

2. [Source]

Ce marbre fait partie de la frise des Panathénées, longue de 158 mètres, qui ornait le **Parthénon**, l'un des principaux temples de l'**Acropole d'Athènes**. Les cavaliers occupent la majeure partie de la frise.

3. [Auteur et destinataire]

Elle a été sculptée sous la direction du sculpteur Phidias, sur commande de Périclès, stratège de 443 à 429. Elle s'adresse aux Athéniens eux-mêmes.

> Identifier la **qualité de l'auteur** aide à comprendre le document.

4. [Date et contexte]

La frise fut réalisée entre 447 et 432 av. J.-C., lors de la reconstruction de l'Acropole détruite par les Perses au cours de la seconde guerre médique, en 480. Elle date donc de l'**apogée d'Athènes**, alors dominée par Périclès.

5. [Pour aller plus loin : analyser]

Ce document permet de voir comment les Athéniens (Périclès, Phidias) se sont efforcés de **composer une image cohérente de leur système politique** placé sous la protection des dieux. La frise des Panathénées immortalise la procession qui avait lieu tous les quatre ans, le jour de la fête d'Athéna, déesse protectrice de la cité, et qui réunissait presque toute la population d'Athènes (citoyens, femmes, enfants, métèques). Cette frise consacre la cohésion de la société athénienne qui se caractérise par la **démocratie**, soit la participation de tous à la vie de la cité. Au terme de la procession, on revêtait la statue d'Athéna d'un nouveau *péplos* (voile). La fête s'achevait par un immense sacrifice, dont la viande était consommée collectivement.

www.annabac.com

CHAPITRE

3 La chrétienté médiévale du XIe au XIIIe siècle

À l'exception des royaumes musulmans du sud de l'Espagne, l'Europe médiévale est chrétienne, catholique dans sa partie occidentale, orthodoxe dans sa partie orientale. L'influence de l'Église s'exerce dans les domaines spirituel et temporel. Elle fonde des universités, suscite la construction de cathédrales, favorise les arts plastiques et la musique. Ses institutions et ses rites structurent la vie quotidienne. Sa puissance lui assure un rôle social et politique fondamental.

I La puissance de l'Église

A Réformes et schisme

Entre le XIe et le XIIIe siècles, l'Église est animée par un puissant mouvement de réforme.

- Celle-ci concerne d'abord les **monastères**, sous l'impulsion notamment de l'abbaye de Cluny, fondée en 910. Cette réforme dite « clunisienne » est marquée par une application stricte de la règle bénédictine, édictée par saint Benoît de Nursie au VIe siècle, qui définit l'organisation et le fonctionnement de la vie monastique, et repose notamment sur un équilibre entre prière, travail et sommeil. Elle vise à garantir l'indépendance vis-à-vis des seigneurs laïcs : ainsi, Cluny se place directement sous l'autorité du pape.

Le mot **église**, du grec *ekklêsia* (assemblée), a désigné d'abord la communauté des croyants, puis l'édifice dans lequel se rassemblent les fidèles pour célébrer le culte. Ce terme finit par désigner également le clergé, ainsi que l'institution elle-même.

- Le mouvement réformateur est également mené par le pape, avec la **réforme grégorienne** (du nom de Grégoire VII, moine de Cluny puis pape de 1073 à 1085). Celle-ci restaure la discipline dans l'Église (lutte contre le mariage des prêtres, contre la vente de charges ecclésiastiques, etc.) ainsi que l'autorité du pape, qui doit primer sur celle des souverains.

■ Toutefois, l'autorité du pape ne s'étend pas à toute la chrétienté : avec le **grand schisme de 1054**, la rupture entre catholiques, qui reconnaissent l'autorité du pape de Rome, et orthodoxes, fidèles au patriarche de Constantinople, est définitivement consommée.

B L'organisation de l'Église catholique

1. Une institution hiérarchisée

■ À la tête de l'Église se trouve le **pape**, élu par les cardinaux. Il siège à Rome, dont il est l'évêque.

■ Les fonctions ecclésiastiques sont exercées par les **clercs**. Ils constituent le **clergé**, divisé en deux ensembles :

- Les membres du **clergé séculier** vivent parmi les laïcs. La communauté de base est la paroisse, dirigée par un curé ; les paroisses sont groupées dans un diocèse, administré par un évêque ; certains diocèses sont réunis dans un archidiocèse (ou archevêché) sous l'autorité d'un archevêque.
- Les membres du **clergé régulier** (moines et moniales) obéissent à une règle (d'où leur nom). Ils vivent en communauté dans des abbayes, à l'écart du monde.

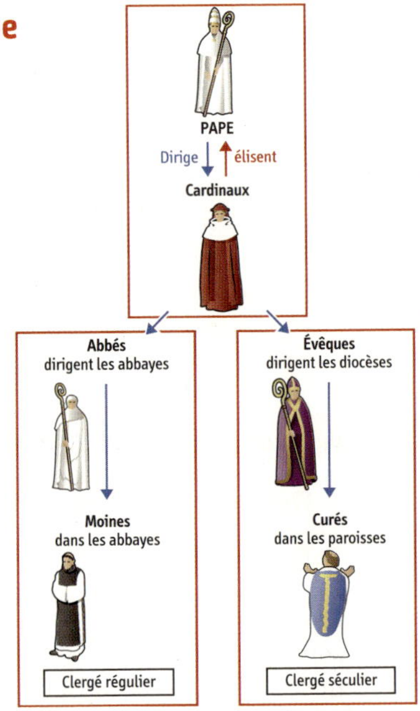

2. Les grandes abbayes bénédictines

■ Implantées au sein d'espaces agricoles et forestiers, les **abbayes de Cluny et de Cîteaux** exercent leur influence dans l'Europe entière en créant chacune un réseau de monastères.

■ **Pierre le Vénérable** (v. 1092-1156), neuvième abbé de Cluny, fait traduire le Coran en latin (pour mieux combattre la religion musulmane) et rédige un traité contre les Juifs.

■ Il s'oppose à **Bernard de Clairvaux** (1090-1153), qui dénonce le luxe de l'abbaye de Cluny et fait excommunier Abélard, protégé par Pierre le Vénérable. Après être entré

Abélard (1079-1142), philosophe et théologien français, est l'un des plus brillants représentants de la renaissance intellectuelle du XIIe siècle. Il est plusieur fois condamné par l'Église.

à Cîteaux, Bernard de Clairvaux donne une impulsion décisive à l'**ordre cistercien**, fondé en 1098. Défenseur d'une spiritualité tout intérieure, il prône le dénuement et le travail manuel. Il joue un rôle politique en conseillant les papes.

C L'Église encadre la société

- Omniprésente, l'Église possède des **terres**, sur lesquelles elle perçoit un impôt (la **dîme**). Les laïcs lui versent des dons, moyens d'intercession entre Dieu et les hommes. Ce patrimoine foncier suscite la **convoitise** des seigneurs laïcs : c'est une des raisons pour lesquelles les réformes de l'Église visent à la dégager de l'influence de ces derniers.
- En dirigeant le culte, en diffusant la parole divine et en distribuant les sacrements, le clergé assure la **reproduction spirituelle de la société**. Il modèle également les représentations du message évangélique par la sculpture et la statuaire.
- Le clergé s'occupe de l'**enseignement** dans les monastères et les écoles urbaines dépendant de la cathédrale. Il prend en charge **les pauvres et les malades** dans les hôpitaux ou dans les hospices de monastère.

II La vie du chrétien et la quête du salut

La religion chrétienne est une religion du Salut : le fidèle croit qu'après sa mort, son âme, immortelle, ira, si elle est sauvée, au **Paradis** (éventuellement après un passage au **Purgatoire**), ou bien, si elle est damnée, en **Enfer**. Pour guider les fidèles sur le chemin du Salut, l'Église encadre les étapes de la vie et les comportements : respecter le dogme et participer à la vie religieuse, accomplir de bonnes actions et éviter le péché.

A La naissance, le mariage et la mort

- Le baptême, premier des sacrements, fait entrer le nouveau-né dans la communauté chrétienne ; c'est une promesse de salut éternel.
- Le mariage est un sacrement que les **époux** se donnent l'un à l'autre et qui établit entre eux un lien indissoluble. Interdit entre membres d'une même famille, il encadre la sexualité et la procréation.

> Dans le christianisme, les **sacrements** sont des actes rituels qui apportent la grâce de Dieu à ceux qui les accomplissent. L'Église catholique en reconnaît sept.

- L'**extrême-onction** est administrée aux mourants qui se repentent de leurs fautes. Elle épargne au pécheur, réconcilié avec Dieu, les feux de l'Enfer.

B L'église paroissiale, centre de la vie religieuse

- La religion rythme le temps : la journée par les cloches de l'église, la semaine par le repos du dimanche et l'année par les **fêtes chômées** (Toussaint, Noël, Pâques, Pentecôte, etc.).

- Le dimanche et les jours de fête, la **messe** rassemble les fidèles dans l'église paroissiale. Lectures extraites de l'Écriture sainte, prières et homélie (sermon au ton familier) précèdent l'eucharistie, consécration par le prêtre du pain et du vin qui, pour les chrétiens, sont changés en corps et sang du Christ.

> Le sacrement de l'**eucharistie** commémore le dernier repas de Jésus avec les apôtres.

- Les fidèles sont conviés à partager ce pain et ce vin consacrés : c'est la **communion**. Tout fidèle doit communier au moins une fois l'an, à Pâques ; il aura reçu, auparavant, le sacrement de **pénitence**, en confessant ses péchés à un prêtre qui lui aura accordé l'absolution.

C Les autres formes de piété

- Le **culte marial** (c'est-à-dire dédié à la Vierge Marie) se répand en Occident à partir des IXe-Xe siècles. La Vierge est considérée comme l'intercesseur le plus puissant, car son Fils ne peut rien lui refuser.

- Les **saints** ont également un pouvoir d'intercession. Leur culte est au cœur de la piété médiévale. À partir du XIIIe siècle, ils sont présentés comme des modèles de vertu, de piété, et l'art met l'accent sur leur vie et les miracles qu'ils ont accomplis.

> En 1265, le dominicain Jacques de Voragine rédige *La Légende dorée*, sorte d'abrégé des **vies de saints** selon l'ordre du calendrier.

- L'**aumône** (don de nourriture ou d'argent) et l'assistance aux pauvres contribuent à assurer le salut éternel du chrétien. Au cours de l'année ont lieu des **processions**, marches solennelles accompagnées de prières et de chants, destinées à honorer un saint ou à implorer de bonnes récoltes.

- Par piété ou pour expier ses péchés, le chrétien se rend parfois en **pèlerinage** vers des lieux saints : Jérusalem, Rome, Saint-Jacques-de-Compostelle et le Mont-Saint-Michel.

III La christianisation

A Conquêtes et luttes externes

1. Les missions d'évangélisation

- Au début du XIe siècle, les missionnaires convertissent au christianisme les **populations encore païennes** (polythéistes) d'Europe du Nord et de l'Est. À partir du XIIIe siècle, les moines-soldats de l'**ordre des chevaliers Teutoniques** prennent le relais, non sans brutalité, sur les rives orientales de la mer Baltique (→ zoom p. 38).
- Ces missions et ces conversions forcées assurent l'**intégration de nouvelles populations** dans la chrétienté.

2. Les croisades

La **croisade** est une expédition militaire lancée par la papauté et dont les participants (les croisés) bénéficient d'un statut particulier (rémission de péchés, etc.).

- Entre 1095 et 1291, l'Église catholique et les puissances occidentales mènent huit croisades contre le monde musulman. Elles ont pour but de reconquérir les Lieux saints, d'affermir l'autorité du pape et de canaliser la violence féodale, en la dirigeant contre les musulmans.
- La première croisade (1095) aboutit à la **prise de Jérusalem** (1099) et à la constitution des États latins d'Orient. Mais en 1187, le sultan Saladin (1138-1193) reprend Jérusalem et les États latins, sauf la côte. Ni la deuxième croisade (1147-1149) ni la troisième (1187-1192) ne permettent de restaurer la domination franque. La quatrième (1202-1204) aboutit au pillage de Constantinople par les Vénitiens, et les quatre dernières se soldent par des échecs.
- La ***Reconquista*** (reconquête militaire de l'Espagne sur la présence musulmane) s'effectue à partir du XIe siècle. Les combattants chrétiens, qui obtiennent au XIIe siècle le statut de croisés, reprennent la majeure partie de la péninsule, à l'exception du royaume de Grenade qui ne cédera qu'en 1492 (→ chap. 5).

3. L'exclusion des Juifs

- L'évangélisation et les croisades s'accompagnent du refoulement, voire de la persécution des communautés juives installées en Europe, **jusque-là protégées** par les pouvoirs civils et religieux. L'antijudaïsme populaire entraîne des **massacres**, en particulier dans la vallée du Rhin, et témoigne à la fois de l'inquiétude et de la volonté de se rassurer autour de l'idée d'une indispensable unité religieuse.

ZOOM

La chrétienté aux XIe-XIIIe siècles

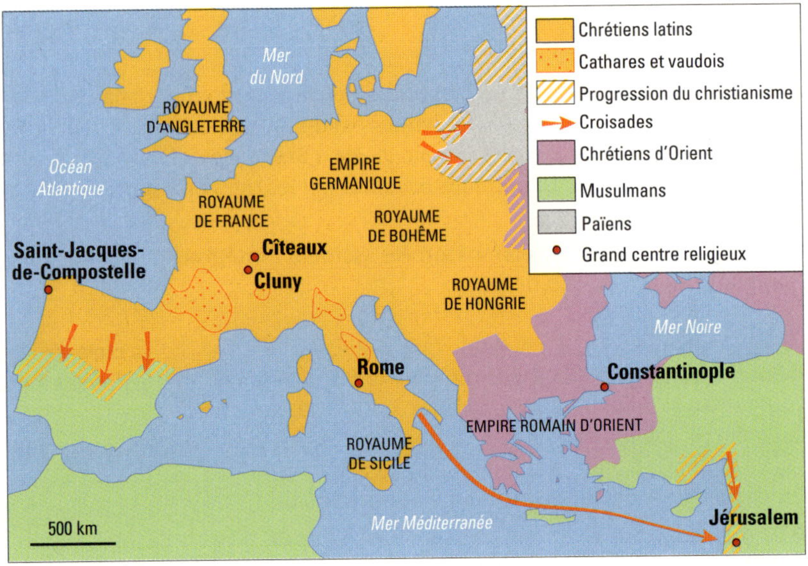

- La géographie de la chrétienté se modifie. Grâce à l'**évangélisation** et aux **conquêtes militaires** (*Reconquista* et croisades), elle progresse face aux musulmans et aux païens. Mais elle est désormais **divisée** entre catholiques et orthodoxes. Les catholiques rêvent cependant de reconstituer l'unité de l'Église, élément d'unification de la culture occidentale.
- Au sein de la chrétienté catholique (dite aussi romaine ou latine) apparaissent des **hérésies** (cathares, vaudois), qui sont vigoureusement pourchassées.
- La **spiritualité chrétienne** rayonne à partir de quelques grands centres : abbayes, monastères, cathédrales.

■ Peu à peu, les Juifs sont exclus de la société chrétienne : quand ils ne sont pas **expulsés** de certains royaumes dès la fin du XIIe siècle, ils sont contraints de **porter un signe distinctif**, ainsi que le prescrit le concile du Latran (1215). Les fonctions d'autorité et la possession de terres leur sont défendues ; en revanche, eux seuls peuvent exercer les métiers liés à l'argent.

B Contrôle et luttes internes

1. L'Église impose ses règles et cherche à contenir la violence

- Seule autorité indiscutée d'une Europe morcelée politiquement, l'Église impose ses articles de foi (les **dogmes**) et sa morale.

- Elle lutte contre les hérésies par l'**excommunication**, c'est-à-dire l'exclusion de la communauté chrétienne. Elle condamne ainsi les vaudois (dans la région lyonnaise) et les cathares (dans le Sud-Ouest de la France) qui, scandalisés par son faste, se groupent en communautés attachées à l'idéal de pauvreté des premiers chrétiens. Les tribunaux de l'Inquisition, créés en 1231-1233 pour punir ces déviances, en viendront peu à peu à s'attaquer à toutes les hérésies.

> L'**hérésie** est la contestation des dogmes officiels de l'Église.

- L'Église cherche à contenir la violence par la **trêve de Dieu**, qui interdit le combat à certains moments de la semaine et de l'année (Noël, Carême...), et par la **paix de Dieu**, qui défend de s'attaquer aux non-belligérants, aux lieux de culte, aux bâtiments d'utilité publique et au bétail. L'asile est accordé à tout individu poursuivi réfugié dans une église.

2. La création des ordres mendiants

Au XIIIe siècle, saint François d'Assise (→ zoom p. 40) et saint Dominique créent de nouveaux ordres religieux : les franciscains et les dominicains. Voués à la **pauvreté**, ces ordres se destinent à vivre non plus à l'écart, mais **au milieu des populations** pour leur apporter la bonne parole, les préparer spirituellement, contrôler leurs comportements et surveiller leurs mœurs. Ils contribuent ainsi à la lutte contre les hérésies.

C L'art chrétien

À partir du XIe siècle, **les images, sculptées ou peintes**, sont constitutives de l'identité chrétienne, mais elles demandent une grande culture théologique pour être comprises. Dans les églises, scènes tirées de l'Écriture sainte, prodiges, Christ en majesté, saints, monstres et images du démon, sont autant de représentations dont les clercs expliquent la signification aux fidèles.

1. L'art roman

- Le renforcement du sentiment religieux est favorisé par la **construction d'églises**. À partir du XIe siècle, le style roman se répand en lien avec l'essor

ZOOM

Saint François d'Assise (1182-1226)

▲ *Saint François recevant les stigmates* (détail), peinture sur bois de Bonaventura Berlinghieri (actif v. 1228-1274), galerie des Offices, Florence

▶ François, fils d'un riche marchand d'Assise, en Italie centrale, **renonce aux richesses** pour consacrer sa vie à l'apostolat dans le dénuement et l'humilité. Bientôt rejoint par de nombreux disciples, il obtient du pape la fondation d'un nouvel ordre, celui des frères mineurs, appelés couramment **franciscains**.

▶ Les franciscains font **vœu de pauvreté** intégrale et se consacrent à la prédication, surtout dans les villes. Ils se reconnaissent à leur habit fait d'une tunique de toile grossière, ceinte d'une corde, d'où le nom de « cordeliers » qu'on leur donne parfois. Ils vivent uniquement de l'aumône.

▶ François d'Assise voyage beaucoup (Égypte, Terre sainte) pour annoncer l'Évangile. Il est **canonisé** dès 1228 par le pape Grégoire IX.

des ordres monastiques de Cluny et de Cîteaux, et avec la multiplication des étapes sur les routes de **pèlerinage** (ex.: église Sainte-Foy de Conques sur la route de Saint-Jacques-de-Compostelle).

L'art roman se caractérise par sa **dimension de mystère** : les églises sont sombres, car les fenêtres sont peu nombreuses et de faible dimension. Si les édifices cisterciens n'ont pas d'autre décor que celui des jeux de la lumière entre les différentes ouvertures et échappées de l'architecture, les églises urbaines et les monuments **clunisiens** arborent un décor très riche : chapiteaux qui coiffent les colonnes, tympans qui surmontent les porches, fresques sur les voûtes, comme à Saint-Savin-sur-Gartempe.

2. L'art gothique

Le style gothique, né en Île-de-France à la fin du XIIe siècle, se substitue peu à peu au style roman. Il célèbre la **lumière intérieure** de l'édifice et la **légèreté de l'architecture**. Il donne notamment lieu à la construction de vastes cathédrales (Saint-Denis, Amiens, Cologne, etc.)

L'art gothique correspond à une **modification de la spiritualité religieuse** : le Verbe se fait lumière. À l'aide de nouveaux procédés techniques – la croisée d'ogives et les arcs-boutants qui « contiennent » les hauts murs –, l'architecture favorise l'entrée des rayons lumineux par de hautes fenêtres munies de vitraux colorés, transformant ainsi l'intérieur de l'édifice en « Jérusalem céleste ».

Remplaçant la clé de voûte utilisée dans l'architecture romane, la **croisée d'ogives** répartit la poussée sur quatre piliers porteurs, et non plus sur des murs épais. Cela permet l'élévation de l'espace intérieur et le percement de grandes fenêtres.

RÉCAPITULONS

La religion chrétienne est présente dans toutes les dimensions de la vie des populations médiévales. En tant qu'institution, l'Église se renforce en se réformant et en se montrant conquérante ; elle devient aussi moins tolérante.

Chrétienté latine XIe - XIIIe siècle

Encadrement de la société par l'Église
- Paroisse
- Messe
- Sacrements
- Enseignement

Renforcement de son unité
- Réforme grégorienne
- Condamnation des hérétiques
- Rejet des juifs
- Arts roman et gothique

Expansion géographique
- Évangélisation du nord-est de l'Europe
- *Reconquista*
- Croisades

Analyser un document iconographique

LA DÉMARCHE

- **Identifier et localiser.** Déterminez la nature du document, ainsi que son auteur et sa date (→ p. 30). S'il s'agit d'un monument ou d'un paysage, cherchez où il se situe.
- **Décrire.** Que voit-on sur l'image ? Nommez les différents éléments, leur taille, leur disposition, ce qui les caractérise, etc.
- **Interpréter.** Mettez vos observations en relation avec vos connaissances, afin de proposer des hypothèses quant à la signification globale du document.

L'EXEMPLE COMMENTÉ

DOCUMENT **L'abbaye de Fontenay**

- **Identifier et localiser.** Les bâtiments figurant sur la photographie font partie de l'abbaye de Fontenay, fondée en Bourgogne par saint Bernard de Clairvaux en 1118. Il s'agit de l'une des plus anciennes abbayes cisterciennes.
- **Décrire.** La photographie présente un long bâtiment conventuel relié directement à l'église abbatiale, dont on aperçoit le chevet, à droite. Ce dernier, tourné vers l'est, est de style roman : formes simples, épurées, très « lisibles » de l'extérieur. L'ensemble est construit en pierre de taille.
- **Interpréter.** La disposition et la forme des bâtiments reflètent la rigueur de l'esthétique cistercienne et la règle de saint Benoît, qui assurait un équilibre quotidien entre la prière, le travail et le repos. Le long bâtiment correspond au dortoir des moines, qui pouvaient ainsi se rendre directement dans l'église pour assister aux offices. Cette photographie témoigne de la richesse et de la maîtrise technique des cisterciens.

VÉRIFIER SES CONNAISSANCES

1 Définir

a. La réforme grégorienne b. Le style gothique

2 Expliquer

a. Comment se marque l'emprise de l'Église sur les populations ?

b. Comment l'Église assure-t-elle sa domination ?

S'ENTRAÎNER

3 Analyser un document iconographique

Analysez le document suivant en vous aidant de la méthode (→ p. 42).

DOCUMENT **La musique profane et le démon de l'impureté.** L'église abbatiale de Vézelay (XIIe siècle) est située en Bourgogne, sur un des chemins du pèlerinage de Saint-Jacques-de-Compostelle. Ce chapiteau (1125-1130) coiffe la sixième colonne engagée du bas-côté sud.

VÉRIFIER SES CONNAISSANCES

1 Définir

a. La **réforme grégorienne**, appelée ainsi en référence au pape Grégoire VII (1073-1085), cherche à restaurer la discipline au sein de l'Église et à renforcer l'autorité du pape par rapport aux souverains temporels.

b. Apparu en Île-de-France à la fin du XIIe siècle, le **style gothique** se caractérise par l'élévation, la légèreté et la luminosité, grâce à la croisée d'ogives.

2 Expliquer

a. L'Église **encadre la vie**, de la naissance à la mort, rythme le temps quotidien et annuel, enseigne les Saintes Écritures, contrôle, punit.

b. Elle **assure sa domination** en pourchassant les hérétiques, en éradiquant les superstitions, en excluant les Juifs, en imposant la peur du diable et du Jugement dernier pour montrer que les bons iront au Paradis, et les mauvais en Enfer.

S'ENTRAÎNER

3 Analyser un document iconographique

1. [Identifier et localiser]

Ce chapiteau est l'un de ceux qui décorent l'intérieur de l'église abbatiale de Vézelay, en Bourgogne, sur un des **chemins du pèlerinage** de Saint-Jacques-de-Compostelle. Couronnant la sixième colonne engagée du bas-côté sud, ce chapiteau est à hauteur d'homme : il est facile d'en voir les détails. Il s'agit d'un exemple de **sculpture bourguignonne** datant du début du XIIe siècle.

2. [Décrire]

La photographie montre un **jongleur** soufflant dans une corne. Il joue une musique profane, qui a des effets pernicieux : elle fait surgir un **démon**, représenté comme un monstre aux cheveux de flammes et à la bouche grimaçante, qui, mordu au ventre, est en train de caresser une femme nue.

3. [Interpréter]

Ce chapiteau vise à entretenir la **peur du démon**. Il met en garde les fidèles : toute musique n'est pas bonne à écouter. Pour s'assurer le **salut éternel**, il est impératif de n'être réceptif qu'à la musique sacrée, jouée dans le cadre de la liturgie, à l'église. L'autre musique, celle des jongleurs et des ménestrels, entraîne dans le péché. Ce chapiteau a donc une fonction édificatrice.

On dit d'une œuvre qui cherche à enseigne[r] un comportement pieu[x] qu'elle a une **fonction édificatrice**.

www.annabac.com

CHAPITRE

4 Sociétés et cultures dans l'Europe médiévale du XIe au XIIIe siècle

Du XIe au XIIIe siècle, le monde rural, dominé par les communautés paysannes et par le système féodal, se transforme parallèlement à l'essor des villes, encore minoritaires mais porteuses d'importantes évolutions. Comment la communauté paysanne s'est-elle fortifiée contre les seigneurs ? Comment les solidarités rurales se sont-elles organisées ? Comment s'est effectuée la mutation de la société féodale en relation avec celle des villes ?

I Une civilisation majoritairement rurale

L'organisation de la société et l'exercice du pouvoir sont régis par le système féodal, où le seigneur occupe une place centrale : **seigneur foncier et banal**, il domine les paysans qui cultivent ses terres ; **seigneur féodal**, il protège ses vassaux et s'assure de leur fidélité en leur concédant un fief.

A La terre, source de richesse et de pouvoir

1. Le système seigneurial

- À partir de l'an Mil, presque toutes les terres sont entre les mains de **seigneurs**, laïcs ou ecclésiastiques. L'Église possède entre le quart et le tiers des terres cultivées. La seigneurie est à la fois un système d'**exploitation des terres** (seigneurie foncière) et de **domination des hommes** (seigneurie banale), les deux se recoupant souvent.
- En tant que domaine foncier, la seigneurie est divisée en deux parties :
  - la **réserve** est destinée au seigneur : les terres y sont cultivées par des paysans et des ouvriers salariés, qui accomplissent la corvée ; le seigneur détient le droit exclusif de chasser sur son domaine ;

- les **tenures** sont les parties accordées aux paysans (les tenanciers) en échange de corvées et de redevances en nature ou en argent, fixes (le cens) ou proportionnelles à la récolte (le champart).

■ Le seigneur banal dispose de **pouvoirs très étendus** : il commande, juge et assure la sécurité de la population de son domaine. Il exige des **taxes** : la taille, en échange de sa protection, les « banalités », pour l'usage obligatoire du four, du moulin et du pressoir.

■ À partir du XIIe siècle, dans certaines régions, les tenanciers obtiennent que les redevances soient fixées dans des chartes de franchise, de façon à se soustraire à l'arbitraire du seigneur.

Une **charte de franchise** est un document écrit qui détaille les obligations des paysans envers leur seigneur et s'accompagne pour eux de la reconnaissance de certains avantages.

2. Une économie rurale peu productive...

■ Les outils (houe, faucille, fléau) et les techniques agricoles, rudimentaires, ne permettent qu'un faible rendement. Celui-ci est toutefois meilleur sur les terres cultivées par les moines des **abbayes**, mieux organisées et mieux mises en valeur.

■ Jusqu'au XIIe siècle, la faible productivité agricole et le système d'exploitation seigneurial font de la **misère rurale** un mal endémique, que la solidarité villageoise est incapable de pallier. Le **commerce des grains** est entravé par le manque de routes et de moyens de transport, ainsi que par les taxes : le déficit d'une région n'est que rarement comblé par l'apport de la région voisine.

3. ... mais une amorce de progrès technique dans l'agriculture

■ L'outillage en fer se répand à partir du XIe siècle : la **charrue** munie d'un soc dissymétrique permet d'effectuer le labour de terres lourdes.

■ Les sources d'énergie sont mieux utilisées :
- le **collier d'épaule** permet une meilleure utilisation de la force de traction des animaux ;
- la généralisation des **moulins** à vent et à eau permet de moudre le grain plus vite qu'avec les anciennes meules à bras.

B La vie des communautés paysannes

Les seigneurs, laïcs ou ecclésiastiques, organisent le regroupement des paysans en villages autour du château ou de l'église et du cimetière. Ce mouvement est appelé **encellulement**.

1. Le village, lieu de sociabilité

La **rotation des cultures** est l'alternance, sur une même parcelle, d'une ou deux années de mise en culture avec une année sans culture (jachère).

■ Les villages sont entourés de terres cultivées. La vie des paysans est rythmée par les **travaux agricoles** : semailles, moisson, travail de la vigne, vendanges, etc. Les paysans se plient aux pratiques communautaires de la rotation des cultures et du troupeau communal. Depuis le concile de Latran IV (1215), ils ont l'obligation d'assister à la **messe dominicale** et de participer aux fêtes religieuses. Ils participent également à l'entretien de l'église.

■ Ainsi, au sein du village, la religion, la gestion des terres communales, l'organisation de la production et des travaux agraires créent des liens de sociabilité et un sentiment d'**appartenance communautaire**. Cette solidarité de fait peut déboucher sur l'expression de revendications communes donnant lieu à la rédaction d'une charte de franchise.

2. Les grands défrichements

On nomme **défrichement** le fait de rendre propres à l'agriculture des terres qui ne l'étaient pas (forêts, landes, marécages, etc.).

■ Entre le Xᵉ et le XIVᵉ siècle, l'Europe occidentale connaît un net essor démographique (de 22 à 54 millions d'habitants), qui s'accompagne de la **mise en culture de nouvelles terres**. Pour ce faire, la communauté villageoise, souvent sur l'initiative du seigneur, défriche la forêt ou assèche les zones marécageuses.

■ Le défrichement des terres se fait aussi par la fondation de **villages neufs** au milieu de terres incultes : bourgs dans l'Ouest de la France, bastides dans le Sud-Ouest…

3. Deux catégories de paysans

■ Les **laboureurs** sont des hommes libres, auxquels sont concédées les tenures. À partir du XIᵉ siècle, celles-ci deviennent héréditaires et les paysans peuvent les vendre, ce qui est un facteur d'émancipation par rapport au pouvoir du seigneur.

■ Les **serfs**, non libres, sont attachés à une terre qu'ils ne peuvent quitter. Ils rendent hommage à leur seigneur et s'acquittent chaque année d'une taxe personnelle, le chevage. Ce statut héréditaire les astreint à des corvées. Toutefois, on ne trouve pas de serfs dans toutes les régions, et leur nombre tend à diminuer.

C La féodalité : réalités et symbolique

1. Le contexte géopolitique

■ Après la dislocation de l'Empire romain (476) puis celle de l'Empire carolingien (843), l'Europe occidentale se caractérise par un **morcellement politique**. Les États qui la composent ont des statuts variés : un empire (le Saint Empire romain germanique), des royaumes (France et Angleterre, entre autres), un ensemble de possessions appartenant au pape, des villes indépendantes (Gênes, Venise) ayant étendu leur autorité sur d'autres territoires.

■ Les invasions dites « barbares » au Ve siècle, la conquête arabe du VIIe au VIIIe siècle, puis les invasions normandes et slaves au IXe siècle, font **reculer partout l'autorité centrale**, favorisant l'émiettement du pouvoir et le développement du système féodal. Le pouvoir passe entre les mains des seigneurs, laïcs ou ecclésiastiques, qui « règnent » sur leur domaine.

■ Dans le Saint Empire, Othon Ier le Grand redonne son lustre au pouvoir impérial dès 962. En France, le renforcement du pouvoir royal est confirmé par la **victoire de Bouvines** (1214) sur une coalition de l'empereur Othon IV et de princes. En Angleterre, la puissance acquise par le roi depuis Guillaume le Conquérant, venu de Normandie en 1066, est limitée par la Grande Charte imposée par les seigneurs et les évêques en 1215.

> Au sens restreint, le **système féodal** est l'ensemble des liens entre suzerains et vassaux, appelés liens féodo-vassaliques ; au sens large, c'est l'organisation globale de la société occidentale entre le XIe et le XIIIe siècle.

2. Suzerains et vassaux

■ Le sommet de la société féodale est organisé autour des relations d'homme à homme, entre le suzerain et son vassal. Tout seigneur est pris dans un réseau de **liens féodo-vassaliques** : vassal d'un seigneur plus puissant, il est également seigneur de vassaux. Le roi est au sommet de la pyramide vassalique, mais il a du mal à se faire obéir des plus grands seigneurs.

■ La subordination du vassal envers son seigneur est symbolisée par la cérémonie de l'hommage. Elle repose sur des **obligations réciproques** : le seigneur concède une terre, le fief, à chacun de ses vassaux, et assure leur protection ; chaque vassal doit au seigneur aide militaire, aide financière et conseil. Si le vassal manque à ses devoirs, il est considéré comme perfide et parjure.

> Lors de la **cérémonie de l'hommage**, le vassal s'agenouille, met les mains dans celles de son seigneur, échange avec lui un baiser de paix, puis lui jure fidélité ; le seigneur lui fait don d'un objet (motte de terre, bâton, etc.), qui symbolise le fief qu'il lui octroie.

ZOOM

La cérémonie de l'adoubement

▲ « Guillaume arme Harold chevalier », extrait de la tapisserie de Bayeux (1066-1082)

▶ La **tapisserie de Bayeux** est une broderie réalisée à la demande de l'évêque de Bayeux, au lendemain de la victoire des Normands sur les Anglais à Hastings en 1066. Longue 70 m et large de 50 cm, elle raconte la conquête de l'Angleterre du point de vue normand et nous renseigne sur les châteaux, la cour de Guillaume, sa flotte d'invasion, la défense des villes, l'équipement des soldats, etc.

▶ Cette scène représente une des formes premières de la cérémonie de l'**adoubement**, rituel d'accès à la chevalerie. On y voit Guillaume, duc de Normandie, remettre des armes (épée, lance) à Harold et lui donner une accolade (la colée).

▶ Une fois adoubé, le chevalier doit respecter les **valeurs de la chevalerie** ; si, tel Harold, il manque à sa parole, il est considéré comme félon, c'est-à-dire fourbe et parjure.

3. La vie des seigneurs et des chevaliers

- Le seigneur et ses vassaux vivent dans un **château fort**, qui sert aussi de refuge aux paysans du domaine en cas de danger. C'est le symbole de l'autorité du seigneur. D'abord en bois, il est ensuite construit en pierres afin de résister au feu et aux nouvelles techniques de siège. Le donjon, protégé par les fortifications, sert de demeure et d'entrepôt pour la nourriture et les armes. Se multipliant, les châteaux deviennent essentiellement des lieux de production agricole.
- L'**éducation des garçons** s'effectue hors de la famille nucléaire, généralement chez un oncle. Les seigneurs pratiquent la chasse, font la guerre et participent à des tournois (jeux de combat). Les traits principaux du tournoi reflètent les valeurs de la chevalerie : habileté individuelle, sens de la cohésion, jeu, profit économique et dimension festive.
- Dans un contexte de multiplication des guerres privées, le **métier des armes** prend de l'importance : les seigneurs, laïcs ou ecclésiastiques, recrutent des soldats. Les plus vaillants constituent l'escorte ou le service armé du seigneur : ce sont les chevaliers, qui obtiennent ce statut après avoir été **adoubés** (→ zoom p. 49). Souvent de petits seigneurs à l'origine, les chevaliers diffusent leurs valeurs à l'ensemble des puissants. Richard Cœur de Lion, roi d'Angleterre de 1189 à 1199, est, par ses origines (fils d'Henri II Plantagenêt et d'Aliénor d'Aquitaine), ses qualités et ses exploits (participation à la troisième croisade) l'image parfaite du roi chevalier.

> Les **chevaliers** possèdent un armement spécifique, à la fois défensif (heaume, haubert, écu) et offensif (épée, lance, éperons).

II Une civilisation qui s'urbanise

A L'essor des villes

1. Des causes multiples

- Entre le XIe et le XIIIe siècle, l'Occident médiéval est animé par une dynamique de transformation : **la population double** tandis que **les échanges commerciaux s'intensifient** (→ zoom p. 51) et bouleversent une société féodale organisée autour de l'exploitation de la terre.
- Plus que par le nombre de ses habitants, la ville médiévale se définit par la **présence d'un certain nombre d'activités**, et en particulier l'artisanat, le commerce et les activités financières, qui contribuent à son développement.

ZOOM

Les grands courants commerciaux européens au XIIIe siècle

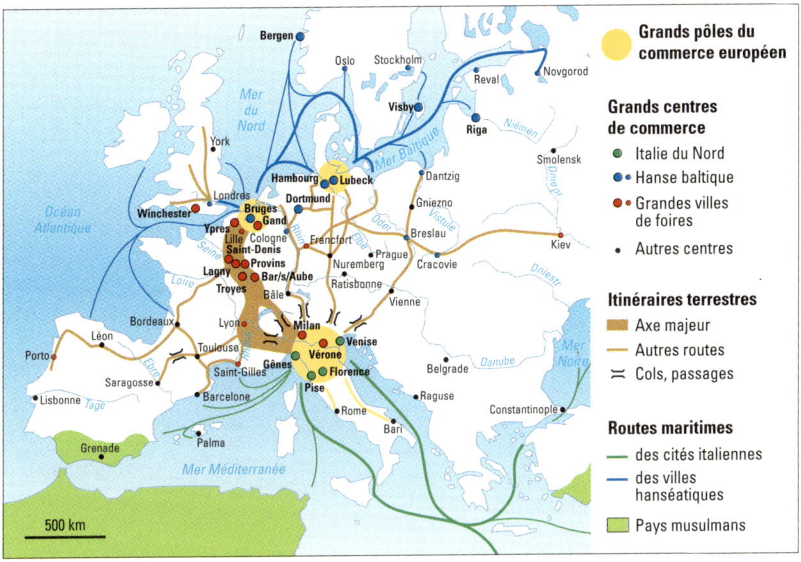

▸ Le commerce européen s'organise autour de **trois grands pôles** :

– les **cités maritimes italiennes**, maîtrisant le commerce méditerranéen, amènent en Europe de l'Ouest les produits orientaux (soieries, coton, épices, etc.) ;

– les **villes « drapantes » de Flandre** (Gand, Ypres…) fabriquent des draps à partir de la laine importée d'Angleterre, via Bruges ;

– la **Hanse**, association de villes commerçantes et de comptoirs, assure l'activité commerciale entre la mer du Nord, la mer Baltique, l'Europe du Nord et l'Europe centrale (bois, fourrures, ambre de la Baltique).

▸ Le commerce favorise le développement de **villes de foire**, notamment celles de **Champagne** (Bar-sur-Aube, Troyes, Provins, Lagny) où s'échangent les produits en provenance du Nord et du Sud.

2. Des formes diverses

- Certaines cités antiques retrouvent leur dynamisme et s'entourent de **bourgs** qui, construits à l'extérieur des murailles, le long des voies commerciales, à proximité de châteaux ou d'édifices religieux, sont peu à peu intégrés à la ville ancienne.
- Des **villes neuves** apparaissent, surtout à partir du XIIIe siècle, dans le Sud ou l'Est de l'Europe. Leur fondation, souvent sur initiative seigneuriale et dans le cadre du système seigneurial, est liée à l'extension de la chrétienté.
- Cette urbanisation procède également de la **volonté politique** de souverains qui cherchent à en tirer enrichissement et prestige.
- Réaménagées ou nouvelles, les villes se dotent de **murailles** et souvent de **places** propices aux rassemblements, marchés et foires.

> Les **foires** sont des rassemblements de marchands qui se tiennent de façon temporaire, mais à échéance régulière (une ou deux fois par an).

B La société urbaine

1. De plus en plus autonome

- Placées à l'origine sous la domination des seigneurs, nombre de villes cherchent à s'en émanciper. Elles obtiennent par des **chartes de franchise** la reconnaissance d'un statut particulier et certains privilèges, notamment commerciaux, voire, dans certains cas, une autonomie complète. Elles prennent alors le nom de **communes**.
- Une administration urbaine, dirigée par **des échevins ou des consuls**, se met en place. Pour manifester son autonomie, celle-ci se dote d'un sceau et érige un **hôtel de ville** surmonté d'un beffroi avec son horloge : la mesure du temps n'appartient plus à la cloche de l'église (→ zoom p. 53). Elle se choisit un saint patron, dont les représentations (statues, oriflammes, blasons, etc.) deviennent des éléments d'identité.
- Cette conquête de l'autonomie donne naissance à une **vie politique** où le pouvoir est aux mains des « bourgeois ».

> Le mot « **bourgeois** » a plusieurs sens au Moyen Âge : il peut désigner l'ensemble des habitants d'un bourg ou d'une ville, ou plus précisément ceux qui ont obtenu des privilèges par le biais d'une charte.

2. Inégalitaire

- Les sociétés urbaines sont fortement **hiérarchisées**. Les plus riches détiennent le pouvoir : dans les villes du Sud, ils forment le patriciat, alliance entre les nobles urbains et

ZOOM

Bruges et Venise

Le beffroi de Bruges et le palais des Doges de Venise symbolisent le **pouvoir des autorités urbaines**, dégagé de l'emprise de l'Église comme de celle du seigneur.

▸ À Bruges, le haut **beffroi** de style gothique (érigé au XIIIe siècle) témoigne du développement commercial et financier de cette ville reliée à la mer du Nord par un canal. Le pouvoir des bourgeois s'impose dans cette ville libre, lieu d'échanges à la croisée des voies de commerce reliant l'Angleterre, la Flandre et la Gascogne.

▸ À Venise, le **palais des Doges** est construit au XIVe siècle, en remplacement d'un édifice incendié en 976. Il affirme la prééminence du pouvoir civil d'une République dirigée par de riches et puissants marchands.

le *popolo grasso* (« peuple gras ») composé des propriétaires, des marchands et des maîtres des corporations de métiers. Les travailleurs salariés et les compagnons constituent quant à eux le *popolo minuto* (« peuple menu »).

- Au XIIIe siècle, pour évincer ses alliés nobles, le *popolo grasso* prend appui sur le *popolo minuto*.

- Un nouveau type de **pauvreté** apparaît dans les villes, où l'on doit acheter sa nourriture au lieu de la produire, et la misère matérielle s'accompagne d'un mépris social pour les plus démunis. Les habitants les plus pauvres (manouvriers, brassiers) ne participent pas à la vie politique des villes. Certaines catégories sont **mises à l'écart** : les lépreux, les Juifs.

3. Organisée en communautés diverses

- Les artisans sont organisés en corps de métiers ou corporations. À partir du XIIe siècle, certains s'installent dans des quartiers spécifiques (tanneurs, teinturiers, etc). Ces communautés professionnelles se doublent de **confréries** placées sous la protection d'un saint patron et assurant l'entraide.

- Opposée au prêt à intérêt, indispensable aux activités artisanales et commerciales, **l'Église se heurte parfois aux marchands**. Mais son emprise sur les villes se maintient : les nouveaux ordres religieux (dominicains, franciscains, carmes) élaborent une pastorale (discours à destination des fidèles) pour les milieux urbains.

> Les **corps de métiers ou corporations** regroupent tous ceux (maîtres, valets, apprentis) qui travaillent dans un même domaine et réglementent le fonctionnement de chaque activité.

- Au XIIIe siècle, l'Europe se couvre d'**universités**, étroitement contrôlées par l'Église. Avant même la fondation de la Sorbonne (1257), Paris était célèbre pour ses écoles de philosophie et de théologie (Abélard, 1079-1142).

RÉCAPITULONS

- Dans le cadre du système féodal, l'Occident médiéval, majoritairement rural, connaît un réel essor démographique et économique. Les puissants, liés entre eux par les liens féodo-vassaliques, exercent leur contrainte sur les paysans, mais ceux-ci parviennent cependant à faire reculer l'arbitraire seigneurial.
- Les villes profitent de ces transformations et se développent autour des activités artisanales et commerciales, qui entraînent elles-mêmes de nouveaux bouleversements avec la montée de la classe marchande et l'émergence de formes d'organisation politique autonomes au sein des villes.

Étudier un texte historique

LA DÉMARCHE

- **Identifier.** Après avoir lu le texte, déterminez sa nature (témoignage, récit, article de presse...), son auteur, son contexte (→ p. 30).
- **Repérer les thèmes abordés.** Soyez attentif aux paragraphes : ils indiquent souvent une articulation entre différents thèmes. Surlignez d'une même couleur les informations de même nature. Trouvez les mots clés.
- **Interpréter.** À l'aide de vos connaissances personnelles, éclairez les allusions et les événements ou faits mentionnés.

L'EXEMPLE COMMENTÉ

DOCUMENT Un grand seigneur fonde Francfort-sur-l'Oder

« Nous, Jean, par la grâce de Dieu margrave de Brandebourg, avons donné à bâtir la ville de Francfort à notre fidèle Geoffroy de Herzberg [...]. Et nous donnons à la ville 124 manses de prairies et de champs [... et] une prairie et une île dans la rivière qui se trouve tout près [...]. En outre, dans cette ville tous les gens [...] ne donneront pas de taxe lors de transactions de deux sous de deniers légers ou de un sou de denier lourd ou en dessous de cette somme. Ils ne paieront pas de taxe non plus sur les vivres, œufs, fromages, beurre, harengs et poissons. [...] Si les habitants construisent un pont par leur propre travail et à leurs frais, nous le donnons à la libre utilisation de la ville, mais de telle manière qu'une taxe soit payée qui sera fixée d'après la décision commune de nous et des habitants.

Charte de Francfort-sur-l'Oder, 1253,
Codex diplomaticus Brandenburgensis, I, 23, n° 1.

Légende :
- Fondation d'une ville neuve confiée à un vassal
- Intentions du seigneur
- Exemptions et fixation de taxes

Identifier. La charte fondant Francfort-sur-l'Oder en 1253 est octroyée par le margrave Jean de Brandebourg à son vassal Geoffroy de Herzberg.

Interpréter. Le seigneur fonde une ville sur l'Oder (cours d'eau qui se jette dans la mer Baltique) pour en contrôler le commerce. Les exemptions de taxes doivent inciter les hommes à répondre à son initiative. Si le seigneur y trouve son intérêt, il doit établir un contrat qui doit être respecté par lui et ceux auxquels il fait don de terres. L'énumération des taxes témoigne de l'entrée dans une économie monétaire et marchande.

VÉRIFIER SES CONNAISSANCES

1 Définir

Les liens féodo-vassaliques

2 Expliquer

a. Comment les charges seigneuriales pesant sur les paysans sont-elles progressivement régulées ?

b. En quoi le tournoi est-il le reflet de l'idéologie de la chevalerie ?

S'ENTRAÎNER

3 Étudier un texte

Étudiez le document ci-dessous en suivant la méthode proposée (→ p. 55).

DOCUMENT La corporation des marchands de l'eau à Paris (1170)

« Nos citoyens de Paris qui sont marchands par eau sont venus devant nous demandant que nous leur concédions et confirmions les coutumes qu'ils avaient eues du temps de notre père le roi Louis ; approuvant leur requête avec une faveur bienveillante, nous avons donné à leurs prières notre bienveillant accord. Leurs coutumes sont ainsi depuis longtemps : personne n'a le droit d'amener à Paris ou d'en emmener quelque marchandise, du pont de Mantes jusqu'au pont de Paris s'il n'est marchand de l'eau de Paris ou s'il n'a cette marchandise en société avec quelque marchand de l'eau de Paris. Si quelqu'un ose agir autrement, il perdra le tout ; et la moitié de ce tout ira au roi, pour le forfait, et l'autre moitié à nos marchands de l'eau de Paris.

Charte du roi Louis VII, 1170, trad. de R. de Lasteyriepp, *Cartulaire général de Paris*, t. 1, 1887.

VÉRIFIER SES CONNAISSANCES

1 Définir

Les **liens féodo-vassaliques** lient un seigneur à ses vassaux : le vassal doit se mettre au service de son seigneur, dont il reçoit en retour protection et fief. Ils sont symbolisés par la cérémonie de l'hommage.

2 Expliquer

a. Les **principales charges seigneuriales** qui pèsent sur les paysans sont les banalités, le cens, la corvée, la taille. À partir du XIIe siècle, des chartes de franchise commencent à en fixer le montant pour lutter contre l'arbitraire seigneurial.

b. Le **tournoi** est le reflet de l'idéologie de la chevalerie car il valorise l'entraînement au combat, la prouesse, le jeu codifié, le divertissement festif. Il est souvent associé à la poésie courtoise chantée par les troubadours ou les trouvères.

S'ENTRAÎNER

3 Étudier un texte

1 [Identifier]

Il s'agit d'un texte à valeur juridique : une **charte** de Louis VII, roi de France (1137-1180), fils et successeur de Louis VI le Gros. Elle a été traduite par R. de Lasteyriepp et extraite du *Cartulaire général de Paris*, publié à la fin du XIXe siècle, dans le cadre de la publication des archives concernant l'histoire de la royauté et de Paris.

2 [Repérer les thèmes abordés]

- Les **coutumes** accordées par Louis VI et renouvelées par son successeur : « les coutumes qu'ils avaient eues du temps de notre père le roi Louis », « personne n'a le droit d'amener à Paris ou d'en emmener quelque marchandise [...] s'il n'est marchand de l'eau de Paris ou s'il n'a cette marchandise en société avec quelque marchand de l'eau à Paris ».
- Les **termes de l'accord** entre les marchands de l'eau et le roi : « demandant que nous leur concédions et confirmions les coutumes qu'ils avaient eues... », « approuvant leur requête avec une faveur bienveillante », « bienveillant accord ».
- La nature et la destination de l'**amende** prévue en cas de transgression de la coutume : « Si quelqu'un ose agir autrement, il perdra le tout ; et la moitié de ce tout ira au roi, pour le forfait, et l'autre moitié à nos marchands de l'eau de Paris. »

3 [Interpréter]

Le nouveau roi confirme le privilège de la corporation des marchands utilisant la Seine entre Mantes et Paris. Ce texte atteste la **puissance des marchands parisiens** organisés en corporation, reconnue et protégée par le roi depuis le XIIe siècle. Il témoigne plus généralement de l'importance croissante du commerce et des marchands, principaux acteurs du développement urbain.

Le **privilège** dont bénéficiaient les marchands de l'eau leur conférait un véritable monopole sur le commerce fluvial à Paris.

www.annabac.com

CHAPITRE

5 L'élargissement du monde aux XVe et XVIe siècles

Longtemps centrés sur la Méditerranée, les Européens élargissent peu à peu leur horizon géographique : à partir de l'exploration des côtes africaines, ils expérimentent de nouvelles voies de commerce maritime vers les Indes et la Chine, puis découvrent le continent américain. Expression de leur dynamisme démographique, économique, technique et intellectuel, cette expansion modifie leur perception du monde, grâce au contact avec des civilisations jusque-là inconnues, et se traduit par l'émergence d'échanges commerciaux à l'échelle mondiale.

I Les Européens et l'Empire ottoman

La fascination mêlée d'inquiétude des Européens pour l'Empire ottoman atteste que la scène méditerranéenne conserve pour eux une place de première importance, même après la découverte de l'Amérique en 1492.

A Une vision du monde encore centrée sur la Méditerranée

- Jusqu'à la fin du XVe siècle, les Européens ont **une représentation très imprécise du monde**, forgée par les récits bibliques et la *Géographie* de Ptolémée.
- La *Reconquista* (→ chap. 3) s'achève en 1492 avec l'intégration à la couronne d'Espagne du royaume de Grenade, restaurant l'unité politique et religieuse de la péninsule ibérique. Parallèlement, l'islam progresse en Europe orientale aux dépens de la chrétienté : après la prise de Constantinople par les Turcs en 1453, la **puissance de l'Empire ottoman** vient contester la volonté de domination de l'Europe sur l'espace méditerranéen.

La ***Géographie*** du grec Ptolémée (v. 100-170) est traduite en latin en 1406 et réimprimée à plusieurs reprises. Cet ouvrage présente le globe constitué de trois continents : l'Europe, l'Asie et l'Afrique.

B De Constantinople à Istanbul

Capitale de l'Empire byzantin durant onze siècles, puis de l'Empire ottoman sous le nom d'Istanbul durant près de cinq siècles, Constantinople est un haut lieu de **brassage culturel**.

1. La capitale de l'Empire ottoman

- Constantinople, qui s'élève sur les rives occidentales du détroit du Bosphore, occupe une situation de **carrefour entre l'Europe et l'Asie**. Fondée au IVe siècle par l'empereur Constantin sur le site de l'antique Byzance, elle devient la nouvelle capitale de l'Empire romain, puis, avec le partage de l'Empire en 395, celle de l'Empire romain d'Orient.

- Très convoitée, Constantinople est **régulièrement menacée** au cours de son histoire : tour à tour, les Huns, les Avars, les Slaves, les Vikings et les Arabes tentent de s'en emparer. En 1204, lors de la quatrième croisade, elle est mise à sac par les croisés. Tandis que les villes italiennes (Gênes, Venise) l'asservissent économiquement, l'avancée des forces turques en Anatolie affaiblit les Byzantins. En 1453, les troupes turques de Mehmet II (sultan de 1451 à 1481) provoquent la **chute de Constantinople** et de l'Empire byzantin. Conquise, la ville est renommée Istanbul et devient la capitale de l'Empire ottoman.

Sultan de 1520 à 1566, **Soliman le Magnifique** poursuit l'extension de l'Empire ottoman, qui atteint alors son apogée territorial (1529 : siège de Vienne).

- Istanbul est la **vitrine de la puissance des sultans ottomans**. Dès 1459, Mehmet II fait construire le palais Topkapi, véritable ville dans la ville, résidence du sultan et siège du gouvernement. Soliman le Magnifique enrichit la capitale d'édifices, dont la grande mosquée qui porte son nom, construite entre 1550 et 1557 sur les plans de l'architecte Sinan.

2. Un lieu de contacts entre différentes cultures et religions

- Istanbul compte environ 400 000 habitants en 1550, ce qui en fait la **ville la plus peuplée d'Europe**. Pendant des siècles, son or et sa pourpre fascinent voyageurs et commerçants. Dans cette ville cosmopolite se côtoient Turcs, Grecs, Arméniens, Syriens, Bulgares, Génois, Vénitiens, Florentins, Anglais...

- Istanbul est également un **lieu de cohabitation** entre la majorité musulmane et les autres religions monothéistes. Une partie des juifs chassés d'Espagne à la fin du XVe siècle s'y réfugient. La ville abrite aussi des chrétiens, orthodoxes et catholiques. En effet, les Ottomans ne cherchent pas à les convertir à l'islam.

Sainte-Sophie. Construite au VIe siècle à la demande de l'empereur Justinien, cette basilique est transformée en mosquée par le sultan Mehmet II, comme en témoignent les quatre minarets.

S'ils n'ont pas autant de droits que les sujets musulmans, juifs et chrétiens bénéficient d'un statut particulier qui, contre le versement d'un impôt, les place sous la protection du sultan et les autorise à conserver leurs coutumes.

II Les Européens et l'Empire chinois

Sous la dynastie Ming (1368-1644), la Chine s'ouvre lentement aux Européens.

A L'intérêt des Européens pour la Chine

■ L'Europe est depuis longtemps en relation commerciale avec l'Afrique et l'Asie. La Méditerranée est le lieu d'**échanges commerciaux** des produits d'Extrême-Orient (épices, métaux précieux, soie), d'Afrique (or, ivoire, esclaves) et du Grand Nord (céréales, fourrures, bois, esclaves). Avec le déclin de la route de la soie au XIVe siècle, les produits échangés empruntent d'autres routes : les marchands indiens, perses ou arabes passent par l'océan Indien et par l'Inde, avant d'être relayés par les marchands génois et vénitiens pour la traversée de la Méditerranée.

La **route de la soie** est la voie commerciale terrestre passant par l'Asie centrale qui reliait, depuis l'Antiquité, l'Extrême-Orient au bassin méditerranéen.

Dès le XIIIe siècle, le diplomate Jean du Plan Carpin (v. 1180-1252) et le marchand **Marco Polo** (1254-1324) atteignent la Mongolie et la Chine, laissant des récits de leurs voyages qui mêlent observations et affabulations. Les **richesses** de la Chine, comme la porcelaine (Ming, dans le style bleu et blanc) très prisée par les Occidentaux, ainsi que la fascination pour une **civilisation différente** suscitent un intérêt croissant chez les Européens.

Cet intérêt n'est pas réciproque : les dirigeants chinois ne recherchent pas l'ouverture. Aux XVe et XVIe siècles, la Chine n'a rien à envier à l'Europe sur les plans économique, technique, scientifique ou administratif, mais elle est d'abord préoccupée par son **développement intérieur** et la menace mongole au nord.

Toutefois, la Chine ne reste pas totalement extérieure au processus d'ouverture au monde. Les **marchands chinois** sont actifs dans le commerce en Asie du Sud-Est (soieries, porcelaine...). Au début du XVe siècle, l'**amiral Zheng He** conduit plusieurs expéditions maritimes en mer de Chine et dans l'océan Indien.

Au XVIe siècle, l'argent des Amériques est introduit en Chine par les Espagnols, ce qui contribue à enrayer la crise monétaire qui frappe le pays à la fin du siècle. Les Portugais fondent un **comptoir commercial** à Macao en 1557 et le jésuite italien Matteo Ricci (1552-1610) y crée la **première église catholique** en 1605.

B Pékin, capitale de l'Empire chinois

Les territoires administrés directement par le « **royaume du Milieu** » s'étendent jusqu'à la mer de Chine, au Tibet et à la Grande Muraille. Celle-ci est prolongée au XVe siècle par un nouveau tronçon au nord de Pékin, afin de se défendre des Mongols qui assiègent la ville en 1450. Sans cesse renforcée, la Grande Muraille finit par atteindre 6 700 km d'ouest en est.

Pékin occupe une **position stratégique** comme avant-poste sur les marches du Nord de l'Empire. Son essor date du début du premier millénaire. Sa fonction de capitale de la Chine est confirmée par les Ming à partir de 1403 : la ville est reconstruite *ex nihilo* entre 1403 et 1421 par la volonté de l'empereur Yongle (1403-1424). Elle ne cesse de s'agrandir et devient, dès 1450, **la plus grande ville du monde** (entre 700 000 et 1 million d'habitants).

À Pékin, Yongle fait construire des **enceintes** massives ainsi que des rues et des avenues très larges selon un plan orthogonal. Des temples, des autels et des édifices administratifs sont consacrés au rituel d'État. Le ravitaillement est assuré par le **Grand Canal**, artère nourricière qui achemine les marchandises venues du sud, notamment les céréales, sur 2 000 km depuis Hangzhou.

Dans les nombreux **temples**, trois formes de spiritualité religieuse se mêlent : le confucianisme, le bouddhisme et le taoïsme.

ZOOM

Le lieu du pouvoir : la Cité interdite

- La Cité interdite s'étend sur 72 hectares, au **centre de Pékin**. Elle est entourée de hautes murailles et gardée par des centaines de soldats. Son accès est réglementé.
- Elle comprend **deux parties** : la cour extérieure, où se tiennent les grandes cérémonies officielles, et la cour intérieure, qui abrite la résidence de l'empereur et de ses proches.
- Chaque jour, l'empereur, dont le trône se trouve au **centre du palais**, reçoit en audience les fonctionnaires qui assurent l'administration de l'Empire.

Yongle fait également édifier la **Cité interdite** entre 1406 et 1420. L'architecture de ce palais impérial reflète la conception du pouvoir en Chine (→ zoom ci-dessus). L'empereur, « Fils du Ciel », est un souverain absolu. Tout ce qui le concerne est « céleste ». Autocrate, il s'appuie sur des fonctionnaires recrutés par concours, les **mandarins**, qui constituent une élite administrative et culturelle. Conformément à la pensée de Confucius (551-479 av. J.-C.), la mission sacrée de l'État est d'éduquer pour civiliser.

III Les Européens et le Nouveau Monde

La découverte de l'Amérique marque le début d'une transformation de la place des Européens dans le monde.

A Les Grandes Découvertes

- Les Grandes Découvertes sont motivées par la **recherche de richesses**, l'attrait pour l'aventure, le souhait d'étendre les connaissances et l'élan missionnaire. Les souverains ibériques soutiennent ces entreprises. Elles sont facilitées par les progrès de la cartographie et de la navigation. La **caravelle**, navire à voiles rapide conçu par les Portugais au XVe siècle, permet de traverser les océans.

- Cherchant à atteindre les Indes en contournant l'Afrique par le sud, les **Portugais** explorent les côtes atlantiques du continent noir. Le prince portugais Henri le Navigateur (1384-1460) donne l'impulsion à ces découvertes. Sa politique d'État permet d'atteindre Ceuta en 1415, Madère en 1418 et les Açores en 1431, les côtes du Sénégal en 1443 et l'archipel du Cap-Vert en 1457, puis l'équateur en 1469, jusqu'à ce que **Bartolomeu Dias** double le cap de Bonne-Espérance en 1488. **Vasco de Gama** (1469-1524) contourne ensuite l'Afrique et parvient jusqu'en Inde entre 1497 et 1498.

- Isabelle de Castille (1451-1504) et Ferdinand d'Aragon (1452-1516) soutiennent le navigateur génois **Christophe Colomb** (1451-1506) qui a l'idée de rechercher une nouvelle route vers les Indes par l'ouest (puisque la Terre est ronde). Parti en août 1492 avec trois caravelles, il parvient le 12 octobre sur une île des Bahamas puis découvre Cuba. De 1493 à 1504, il explore les Antilles et les côtes de l'Amérique centrale. Il mourra sans savoir qu'il a découvert le Nouveau Monde.

> Amerigo Vespucci (1454-1512), navigateur florentin dont le prénom sera donné au **Nouveau Monde**, découvre le Venezuela en 1497, puis explore la baie de Rio en 1502.

- Au lendemain du premier voyage de Colomb, les Portugais réclament leur part du Nouveau Monde. Le pape établit une ligne séparant les possessions espagnoles des portugaises : le **traité de Tordesillas** (1494) octroie au Portugal la moitié est du Brésil.

- Le navigateur portugais **Fernand de Magellan** (v. 1480-1521) a déjà franchi quatre fois le cap de Bonne-Espérance quand il part à la recherche d'un **passage entre l'océan Atlantique et l'océan Indien**. En disgrâce au Portugal, Magellan propose au roi d'Espagne Charles Ier (1500-1558), futur Charles Quint (1519-1556), son projet d'atteindre les « **îles aux épices** » par la route de l'Ouest, qui ne se trouve pas dans l'espace maritime réservé aux Portugais par le traité de Tordesillas (→ zoom p. 64).

zOOM

La circumnavigation du monde ou le périple de Magellan

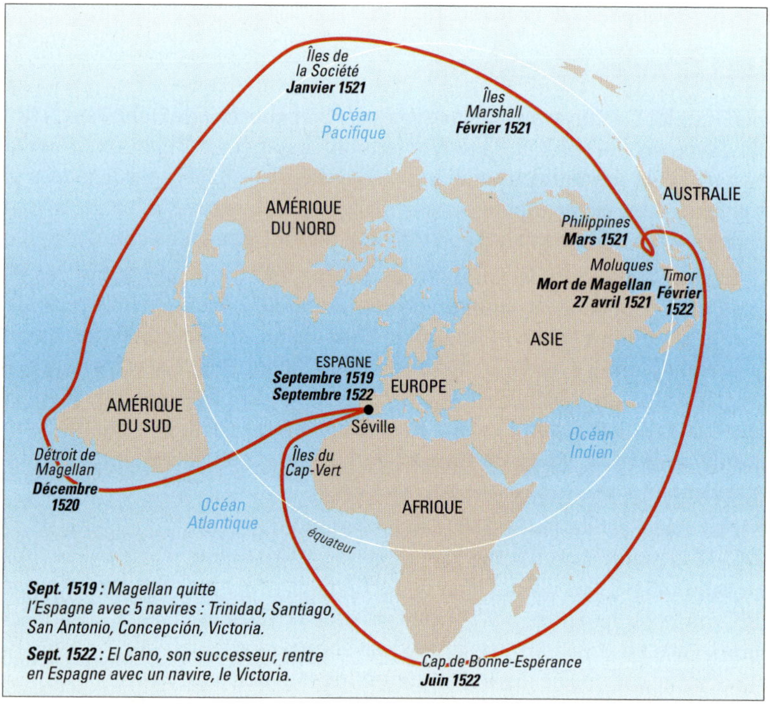

▸ **Magellan** part de Séville avec deux cent soixante-cinq hommes et cinq navires le 20 septembre 1519. Après bien des difficultés, la flottille franchit en novembre 1520 le détroit qui porte aujourd'hui le nom de Magellan. Elle se lance ensuite dans la traversée du « Pacifique » (océan ainsi nommé par Magellan). Elle atteint les îles Mariannes, puis les Philippines où, après une rixe avec les habitants du lieu, Magellan meurt, le 27 avril 1521.

▸ **Juan Sebastián El Cano**, un de ses lieutenants, prend alors le commandement de l'expédition. Il revient en Espagne le 4 septembre 1522 : il ne reste plus qu'un navire (le *Victoria*) et dix-huit hommes. El Cano rapporte une charge d'épices prise aux Moluques, suffisante pour tirer profit de l'expédition.

▸ Cette première circumnavigation apporte la **preuve expérimentale de la sphéricité de la Terre**.

B Tenochtitlán, capitale de l'Empire aztèque confrontée à la conquête européenne

Capitale de l'Empire aztèque (XIVe-début XVIe s.), Tenochtitlán est fondée en 1325 quand les Mexicas, ou Aztèques, installent une petite bourgade au milieu des roseaux du lac de Texcoco. Au XVIe siècle, Tenochtitlán est **le plus grand centre urbain d'Amérique centrale** : regroupant de 150 000 à 200 000 personnes, la ville domine une conurbation de près de 400 000 habitants. Construite sur un ensemble d'îlots naturels et artificiels, traversée de canaux et de rues à angle droit, elle témoigne d'une grande maîtrise de l'urbanisme.

Le palais impérial, très vaste (200 m de côté), comprend plusieurs bâtiments distribués autour d'un jardin : appartements impériaux, tribunaux, magasins, trésor, jardin zoologique, salles de musique… L'**empereur**, qui y réside, est **tout-puissant** : il est « celui qui a la parole ». Il est choisi par élection à l'intérieur d'une même famille comme étant le plus digne d'exercer le pouvoir. Le dernier empereur avant la chute de l'Empire aztèque est Moctezuma II.

Moctezuma II (1468-1520), couronné en 1503, cherche à construire un État absolu en réduisant le pouvoir de l'oligarchie et celui de la caste sacerdotale.

L'empereur est au sommet de la **hiérarchie sociale** et les hommes du peuple, soumis à l'impôt et aux corvées, en constituent la base ; entre ces deux extrémités, les prêtres, très puissants, et les seigneurs. Le pouvoir central s'exerce sur l'Empire aztèque, confédération de tribus soumises mais impatientes de retrouver leur liberté, ce qui facilite la conquête espagnole.

Le grand nombre de temples traduit l'**ouverture religieuse** de Tenochtitlán. Des sacrifices humains, destinés à assurer la bonne marche du monde, sont effectués au pied des pyramides. La **puissance économique** de la capitale se manifeste par la richesse de ses marchés : denrées précieuses, céramiques, objets d'or et de pierre fine, ouvrages de plumes…

Tenochtitlán est conquise et détruite en 1521 par les *conquistadores* menés par **Hernán Cortés** (1485-1547), qui fonde **Mexico** sur les ruines de la ville. La rapidité de cette conquête résulte de plusieurs facteurs : supériorité de l'armement ibérique, accès rapide des Européens à l'information via l'imprimé, impact des maladies infectieuses (→ chap. 1), dissensions politiques locales…

Les ***conquistadores*** sont les nobles castillans et andalous partis à la conquête du Nouveau Monde. Ils n'hésitent pas à recourir à la violence.

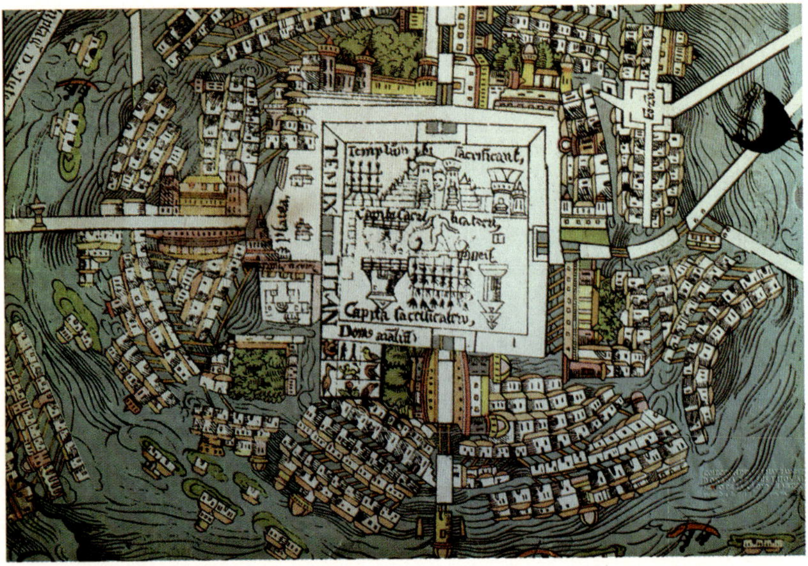

Plan de Tenochtitlán (1524). Gravure attribuée à Hernán Cortés.

C Les conséquences de la découverte de l'Amérique

1. La colonisation et la réorientation de l'économie européenne vers l'Atlantique

La domination européenne s'étend. Les pays colonisateurs, Espagne et Portugal, s'enrichissent. Ils organisent de **grands empires coloniaux** au détriment des anciennes civilisations amérindiennes, qui sont détruites. Dans les Andes, **Francisco Pizarro** (1475-1541) s'empare de Cuzco, la capitale inca, en 1533.

Pour mettre en valeur ces nouvelles régions sources d'immenses richesses (métaux précieux, puis sucre et bientôt café), les rois d'Espagne et du Portugal mettent en place une administration très hiérarchisée, favorisent l'**immigration** (240 000 colons espagnols partent vers le Nouveau Monde au cours du XVIe siècle) et finissent par autoriser l'**importation d'esclaves** d'Afrique noire.

En Europe, l'activité économique se déplace des rives de la Méditerranée vers les côtes atlantiques, où de grands ports se développent. En Espagne, **Séville** détient le monopole du trafic de l'or puis de l'argent venu d'Amérique. Au Portugal, **Lisbonne** (→ zoom p. 67) s'enrichit par le commerce des esclaves.

ZOOM

Lisbonne, un grand port européen

▲ Vue de Lisbonne depuis le Tage (atlas de G. Braun et F. Hogenberg, XVIe siècle).

- Capitale du royaume du Portugal, située à l'embouchure du Tage, Lisbonne devient capitale de l'Empire portugais. Elle est le **point de départ** de l'exploration des côtes africaines au XVe siècle, puis de l'expédition de Vasco de Gama (1469-1524) vers les Indes en 1497.
- Lisbonne recueille l'or africain qui sert à payer le poivre, les épices et les perles venues d'Extrême-Orient par voie maritime (en contournant l'Afrique du Sud). À partir de 1521, elle devient l'une des grandes places de la **traite négrière** vers l'Amérique.
- Le roi Manuel Ier (1495-1521) établit à Lisbonne la *Casa de India* pour **contrôler le trafic maritime** avec les comptoirs d'Afrique et d'Asie.

Aux Pays-Bas espagnols, **Anvers** devient une grande place financière grâce à sa position de carrefour entre les voies maritimes du nord et du sud et les voies terrestres qui relient la mer du Nord et l'Italie.

■ Cet **essor de la façade atlantique** n'empêche pas les ports méditerranéens, Venise et Gênes, de s'intégrer aux nouvelles voies du commerce international, mais l'espace méditerranéen perd de son importance au profit de l'Atlantique.

2. Un nouveau regard sur le monde

■ La **découverte d'autres civilisations** permet de relativiser l'héritage de l'Antiquité et du christianisme. Les Grandes Découvertes modifient le regard des Européens sur le monde, sans pour autant remettre en question la conviction de leur supériorité, comme en témoignent les missions d'évangélisation et la volonté de convertir les autres peuples au christianisme.

■ Certains Européens se demandent si les Amérindiens ont une âme et donc s'il est envisageable de les convertir au christianisme. Le moine dominicain et missionnaire espagnol **Bartolomé de Las Casas** (1474-1566) défend les Amérindiens, dénonce les cruautés commises par les *conquistadores* et plaide pour la suppression de l'*encomienda*.

> Grâce au système de l'***encomienda***, les *conquistadores* sont reconnus, par le roi d'Espagne, propriétaire de terres, dont ils doivent évangéliser la main-d'œuvre d'origine autochtone. Ils doivent verser 5 % de leurs revenus au trésor roya

■ La **controverse de Valladolid** montre la difficulté que représente, pour les Européens, la rencontre avec l'Autre, incarné par les civilisations amérindiennes jusqu'alors inconnues. Dans un contexte de violence infligée aux Amérindiens considérés comme des barbares sanguinaires et idolâtres, des théologiens et des juristes se réunissent à Valladolid en 1550 pour discuter de la nature humaine des Amérindiens. La question « indienne » devient l'enjeu d'un débat : est-il légitime de les maltraiter ? Ne font-ils pas partie, eux aussi, du peuple de Dieu ?

RÉCAPITULONS

■ Aux XVe et XVIe siècles, les horizons géographiques des Européens s'élargissent.

■ Stimulés par l'appât des richesses (or, argent, épices) et aidés par des progrès techniques (cartographie, navigation), ils découvrent des régions qu'ils ignoraient. Le contact avec des civilisations inconnues (aztèque, chinoise...) modifie leur perception du monde et pose la question du rapport à l'Autre.

■ Espagnols et Portugais fondent des empires coloniaux, tandis que le centre de gravité économique de l'Europe bascule de la Méditerranée, où domine désormais l'Empire ottoman, à la façade atlantique.

Analyser une carte géopolitique

LA DÉMARCHE

- **Lire la carte.** Quels espaces et phénomènes sont représentés ? À quelle époque ? De quel type est la carte (descriptive, évolutive, thématique ou synthétique) ?
- **Localiser et décrire.** Listez les éléments de même nature, éventuellement sous forme de tableau. Recherchez les ensembles, leurs relations et les oppositions.
- **Interpréter.** Formulez de manière concise ce qui caractérise le phénomène cartographié (ancien ou nouveau, en rupture avec le passé, étendu, très localisé, etc.) et confrontez-le à d'autres documents.

L'EXEMPLE COMMENTÉ

DOCUMENT Le commerce anversois au XVIe siècle

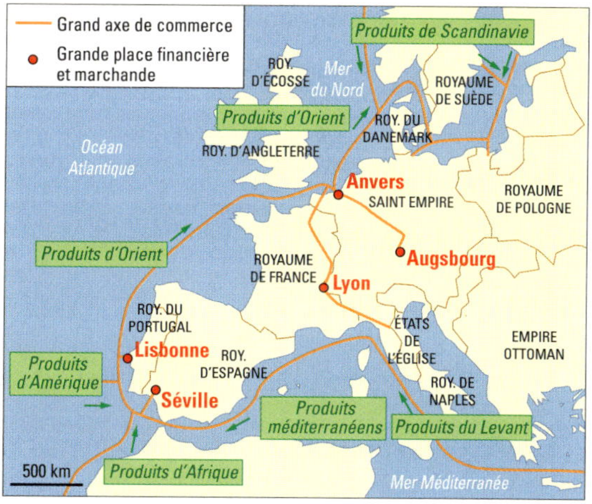

- **Lire la carte.** Cette carte thématique représente le rayonnement commercial du port d'Anvers en Europe au XVIe siècle.
- **Localiser et décrire.** Elle met en évidence la convergence des routes maritimes et continentales vers Anvers : route méditerranéenne, qui contourne la péninsule ibérique ; route le long des côtes de la mer Baltique ; routes venant d'Amérique ou d'Afrique ; route continentale reliant l'Italie… Les grandes places financières et marchandes (Lisbonne, Séville, Lyon, Augsbourg) jalonnent ces routes.
- **Interpréter.** Anvers devient un centre commercial de première importance : tous les produits de haute valeur et de première nécessité y sont échangés, si bien que ce port s'enrichit et fonde la première Bourse des valeurs en 1531.

VÉRIFIER SES CONNAISSANCES

1 Définir

La controverse de Valladolid

2 Expliquer

a. Que suggère la situation géographique de la capitale Pékin ?

b. Quelles sont les conséquences de l'élargissement de l'horizon géographique et culturel des Européens aux XVe et XVIe siècles ?

S'ENTRAÎNER

3 Analyser une carte géopolitique

En vous appuyant sur la méthode proposée (→ p. 69), étudiez la carte ci-dessous.

DOCUMENT L'Empire portugais au XVIe siècle

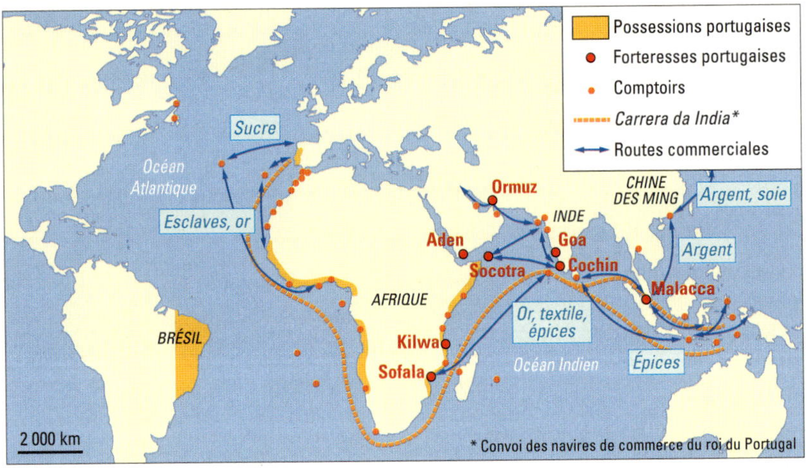

POUR VOUS AIDER

Repérez le centrage de la carte ainsi que l'emplacement des comptoirs et des forteresses.

VÉRIFIER SES CONNAISSANCES

1 Définir

En 1550, la **controverse de Valladolid** oppose le docteur en théologie Juan Ginés de Sepúlveda à Bartolomé de Las Casas, évêque du Chiapas au Mexique, devant une assemblée de théologiens réunis à Valladolid en Espagne, pour savoir s'il est légitime de faire la guerre aux Indiens pour les soumettre avant de leur prêcher l'Évangile. Las Casas défend les Indiens en soutenant qu'ils ont une âme.

2 Expliquer

a. Pékin est dans une situation géographique excentrée, mais elle se trouve aux **avant-postes de défense** et est alimentée par l'artère nourricière qu'est le Grand Canal. La ville favorise l'ouverture de la Chine en assurant des relations avec l'Occident.

b. Les conséquences sont **économiques** (développement de grands ports sur la façade atlantique), **coloniales** (empires coloniaux, traite négrière) et **culturelles** (rencontre avec des civilisations inconnues). La vision du monde se modifie et l'économie se « mondialise ».

S'ENTRAÎNER

3 Analyser une carte géopolitique

1. [Lire la carte]

Cette carte thématique représente l'Empire portugais au XVIe siècle.

2. [Localiser et décrire]

La carte est centrée sur l'Afrique et l'Asie du Sud-Est. Il manque la ligne tracée arbitrairement en fonction du traité de Tordesillas (1494) pour délimiter les possessions espagnoles et portugaises : le Brésil se trouve à l'est de cette ligne.

Continents	Europe, Afrique, Asie, Amérique
Produits	Métaux précieux, épices, textiles, sucre, esclaves
Routes, comptoirs, forteresses	• Des comptoirs côtiers reliés par une route maritime principale, qui part de Lisbonne, contourne l'Afrique et arrive en Indonésie. • Des routes secondaires reliant les îles à cette route principale, ou reliant les forteresses entre elles sur l'océan Indien

3. [Interpréter]

Les Portugais explorent progressivement la côte occidentale de l'Afrique, avant de découvrir la route qui contourne l'Afrique du Sud par le cap de Bonne-Espérance (Bartolomeu Dias en 1488), ce qui ouvre le commerce maritime aux richesses de l'Asie (épices, soie, argent, or).

L'Empire portugais est constitué de **possessions côtières** en Afrique, de **comptoirs** défendus militairement sur l'océan Indien et de la partie est du **Brésil**, territoire colonisé et reconnu comme appartenant au Portugal par le traité de Tordesillas (1494). Ces différents lieux sont reliés entre eux par les routes commerciales empruntées par les navires du roi. L'Empire portugais est donc avant tout **commercial**, comme l'atteste la géographie des territoires possédés : ils se situent le long des côtes, sans se prolonger dans l'arrière-pays.

Le **traité de Tordesillas** témoigne de la puissance de l'Empire portugais dès la fin du XVe siècle.

www.annabac.com

CHAPITRE

6 Les hommes de la Renaissance

La Renaissance se caractérise par une mise en question des certitudes chrétiennes et par un retour aux valeurs de l'Antiquité, ainsi que par l'élargissement de toutes les connaissances : découvertes scientifiques (→ chap. 7), rencontres avec d'autres civilisations (→ chap. 5). Plusieurs figures emblématiques représentent l'esprit critique et l'affirmation de nouvelles conceptions de l'homme, de la religion et de l'art. L'enjeu de ce chapitre est de montrer l'importance de cette « révolution » des mentalités et ses implications dans tous les domaines.

I Le livre et la diffusion de l'humanisme

A L'invention de l'imprimerie

- Gutenberg (v. 1400-1468), inventeur des **caractères mobiles**, met au point la presse à imprimer en 1450, à Mayence. Il s'appuie sur des inventions antérieures, le papier et la gravure. Le premier livre imprimé par Gutenberg est la « Bible à quarante-deux lignes » en 1454.
- Par rapport aux contraintes et au coût de la copie manuscrite, l'imprimerie constitue une avancée considérable : **la fabrication des livres prend une autre dimension**, ce qui révolutionne le mode de diffusion des lettres et du savoir.
- Les ateliers d'imprimerie se multiplient rapidement : en 1500, plus de 250 villes européennes en sont dotées. Certains **imprimeurs** acquièrent une grande réputation, comme Christophe Plantin à Anvers, Robert Étienne à Paris ou Alde Manuce à Venise.
- Humaniste italien, auteur de grammaires et de traductions, **Alde Manuce** (1450-1515) fonde à Venise en 1494 une imprimerie qui édite des classiques (dont une grammaire grecque et des ouvrages en grec d'Aristote ou d'Aristophane) comme des auteurs modernes, contribuant ainsi à la diffusion des

idées de la Renaissance. Il fait aussi faire des progrès à l'imprimerie : il utilise les caractères italiques et lance la publication de livres en plus petit format (in-octavo), plus maniables que les in-quarto ou in-folio.

B L'humanisme

- À travers livres, estampes et partitions, les imprimeurs contribuent à la diffusion d'une nouvelle conception de l'homme, de l'art, de la religion et du monde : l'humanisme. Fondé sur l'étude des textes antiques, l'humanisme place l'**homme au centre de l'univers**. Il associe une aspiration au progrès et une nostalgie du passé antique, considéré comme un âge d'or.

> Le terme « **humanisme** » a été forgé au XIXe siècle pour désigner le courant de pensée qui naît en Italie au XVe siècle, et qui prend vite une ampleur européenne. Le texte fondateur est *De la dignité de l'homme* (1486) de Pic de la Mirandole.

- Rejetant la culture médiévale, les humanistes cherchent à **relire les textes de l'Antiquité dans leur langue d'origine** : le grec, le latin et l'hébreu, entre autres. Cet intérêt pour les textes anciens résulte d'un concours de circonstances, où se conjuguent le renouveau de la curiosité, le développement de l'esprit scientifique, la multiplication des bibliothèques et le contact avec des savants byzantins, venus en Europe de l'Ouest après la prise de Constantinople par les Ottomans en 1453.
- En facilitant la fabrication des livres, l'imprimerie favorise le **développement de la lecture et de l'esprit critique**. La multiplication des bibles imprimées transforme le texte sacré, jusqu'alors monopole de l'Église, en objet d'étude pour les humanistes désireux de retrouver le texte original. L'imprimerie incite à la lecture directe des textes sacrés, ce qui favorise la Réforme religieuse.
- Les humanistes réfléchissent aussi au **rôle des souverains** dans le maintien de la cohésion de la société. Ainsi, tandis que **Thomas More** (1478-1535) critique l'organisation politique de son époque en proposant une vision idéale de la société dans l'*Utopie* (1516), **Machiavel** (1469-1527) rédige *Le Prince* (1513) pour défendre l'autonomie de la sphère politique par rapport au pouvoir religieux, et pour poser les bases de l'État moderne : le prince doit savoir se faire respecter.
- Alors que de nombreux princes s'entourent d'une **cour brillante**, Baldassare Castiglione (1478-1529), dans *Le Parfait Courtisan* (1528), montre que l'art de la conversation remplace la violence chevaleresque.

ZOOM

Foyers et diffusion de l'humanisme et de la Renaissance en Europe

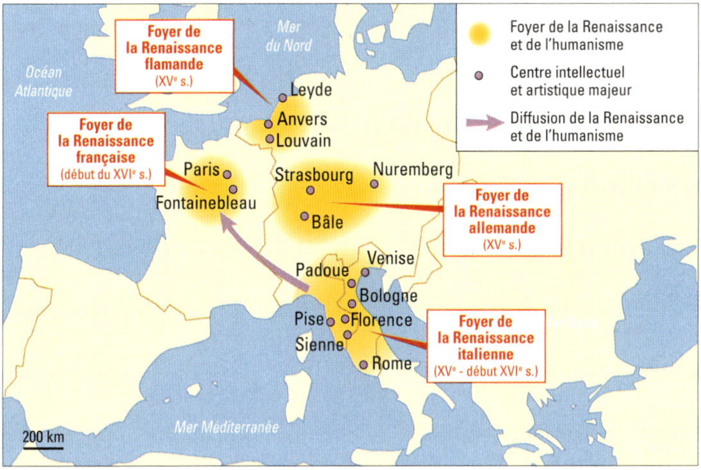

▶ Humanistes et artistes voyagent pour se former, pour débattre, pour enseigner. Les artistes, qui dépendent des **mécènes** ou des **commanditaires** (princes et riches marchands), se déplacent au gré des commandes.

▶ Déplacements, voyages et correspondances assurent échanges intellectuels et influences réciproques entre les différents foyers de l'humanisme, constituant une « **République des lettres** » acquise aux idées nouvelles.

▶ Né à Rotterdam, **Érasme** (v. 1469-1536), considéré comme le « prince des humanistes », ne cesse de voyager tout au long de sa vie : il séjourne ainsi à Paris, Venise, Rome, Londres ou encore Bâle. Il entretient une correspondance nourrie avec les autres humanistes européens.

C Le rôle de l'éducation

1. L'homme, « mesure de toute chose »

■ Avec le retour aux valeurs de l'Antiquité, l'homme, et non plus Dieu, est placé au centre du monde. Les humanistes considèrent que **l'homme peut s'améliorer** en développant ses facultés intellectuelles. Ils attachent donc une grande importance à l'**éducation**.

■ L'éducation doit développer les **qualités propres à l'être humain** et faire de l'enfant un individu complet, « un esprit sain dans un corps sain », conscient de sa place dans l'univers, sans pour autant oublier Dieu : « science sans conscience n'est que ruine de l'âme », affirme Rabelais.

■ L'éducation humaniste s'accompagne de la création de **nouvelles institutions**, les collèges et les académies, sociétés à caractère littéraire, philosophique et culturel. Elle passe aussi par les voyages et la correspondance (→ zoom p. 75).

2. Le débat autour de l'enseignement

■ Si l'enseignement doit être individualisé pour respecter la personnalité de chacun, les positions de Rabelais (1494-1553) et de Montaigne (1533-1592) divergent. **Rabelais** exige des connaissances encyclopédiques, comme l'atteste la *Lettre de Gargantua à son fils Pantagruel* (1532) qui énumère toutes les disciplines à étudier : langues anciennes, histoire, géométrie, arithmétique, médecine, art militaire... Ces disciplines doivent permettre de lire les livres saints dans le texte et de « revisiter » les ouvrages scientifiques de l'Antiquité.

■ En revanche, **Montaigne** insiste sur l'acquisition du sens critique et sur la nécessité de penser par soi-même, afin de développer ce qui appartient en propre à chacun.

II La Réforme religieuse

A Contestation de l'Église et renouveau de la spiritualité

■ Le XVe siècle est marqué par une contestation de l'Église et par une évolution de la spiritualité. La papauté est empêtrée dans des luttes politiques et certaines pratiques comme la vente des indulgences suscitent la controverse.

> L'achat d'**indulgences** permettait au chrétien de diminuer, moyennant finance, le temps qu'il devait passer au purgatoire.

■ La volonté de réforme est exprimée par le Bohémien **Jan Hus** (v. 1370-1415), qui adopte les théories critiques de l'Anglais John Wyclif (1320-1384) et dénonce les abus de la papauté. Certaines de ses idées **préfigurent le protestantisme** : retour au texte de la Bible, communion sous les deux espèces (hostie et vin). Convoqué devant le concile de Constance (1415), Jan Hus est condamné au bûcher. Sa mort entraîne un soulèvement religieux en Bohême et en Allemagne : les guerres hussites durent vingt ans et marquent la conscience nationale tchèque.

Parallèlement, **l'humanisme incite à une lecture directe de la Bible**, ce qui avive les critiques formulées à l'encontre de l'Église. Érasme donne une nouvelle traduction du Nouveau Testament (1516) pour que le texte soit accessible à tous et incite chacun à personnaliser sa pratique religieuse en revenant à l'essentiel.

B La Réforme luthérienne

Martin Luther (1483-1546), moine et théologien allemand, est poussé à proposer la doctrine de la justification par la foi parce que l'Église n'apporte pas d'apaisement au croyant qu'il est.

La **justification par la foi** est une attitude spirituelle qui permet à un pécheur d'être rétabli en état de grâce.

En 1517 Luther dénonce, dans ses ***Quatre-vingt-quinze thèses***, la pratique romaine des indulgences. Excommunié et mis au ban de l'Empire en 1521, il reçoit cependant le soutien de nombreux princes, sensibles à son message. Luther donne des fondements doctrinaux au mouvement de la Réforme et organise peu à peu la nouvelle Église.

L'**Église luthérienne** récuse l'autorité du pape. Elle limite les sacrements à deux (le baptême, la communion) au lieu de sept, au profit du développement de la vie intérieure. Elle rejette le culte marial et celui des saints.

Le **temple**, dépouillé, accueille des cérémonies très sobres, et la musique joue un rôle fondamental. Le culte est axé sur la **lecture personnelle de la Bible** en langue nationale (et non en latin). L'Église n'est pas hiérarchisée, et le pasteur ne fait pas vœu de célibat.

Le luthéranisme se répand largement en **Allemagne**, par l'intermédiaire des humanistes et des cours princières.

C Réforme et Contre-Réforme

1. Réformateurs et nouvelles églises

Le Suisse **Zwingli** (1484-1531), à Berne, ou encore le Français **Calvin** (1509-1564) organisent eux aussi des églises réformées. Calvin fonde en 1541, à Genève, une sorte de théocratie reposant sur la conception rigoriste du protestantisme, formulée dans son ouvrage *L'Institution de la religion chrétienne* (1536). Il s'oppose au culte des images et insiste sur la prédestination.

Selon la doctrine chrétienne de la **prédestination**, le destin de chaque individu (salut éternel ou damnation) résulte d'une décision divine indépendante de sa volonté ou de ses actes.

■ En Angleterre, c'est **le roi Henri VIII** (1491-1547) qui décide de rompre avec le pape. Il crée l'Église anglicane (1534), combinaison d'une liturgie et d'une organisation rappelant le catholicisme (clergé hiérarchisé, évêques) et d'une conception religieuse proche du calvinisme.

2. La Contre-Réforme

■ Pour lutter contre l'extension de la Réforme protestante, l'Église catholique organise un **concile** (1545-1563) à Trente, en Italie. Il prend des mesures pour améliorer la formation des prêtres et donne l'impulsion à l'**art baroque**, destiné à séduire les fidèles par le plaisir esthétique.

■ La « reconquête des âmes » est confiée à un nouvel ordre religieux, celui des **jésuites** (ou Compagnie de Jésus), fondé par Ignace de Loyola (1491-1556) en 1540. Les jésuites fondent des collèges qui dispensent un **enseignement de haut niveau**, à destination des élites. Ils conçoivent des églises vastes et très décorées pour magnifier la foi chrétienne (ex. : église du Gesù à Rome).

3. Les guerres de religion

■ Dans les **pays germaniques** (1547-1552), elles opposent les princes et l'empereur Charles Quint (1500-1558), qui est contraint de signer la **paix d'Augsbourg** en 1555. Celle-ci reconnaît la liberté religieuse selon le principe « tel prince, telle religion » : les princes peuvent adopter la religion de leur choix, qui est alors valable pour leurs sujets.

■ Elles sont très violentes en **France**, où le calvinisme a fait de nombreux adeptes. Huit guerres se succèdent entre 1562 et 1589 ; le massacre de la Saint-Barthélemy, en 1572, en est le pire épisode. L'**édit de Nantes** (1598) promulgué par Henri IV y met un terme, en reconnaissant l'Église réformée et en permettant la coexistence des deux cultes dans le royaume.

III La Renaissance et ses artistes

A L'émergence de nouvelles conceptions de l'art

1. Qu'est-ce que la Renaissance ?

■ La Renaissance naît en Italie, à Florence, avec Giotto (v. 1266-1337), se développe au XVe siècle (*Quattrocento*) avant de se répandre en Europe (*Cinquecento*). La Renaissance confère à l'**artiste** un statut de créateur et le différencie de l'artisan, qui travaille dans un atelier où sont formés des apprentis.

> Le mot « **Renaissance** » a été inventé par Vasari (1511-1574), premier historien d'art, pour désigner la redécouverte de l'art antique, et la rupture avec la sensibilité et l'art du Moyen Âge.

Les **Flandres** constituent le second foyer majeur de la Renaissance. Au XVe siècle, les ducs de Bourgogne y entretiennent une cour brillante, avec des peintres tels que Jan van Eyck (1390-1441). Celui-ci perfectionne le procédé de la **peinture à l'huile**, dont il contribue à répandre l'usage, et inaugure une façon de peindre en rupture avec la tradition gothique des fresques.

2. Quelques grandes figures

> L'architecte romain **Vitruve** (Ier siècle av. J.-C.) est l'auteur du seul traité d'architecture qui nous soit parvenu de l'Antiquité, *De architectura*.

Les artistes de la Renaissance, qui redécouvrent Vitruve, voient dans l'**architecture** l'art majeur et exigent le retour aux règles et aux principes de l'Antiquité. **Filippo Brunelleschi** (1377-1446) est le premier grand architecte de la Renaissance : il invente la coupole *(duomo)*, qui recouvre la cathédrale de Florence (1420-1436), et découvre les principes mathématiques de la **perspective géométrique**, que les peintres mettront en pratique (espace en trois dimensions sur une surface plane). **Andrea Palladio** (1508-1580), auteur d'un traité d'architecture, s'inspire de l'Antiquité pour construire ses villas : volumes, coupoles, frontons, colonnes, chapiteaux, temple rond, plan centré…

Leon Battista Alberti (1404-1472) propose dans son traité *Della Pittura* (1453) la métaphore de la « fenêtre ouverte sur la nature » : le tableau doit être conçu comme un plan de projection mathématique. Cette conception d'un espace scénographique s'impose aux peintres de la Renaissance.

Léonard de Vinci (1452-1519) ajoute à la perspective géométrique une « perspective atmosphérique », basée sur un effet d'optique (le *sfumato*) et confie à la lumière et aux couleurs le rôle d'unifier l'espace. Il incarne par excellence l'artiste de la Renaissance : « **homme universel** », il intègre et dépasse tous les courants intellectuels, esthétiques, techniques et scientifiques de son temps. Jaloux de son indépendance, il sait se servir de princes (dont Ludovic Sforza, duc de Milan, son premier mécène) et de souverains (dont François Ier) pour soutenir sa gloire en leur offrant ses multiples compétences techniques et artistiques : génie militaire, architecture, peinture, sculpture…

Le peintre vénitien **Giorgione** (1477-1510) met en pratique un traitement spécifique de la lumière conférant un caractère enchanteur et poétique aux quelques toiles qui lui sont attribuées. Les contours adoucis de ses formes lui permettent de fondre les personnages dans le paysage.

Michel-Ange (1475-1564), peintre, architecte, sculpteur, poète – le type même de l'artiste humaniste – est appelé par le pape Jules II à Rome en 1505. Il poursuit les travaux de la basilique Saint-Pierre, conçoit le palais Farnèse, et peint le plafond et le *Jugement dernier* de la **chapelle Sixtine**.

zOOM

Raphaël, *L'École d'Athènes* (1511)

▸ Cette fresque de Raphaël (1483-1520), qui orne les appartements du pape au Vatican, est un **manifeste du retour aux références antiques**. Elle associe le passé gréco-romain (dominant), l'héritage oriental et le présent de l'époque humaniste. Elle évoque les **valeurs de l'humanisme** : la recherche de la Vérité et de l'Harmonie à l'aide de la raison, ainsi que le débat entre les néoplatoniciens, qui souhaitent concilier Antiquité et christianisme, et les aristotéliciens, qui estiment que seule la nature est accessible à la réflexion.

▸ Ce « manifeste » privilégie quelques disciplines, et notamment :

– la **philosophie** grecque : Platon (1), représenté sous les traits de Léonard de Vinci, lève le doigt vers le ciel, tandis qu'Aristote (2) tourne la paume vers la Terre ; Socrate (3) converse avec de jeunes gens ; Héraclite (4) a les traits de Michel-Ange ;

– les **mathématiques** : Pythagore (5), Euclide (6) et Ptolémée (7) ;

– la **peinture** : Raphaël (8) ;

– l'**architecture antique** : arcs, niches avec statues (Apollon et Minerve), bas-reliefs, plafond à caissons.

B La diffusion de la Renaissance en Europe

> Un **mécène** est une personne généralement puissante et fortunée qui protège et soutient matériellement les artistes.

■ Les artistes humanistes bénéficient du **soutien financier et politique** de mécènes divers :
– les princes, tels les **Médicis**, à Florence, pour Botticelli (1445-1510) ;
– les papes, dont **Sixte IV** (1471-1484) et **Jules II** (1503-1513), à Rome, font travailler Botticelli et Michel-Ange pour décorer la chapelle Sixtine, Raphaël pour le décor des appartements du Vatican, Bramante (1444-1514) puis Michel-Ange pour reconstruire la basilique Saint-Pierre (fondée en 324) ;
– les rois : **François Ier** (1494-1547) fait venir Léonard de Vinci en France, qui dessine le plan du château de Chambord, et fait travailler des peintres italiens à Fontainebleau. Titien (1488-1576), peintre vénitien, réalise les portraits de tous les grands personnages de son temps : Jules II, François Ier et **Charles Quint**, entre autres.

■ Les **guerres d'Italie**, commencées en 1494 par le roi de France Charles VIII pour « récupérer » le royaume de Naples, sont poursuivies par Louis XII qui veut annexer le Milanais, puis par François Ier, vainqueur à Marignan en 1515. Le désastre de Pavie (1525) marque la fin du rêve français d'imposer sa domination sur l'espace italien, mais le contact avec l'Italie est important pour l'**épanouissement de la Renaissance en France**.

RÉCAPITULONS

À la Renaissance, une nouvelle culture naît et se diffuse en Europe.

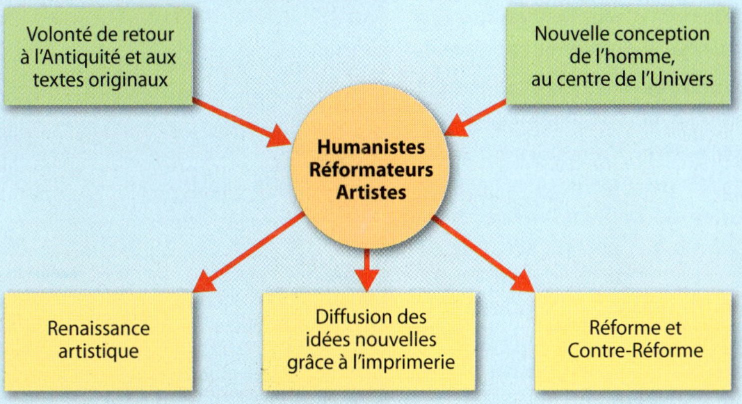

Analyser une gravure ou un tableau

LA DÉMARCHE

- **Identifier.** Notez le nom de l'artiste, le titre et la date de l'œuvre, ainsi que ses dimensions, son support (bois, toile…) et sa technique (peinture, fusain…). Déterminez à quel genre elle appartient (tableau d'histoire, scène biblique, paysage…).
- **Décrire.** Étudiez le traitement du sujet : grandes lignes de la composition, place et attitude des personnages, choix des couleurs, ombres et lumières, etc.
- **Interroger.** Quelles questions l'œuvre suscite-t-elle ? Interrogez-vous sur ses caractéristiques, ses incohérences apparentes, les références qu'elle mobilise.
- **Interpréter.** Mettez en relation les éléments de l'œuvre, sans négliger les détails, qui peuvent parfois avoir une signification déterminante.

L'EXEMPLE COMMENTÉ

- **Identifier.** *La Tempête* est un tableau peint en 1502 par Giorgione (1477-1510). Il représente un paysage imaginaire et allégorique.
- **Décrire.** La perspective entraîne l'œil dans un lointain tourmenté. La couleur dominante est le vert, rehaussé d'éclats lumineux et par le vêtement rouge de l'homme. Les personnages sont énigmatiques.
- **Interroger.** En quoi ce tableau est-il représentatif de la Renaissance ?
- **Interpréter.** Ce tableau est représentatif des techniques et des thèmes de la Renaissance : peinture à l'huile, perspective, rôle de la lumière et de la couleur, importance de la nature, association de sujets religieux et profanes (couple évoquant la sainte famille, berger, lumière divine).

DOCUMENT **Giorgione, *La Tempête*** (v. 1502), huile sur toile, galerie de l'Académie, Venise

VÉRIFIER SES CONNAISSANCES

1 Définir

Réforme et Contre-Réforme

2 Expliquer

En quoi ce dessin de Léonard de Vinci symbolise-t-il l'humanisme et la Renaissance ?

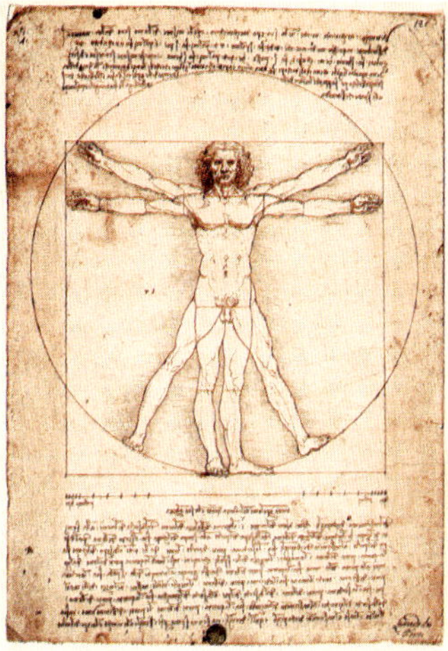

DOCUMENT **Léonard de Vinci, *Les Proportions du corps humain d'après Vitruve*** (1492), dessin (34,4 × 24,5 cm), galerie de l'Académie, Venise.

S'ENTRAÎNER

3 Analyser une gravure

Analysez cette gravure en suivant la méthode proposée (→ p. 82). En quoi est-elle représentative de l'humanisme et de la Renaissance ?

DOCUMENT **Albrecht Dürer, *Melencolia I*** (1514), gravure (24 × 18,9 cm).

POUR VOUS AIDER

- Vous devez porter votre attention sur la construction géométrique ainsi que sur les détails, en particulier les objets.
- Demandez-vous ce que personnifie cette femme ailée.

VÉRIFIER SES CONNAISSANCES

1 Définir

Apparue au début du XVIe siècle, la **Réforme** est un mouvement de rupture avec l'Église romaine, au nom d'un retour au texte de la Bible et de la recherche d'un rapport plus personnel entre le chrétien et Dieu. La **Contre-Réforme** est la réaction de l'Église romaine à la Réforme. Outre la répression des protestants et le recours au tribunal de l'Inquisition, elle se caractérise par la redéfinition du dogme et l'amélioration de la formation des prêtres, suite au concile de Trente (1545-1563).

2 Expliquer

Le **dessin de Léonard de Vinci** présente l'homme au centre du monde et mesure de toute chose : à l'image de Dieu, il est source de perfection. En même temps, ce dessin inscrit l'artiste de la Renaissance dans l'héritage antique (Vitruve) et montre que l'art repose sur la maîtrise des mathématiques, qu'il vise à l'équilibre et à l'harmonie, et que, comme les autres sciences, il est source de connaissance.

S'ENTRAÎNER

3 Analyser une gravure

1. [Identifier]

Sur la gravure *in extenso*, un monogramme, en bas à droite, indique que l'œuvre est d'Albrecht Dürer (1471-1528), graveur et peintre allemand, et qu'elle date de 1514. Son titre est indiqué en lettres majuscules : *Melencolia I*. Gravée sur cuivre, elle est de petites dimensions : 24 × 18,9 cm. Il s'agit d'un portrait allégorique qui vise à illustrer la « mélancolie » (tempérament attaché alors à l'artiste créateur).

> Le **monogramme** est la signature de l'artiste, sous forme abrégée.

2. [Décrire]

La **construction** d'ensemble est géométrique, avec un axe central séparant deux parties : l'une massive, au premier plan, l'autre ouverte et lointaine. Horizontales, verticales et figures géométriques donnent un effet de stabilité et de densité. Les gris sont en dégradé, du très foncé au blanc lumineux ; les tracés du burin sont très nets, rectilignes, anguleux et courbes.

La **scène** est nocturne. Habité et actif (villages, navires, cultures), le paysage côtier à l'arrière-plan est éclairé par une comète et un arc-en-ciel très lumineux.

Un **personnage féminin** ailé portant une robe somptueuse occupe la partie droite de la gravure : elle est assise devant un bâtiment sans fenêtres et a la tête posée sur son poing gauche fermé ; elle porte une couronne de feuillage et son regard se porte au loin. À côté d'elle, sur la verticale qui sépare l'image en deux parties, se trouve un **chérubin ailé**, assis sur une meule à aiguiser et qui griffonne sur une tablette. Un chien dort aux pieds de la femme.

Les **objets** sont très nombreux : livre et compas tenus par la femme, outils (clous, rabot…) et sphère au sol, bloc de pierre taillée, meule, échelle, sablier… Dans le ciel, un animal fantasmagorique porte le titre de la gravure.

3. [Interroger]

Quelle peut être la signification de cette figure allégorique de la mélancolie ?

4. [Interpréter]

La femme personnifie l'**astronomie**, domaine suprême des mathématiques puisqu'il s'élève jusqu'aux sphères célestes. Elle semble méditer sur un problème de première importance qui n'a pas encore été résolu. La solidité de la construction de la gravure, divisée en deux parties contrastées, suggère la confiance en l'avenir, malgré la précarité de la vie (le sablier et la cloche symbolisent le temps qui court) et les menaces d'une nature imprévisible (tempête, chute de l'échelle).

Cette gravure nous plonge **au cœur de l'humanisme et de la Renaissance**, tant sur le plan artistique (composition rigoureuse, perspective, paysage imaginaire, lumière qui unifie un ensemble hétérogène) que sur celui du statut de l'artiste créateur, solitaire, à l'image de Dieu, ou sur celui de la nature de l'homme dont la « dignité » repose sur la conscience que la recherche du savoir est infinie : le « *I* » accolé à « *MELENCOLIA* » symbolise l'unité du savoir que seul Dieu possède, par-delà la diversité des connaissances.

La technique de la gravure permettait de reproduire une œuvre en plusieurs exemplaires, et facilitait donc sa **diffusion**. Les gravures de Dürer ont connu un grand succès de son vivant.

www.annabac.com

CHAPITRE

7 L'essor d'un nouvel esprit scientifique et technique

Du XVIe au XVIIIe siècle, de nouvelles pratiques savantes et des changements techniques émergent progressivement puis se diffusent en Europe. Comment les savants, relayés par des auteurs de talent, ont-ils contribué au développement d'un nouvel esprit scientifique, qui a stimulé les progrès techniques à l'origine du processus d'industrialisation ?

I Galilée

A Un partisan de l'héliocentrisme

1. L'hypothèse héliocentrique

Au Moyen Âge, le système cosmologique en vigueur est celui du Grec **Ptolémée** (v. 100-170), parce qu'il s'accorde avec les textes bibliques et permet de calculer le mouvement des planètes avec une bonne précision. Dans son ouvrage *Des révolutions des orbes célestes* (1543), le moine polonais **Nicolas Copernic** (1473-1543) remet en cause ce système, en rejetant le géocentrisme au profit de l'héliocentrisme, mais précise par prudence qu'il ne s'agit que d'une « hypothèse de mathématicien ».

Selon le **géocentrisme**, la Terre occupe le centre de l'Univers. Selon l'**héliocentrisme**, c'est le Soleil qui est au centre, la Terre et les autres planètes tournant autour de lui.

Giordano Bruno (1548-1600), dominicain et philosophe, défend le système de Copernic et envisage un Univers infini, ce qui remet en cause la représentation traditionnelle de la Terre au centre de l'Univers. Accusé d'hérésie en 1576, il est livré à l'Inquisition, qui le condamne au bûcher en 1600. **Tycho Brahé** (1546-1601), astronome danois, propose un compromis : les planètes tournent autour du Soleil, et le Soleil autour de la Terre.

ZOOM

Le procès de Galilée (1633)

▲*Le procès de Galilée*, tableau italien anonyme du XVIIe siècle, huile sur toile, collection privée

▶ Le *Dialogue sur les deux grands systèmes du monde* (1632) de Galilée est un livre polémique, écrit en italien (toscan) pour toucher un large public. À travers un **débat entre trois personnages** – un partisan du système de Copernic, un défenseur du système de Ptolémée et des théories d'Aristote, et un sceptique qui s'informe en posant des questions –, Galilée défend le système interdit en le comparant au système officiel.

▶ En 1633, Galilée est **jugé pour hérésie** par le tribunal de l'Inquisition et condamné à la réclusion à perpétuité, qui se transformera en assignation à résidence. Pour éviter le bûcher, il doit abjurer l'héliocentrisme.

2. Galilée cherche à prouver l'hypothèse héliocentrique

■ La vie de Galileo Galilei (1564-1642) se déroule entre trois villes italiennes : Pise et Padoue, où il enseigne les mathématiques et étudie notamment la chute des corps, puis Florence, où il est le protégé du grand-duc de Toscane.

▮ En 1609, Galilée perfectionne une longue-vue hollandaise et la tourne vers le ciel. Grâce à cette **lunette astronomique**, qui grossit neuf fois sans déformer les objets, il observe la Lune, les planètes et les étoiles. Il découvre ainsi quatre satellites autour de Jupiter. Cette découverte et d'autres observations viennent **confirmer par l'expérience l'hypothèse héliocentrique** de Copernic.

▮ Soucieux de faire connaître le résultat de ses recherches, Galilée publie, en 1610, le *Messager céleste*, qui rencontre un grand succès. La diffusion du système copernicien **inquiète l'Église catholique**, qui interdit *Des révolutions des orbes célestes* de Copernic en 1616. En dépit de cette interdiction, Galilée écrit, en 1632, *Dialogue sur les deux grands systèmes du monde*, qui le conduit devant le tribunal de l'**Inquisition** (→ zoom p. 87).

B La naissance d'un nouvel esprit scientifique

▮ Galilée est convaincu du caractère rationnel et cohérent de l'Univers : c'est un livre « écrit en langage mathématique ». Sa méthode repose sur l'application du **raisonnement mathématique** aux phénomènes physiques. L'**expérimentation** doit permettre de vérifier la validité d'une théorie.

▮ Galilée veut **raisonner librement**, plutôt que sous la contrainte des dogmes et de la tradition. Il est persuadé que l'Église, soucieuse de vérité, ne peut que favoriser la diffusion de l'héliocentrisme. Puisqu'on lui interdit de commenter l'Écriture sainte, il estime que, symétriquement, les théologiens doivent s'abstenir de se préoccuper de science.

▮ Par ses écrits, Galilée sollicite l'opinion publique pour déstabiliser le camp adverse. Il met en pratique la nécessité de l'**autonomie de la science** à l'égard de la religion et de toute forme de pouvoir (politique, idéologique).

II La diffusion de l'esprit scientifique au XVIIIe siècle

De nouvelles modalités de diffusion des sciences se développent et touchent un public plus large que celui des seuls savants.

A La communauté des savants

▮ Sur le modèle de la *Royal Society* à Londres ou de l'Académie des sciences à Paris fondées au XVIIe siècle, des **sociétés savantes** sont créées dans toutes les grandes capitales européennes : Berlin, Saint-Pétersbourg, Édimbourg, Stockholm… En France, des **académies** naissent aussi dans les villes de province (Dijon, Bordeaux, Toulouse).

La diffusion des recherches est prise en charge par les **réseaux de correspondants**, qui assurent la liaison entre les sociétés savantes et permettent aux travaux scientifiques de circuler. Les premiers **périodiques** scientifiques, comme les *Annales de chimie*, publient aussi ces travaux. Des **concours** organisés par les académies s'adressent au public cultivé, qui est invité à discuter les problèmes liés au développement des sciences.

B La conquête d'une visibilité des sciences dans l'espace public

1. Un intérêt croissant pour les sciences

Les enfants issus de familles nobles ou bourgeoises étudient les sciences dans les **collèges** ou lors de **leçons privées** données par des précepteurs. Les sciences appliquées et les mathématiques sont également au cœur de l'enseignement donné dans les **premières écoles d'ingénieurs**.

La multiplication des **cabinets de physique et d'histoire naturelle** témoigne de l'engouement de l'élite pour les sciences. Ces cabinets, équipés d'instruments scientifiques, sont animés par des savants qui y font la démonstration d'expériences de physique souvent spectaculaires. Avec ses bouteilles électriques, l'**abbé Nollet** (1700-1770) électrise plus d'une centaine de gardes qui se tiennent par la main, en présence de Louis XV à Versailles. Les cours de physique expérimentale qu'il donne à Paris attirent un public nombreux.

2. Les ouvrages de vulgarisation et l'*Encyclopédie*

Voltaire (1694-1778), avec son ouvrage *Éléments de la philosophie de Newton* (1738), contribue à la diffusion des idées de Newton, tout comme **Émilie du Châtelet** (→ zoom p. 90).

Le philosophe et savant anglais **Isaac Newton** (1642-1727) développe la théorie de la gravitation universelle dans ses *Principia* (1687) : une même force est à l'origine de la chute des corps et du mouvement des planètes.

La nécessité de développer et de diffuser les connaissances, fondement de l'autonomie de la pensée, donne naissance à l'***Encyclopédie** ou Dictionnaire raisonné des sciences, des arts et des métiers* (1751-1772). Protégé au début par Malesherbes, « directeur de la librairie », le travail est clandestin de 1759 à 1765. Plus de 150 collaborateurs, sous la direction de **Diderot** et **d'Alembert**, écrivent 72 000 articles. L'ouvrage, en 28 volumes, contient 2 885 planches d'images. 25 000 exemplaires sont diffusés, en cinq éditions. Couvrant tous les domaines du savoir, l'*Encyclopédie* est un véritable **manifeste des Lumières** (→ chap. 8).

zOOM

Madame du Châtelet

▲**Portrait de Madame du Châtelet, peinture d'après Maurice Quentin de La Tour (1704-1788), collection privée**

▶ **Mathématicienne et physicienne**, amie de Voltaire, Émilie du Châtelet (1706-1749) se distingue par son érudition. Cette « femme des Lumières » s'attache à rendre accessibles les **théories de Newton** qu'elle présente au public cultivé dans ses *Institutions de physique* (1740).

▶ Elle traduit en français les *Principia*, écrits par Newton en latin. L'ouvrage sera publié en 1759, dix ans après sa mort, sous le titre de *Principes mathématiques de la philosophie naturelle*. Dans sa préface à cet ouvrage, **Voltaire** écrit : « Le français, qui est la langue courante de l'Europe, et qui s'est enrichi de toutes ces expressions nouvelles et nécessaires, est beaucoup plus propre que le latin à répandre dans le monde toutes ces connaissances nouvelles. »

III L'invention de la machine à vapeur : une révolution technologique

A Un nouveau procédé qui s'améliore progressivement

- Le physicien et ingénieur **Denis Papin** (1647-1714) découvre qu'une soupape de sûreté installée sur le couvercle d'une marmite permet à la vapeur de s'échapper quand la pression est trop élevée. En 1687, il invente la **première machine à vapeur**. En 1712, l'ingénieur anglais **Thomas Newcomen** (1663-1729) améliore le principe de la machine de Papin.
- L'ingénieur écossais **James Watt** (1736-1819) apporte des perfectionnements majeurs à la machine à vapeur mise au point par Newcomen. Il réussit notamment à transformer le mouvement alternatif en mouvement circulaire, ce qui rend sa machine à vapeur **très performante**. En 1769, il dépose un **brevet** pour sa machine. En 1800, ce brevet tombe dans le domaine public : d'autres constructeurs entrent en rivalité, ce qui contribue à de nouvelles améliorations techniques.

UN SIÈCLE D'INNOVATIONS TECHNIQUES

- **1712 :** machine à vapeur « atmosphérique » de Thomas Newcomen (ingénieur)
- **1733 :** navette volante de John Kay (tisserand et mécanicien)
- **1735 :** début de la fonte au coke par Abraham Darby (apprenti)
- **1763-1782 :** James Watt (ingénieur) perfectionne la machine à vapeur
- **1767 :** *spinning jenny* (machine à filer) de James Hargreaves (tisserand)
- **1769 :** *waterframe* (machine à filer mue par une force hydraulique) de Richard Arkwright (barbier)
- **1779 :** *mule-jenny* de Samuel Crompton (fileur), qui produit des fils pour tous les tissus (laine et coton)
- **1784 :** procédé du *puddlage* (fonte moins fragile) par Henry Cort (maître de forges)
- **1785 :** métier à tisser mécanique d'Edmund Cartwright (pasteur)
- **1800 :** métier Jacquard de Joseph-Marie Jacquard (mécanicien, né dans une famille de tisserands)

B Les premières applications et l'effet d'entraînement

La machine à vapeur de Newcomen s'avère être un **moyen de production d'énergie économique** pour pomper l'eau qui envahit les galeries des mines de charbon. Avec la machine à vapeur de Watt, les **domaines d'application** se multiplient : métallurgie (1776), moulins (1784), textile (1785)... Associé à l'industriel Matthew Boulton, Watt produit quelque cinq cents machines à vapeur de 1776 à 1800.

La machine à vapeur connaît aussi un essor en France. En 1781, les **frères Périer** importent d'Angleterre une machine à vapeur et l'installent sur la colline de Chaillot pour puiser l'eau de la Seine et alimenter Paris en eau. En 1783, ils créent la **fonderie de Chaillot** pour construire des machines à vapeur, qui copient celles de Watt.

En 1803, le mécanicien Robert Fulton met au point le premier **bateau à vapeur** : en 1807, une ligne régulière fonctionne sur l'Hudson, aux États-Unis. En 1814, George Stephenson invente la première locomotive à vapeur.

> La **locomotive à vapeur** devient le symbole de la révolution technique, condition déterminante de l'industrialisation, qui bouleverse les conditions de vie et de production au XIXe siècle.

RÉCAPITULONS

- Les nouveaux savoirs rompent avec la science médiévale. Galilée, qui cherche à prouver l'hypothèse héliocentrique, est condamné par l'Église.
- Au XVIIIe siècle, les connaissances scientifiques sont diffusées grâce aux académies, aux cabinets de physique et à l'imprimerie (journaux, *Encyclopédie*).
- Avec la machine à vapeur, les progrès des sciences et des techniques contribuent au développement économique de l'Europe.

Analyser un sujet de composition et formuler une problématique

LA DÉMARCHE

Lire et décomposer l'énoncé. Notez au brouillon le sens de chacun des termes du sujet. Repérez les mots de liaison, s'il y en a. Par exemple, « et » impose de traiter la relation entre deux termes.

Définir le type de sujet et donc l'organisation de votre réponse. Un travail analytique permet de distinguer les facteurs, les acteurs d'un événement. Un travail chronologique vise à souligner une évolution, les ruptures et les continuités. Un bilan consiste à dresser l'état des lieux à un moment donné, en indiquant les raisons de cette situation et en évoquant les conséquences.

Délimiter le cadre du sujet. À quelle partie du programme appartient-il ? De quoi traite-t-il ? Quels sont les lieux et les acteurs concernés ? Quelles sont les bornes chronologiques du sujet ?

Formuler la problématique. Elle est le fil conducteur de votre composition : elle permet de construire le plan. Privilégiez la forme interrogative : « Dans quelle mesure... ? » ; « En quoi... ? ».

L'EXEMPLE COMMENTÉ

Voici une analyse possible pour le sujet suivant :

« Pourquoi peut-on associer Galilée à la naissance de l'esprit scientifique ? »

Lire et décomposer l'énoncé.

– « **Pourquoi peut-on** » : il s'agit d'une question qui induit la réponse « parce que » ; on attend de vous une explication. Celui qui énonce cette affirmation n'est pas spécifié. Il s'agit d'une affirmation courante que vos examinateurs vous incitent à discuter.

– « **associer** » : il s'agit de mettre plusieurs termes en relation.

– « **Galilée** » : votre devoir doit être centré sur la vie et l'œuvre de ce savant.

– « **naissance** » : il s'agit de l'émergence de quelque chose qui n'existait pas.

– « **l'esprit scientifique** » : une attitude d'esprit qui suppose liberté de pensée, expérimentation, autonomie par rapport à la foi.

Formuler la problématique. Dans quelle mesure les travaux de Galilée témoignent-ils de l'essor d'un nouvel esprit scientifique au XVIIe siècle ?

VÉRIFIER SES CONNAISSANCES

1 Définir

Géocentrisme et héliocentrisme

2 Expliquer

Que signifie ce commentaire de Galilée à propos d'une lettre : « Je l'ai écrite en langue vulgaire parce que je veux que tout le monde puisse la lire » ?

S'ENTRAÎNER

3 Analyser un sujet de composition

Analysez l'énoncé suivant et formulez une problématique, en vous aidant de la méthode (→ p. 93).

« Comment s'explique l'importance des idées de Newton au XVIIIe siècle ? »

POUR VOUS AIDER
- Les bornes chronologiques sont indiquées dans l'énoncé.
- Faites le lien avec le thème du chapitre : l'essor d'un nouvel esprit scientifique.

VÉRIFIER SES CONNAISSANCES

1 Définir

Le **géocentrisme** est le système cosmologique hérité de l'Antiquité grecque : la Terre occupe le centre de l'Univers et les astres fixés sur des sphères concentriques tournent autour d'elle. Selon l'**héliocentrisme**, le nouveau système de Copernic, le Soleil occupe le centre de l'Univers et les planètes, y compris la Terre, tournent autour de lui.

2 Expliquer

Ce commentaire de Galilée signifie que **les connaissances ne sont plus réservées à un petit cercle** de savants ou à l'Église ; elles doivent être diffusées et débattues. C'est pourquoi il rédige son *Dialogue sur les deux grands systèmes du monde* en italien (langue vulgaire) et non en latin (langue savante).

S'ENTRAÎNER

3 Analyser un sujet de composition

1. [Lire et décomposer l'énoncé]

- « **Comment** » : il s'agit de mettre en évidence la diffusion des idées de Newton grâce à Voltaire et Émilie du Châtelet, qui, en défendant ces idées, cherchent à promouvoir la liberté de pensée et à lutter contre l'obscurantisme.
- « **s'explique** » : vous devez élaborer un raisonnement logique. Au XVIIIe siècle, le système de Descartes est remplacé par celui de Newton, mis à la portée de tous par des publications largement diffusées et bénéficiant de la caution de sérieux de leurs auteurs, en premier lieu Voltaire. Les idées de Newton suscitent bien des discussions et se heurtent aux préjugés, mais leur mise à l'épreuve publique dans les cabinets de physique démontre leur validité.

Le **système de Descartes**, fondé sur des principes métaphysiques, est dominant au XVIIe siècle.

- « **l'importance des idées de Newton** » : ces idées renouvellent les fondements de la pensée scientifique : dans ses recherches, Newton s'appuie sur l'observation, l'expérimentation à l'aide d'instruments appropriés (dont le miroir concave, appelé « télescope de Newton ») et les mathématiques. Les découvertes du savant anglais concernent essentiellement la mécanique (les trois lois générales du mouvement et la théorie de la gravitation universelle), l'optique (décomposition de la lumière blanche en un spectre visible) et le calcul infinitésimal.

2. [Délimiter le cadre du sujet]

L'énoncé vous invite à présenter les raisons pour lesquelles les idées de Newton servent de stimulant et de référence aux philosophes et aux savants européens du XVIIIe siècle, et contribuent à l'affirmation d'un **nouvel esprit scientifique** fondé sur l'observation, l'expérimentation et la recherche de lois naturelles, indépendantes de toute forme d'idéologie ou de foi religieuse.

3. [Formuler la problématique]

En quoi les idées de Newton sont-elles à l'origine d'un nouvel esprit scientifique au XVIIIe siècle ?

www.annabac.com

CHAPITRE

8 La montée des idées de liberté aux XVIIe et XVIIIe siècles

Grâce à la Glorieuse Révolution anglaise et au mouvement des Lumières, les idées de liberté s'imposent à partir du milieu du XVIIe siècle. L'exemple de la révolution américaine montre comment l'esprit révolutionnaire traverse les dernières décennies du XVIIIe siècle, tant en Amérique qu'en Europe, et comment se nouent les diverses influences intellectuelles à l'origine des notions de liberté, de nation et de république.

I La guerre civile anglaise et la Glorieuse Révolution

A L'*Habeas Corpus* (1679) et le refus de l'absolutisme

■ La prétention de Charles Ier (roi de 1625 à 1648) de régner en monarque absolu, à la manière française, au mépris des « libertés anglaises » consignées dans la Grande Charte de 1215, déclenche la première guerre civile, de 1642 à 1649. Cette guerre oppose **partisans du roi et partisans du Parlement**. Vaincu, Charles Ier est condamné à mort et décapité en 1649. Victorieux, Olivier Cromwell (1599-1658) instaure une République puritaine.

■ La République, qui dégénère rapidement en dictature, disparaît avec la mort de Cromwell. La monarchie est restaurée, mais Charles II, le nouveau roi (1660-1685), doit accepter l'*Habeas Corpus*. Cette loi votée par le Parlement anglais en 1679 garantit la **liberté de chacun contre toute détention arbitraire**.

La **monarchie absolue** est un régime politique dans lequel tous les pouvoirs sont concentrés entre les mains du roi. Louis XIV, roi de France (1661-1715), en est l'incarnation la plus parfaite.

B Le *Bill of Rights* (1689) et l'instauration d'une monarchie parlementaire

■ La **Glorieuse Révolution** (1688-1689) est une révolution pacifique, menée par les élites anglaises. La politique de **Jacques II**, roi en 1685, est répressive, méfiante à l'égard du Parlement et favorable aux catholiques. Elle inquiète le Parlement et l'opinion publique. Pour éviter le retour d'une monarchie absolue et catholique (sur le modèle de Louis XIV et de son hostilité envers les protestants), les adversaires de Jacques II demandent à son gendre, le stathouder de Hollande Guillaume d'Orange, de débarquer en Angleterre à la tête de son armée. En 1688, celui-ci monte sur le trône sous le nom de **Guillaume III d'Orange-Nassau**.

■ Le nouveau roi d'Angleterre, d'Écosse et d'Irlande doit accepter le régime parlementaire établi par la Déclaration des droits *(Bill of Rights)*, ce qui met un terme au conflit. Ce texte considère « illégale » toute prétention du « pouvoir royal de suspendre les lois sans le **consentement du Parlement** », et il reconnaît le « droit des sujets de présenter des pétitions au Roi », ainsi que la « liberté de la parole », « des débats » et « des procédures » au sein du Parlement, dont les membres procèdent d'élections libres. La Chambre des lords est élue par les nobles, la Chambre des communes par les plus riches (**suffrage censitaire**).

Dans un **régime parlementaire**, les pouvoirs du souverain sont limités par le Parlement, qui exerce le pouvoir législatif.

II La révolution américaine

A La révolte des treize colonies anglaises d'Amérique

■ La diffusion des idées des Lumières permet l'éclosion d'une **opinion publique** faisant pression sur l'évolution politique. C'est au nom même des principes de liberté énoncés par la mère patrie que les treize colonies anglaises (Massachusetts, New York, Pennsylvanie, etc.) proclament leur indépendance le 4 juillet 1776.

■ Au cours des années 1760, le Parlement anglais promulgue plusieurs lois qui visent à augmenter les **taxes** prélevées sur les colonies américaines. Les négociants et les armateurs refusent de les payer, faisant valoir qu'ils ne sont pas représentés au Parlement. Ils sont soutenus par la population des ports de la Nouvelle-Angleterre. La contestation fiscale prend une tournure politique (→ zoom p. 98).

ZOOM

La *Tea Party* de Boston (1773)

▲**Gravure du XIXe siècle.** La *Tea Party* est l'un des événements fondateurs de l'histoire des États-Unis dès le XIXe siècle.

▶ L'événement déclencheur de la Révolution américaine a lieu le **16 décembre 1773 à Boston**, lors de la « partie de thé » (*Tea Party*) : les **cargaisons de thé anglais** d'un navire de la Compagnie des Indes sont jetées à la mer par des Américains déguisés en Sioux. Ceux-ci protestent contre l'exemption de taxes que vient d'obtenir la Compagnie, qui leur fait ainsi une concurrence déloyale.

▶ Cet événement est le **signal du soulèvement contre l'Angleterre**. La réaction du roi d'Angleterre Georges III et du Parlement est très vive (fermeture du port de Boston), et fait basculer les colonies dans la guerre.

B La Déclaration d'indépendance

■ Rédigée par **Thomas Jefferson**, la Déclaration d'indépendance des États-Unis est adoptée par les treize colonies insurgées le **4 juillet 1776**. Elle affirme que tout homme a des droits naturels inaliénables – la vie, la liberté, etc. –, que le gouvernement doit garantir ; s'il manque à cette mission, les gouvernés ont le droit de le renverser. Il s'agit d'une actualisation des principes formulés par John Locke en 1688, au moment de la Glorieuse Révolution anglaise.

Une **république** est un régime politique dans lequ[el] les détenteurs du pouvoir sont élus pour une période prévue d'avance.

- Érigés en républiques, les nouveaux États (ex-colonies) se dotent de constitutions qui incorporent une **Déclaration des droits de l'homme** et affirment que l'origine du pouvoir est la loi, que le peuple est la « fontaine » de toute autorité. Le renversement de souveraineté est radical : la loi émanant de la **volonté générale** remplace le roi.

C De la guerre d'Indépendance à la Constitution

- Les Américains reçoivent l'appui du **corps expéditionnaire français** de La Fayette et Rochambeau. La France de Louis XVI voit dans cette intervention un moyen de se venger de la victoire anglaise à l'issue de la guerre de Sept Ans, consacrée par le traité de Paris (1763).
- Sous la conduite du général **George Washington**, les insurgents (combattants indépendantistes) mènent une longue guerre (1775-1782) contre l'Angleterre. Grâce à l'appui français, celle-ci finit par reconnaître l'indépendance en 1783.
- La guerre d'Indépendance se double d'une **critique des institutions de la monarchie britannique**. L'option républicaine et fédérale préside ainsi à l'élaboration de la Constitution. La liberté, conquise grâce à la guerre d'Indépendance, est scellée en 1787 par l'adoption d'une **Constitution fédérale** unifiant en une seule Union les treize républiques indépendantes de l'Amérique du Nord.
- La Constitution est établie par une **Convention** réunie à Philadelphie, présidée par George Washington et rassemblant des délégués des treize nouvelles républiques. Elle consacre les libertés fondamentales et la séparation des pouvoirs. La méfiance vis-à-vis de la tyrannie de la masse se traduit par une réglementation du droit de suffrage (réservé aux propriétaires). La méfiance vis-à-vis d'un gouvernement central trop fort préside au choix du fédéralisme. Les principes de liberté ne concernent ni les esclaves ni les femmes.

Le **fédéralisme** est un système de gouvernement qui repose sur le partage de compétences entre un pouvoir central et des autorités régionales ou locales.

- En raison de leur rôle dans la guerre d'Indépendance et dans la mise en place des institutions des États-Unis, Benjamin Franklin (1706-1790), George Washington (1732-1799), Thomas Jefferson (1743-1826), James Madison (1751-1836) et John Adams (1735-1826) sont considérés comme les « **pères fondateurs** » de la nation américaine.

III Les Lumières

Au XVIIIe siècle, un mouvement philosophique, culturel et scientifique domine l'Europe : les Lumières. Cette révolution de la pensée consacre l'autonomie et le **libre usage de la raison** face aux préjugés, aux traditions, aux croyances. Le philosophe Kant (1724-1804) résume cet état d'esprit dans la devise : « *Sapere aude !* Aie le courage de te servir de ton propre entendement ! »

A Des principes qui remettent en cause la monarchie absolue

1. Les Philosophes

- À la suite de John Locke, Voltaire (1694-1778) publie ses *Lettres philosophiques* (ou *Lettres anglaises*) en 1734, et Montesquieu (1689-1755), *L'Esprit des Lois*, en 1748. Tous deux s'inspirent des libertés anglaises et de l'équilibre des pouvoirs qui en résulte pour penser la **liberté comme fondement de tout ordre politique**, et pour revendiquer la liberté de penser et de s'exprimer.

Dans son *Traité du gouvernement civil* (1690), le philosophe anglais **John Locke** (1632-1704) défend la forme parlementaire et constitutionnelle de la nouvelle monarchie anglaise.

- Au nom de la **tolérance** et de la **liberté de conscience**, les philosophes condamnent le fanatisme religieux : ainsi Voltaire, dans son *Traité sur la tolérance* (1763) et dans ses articles de l'*Encyclopédie* (→ zoom p. 101) ou du *Dictionnaire philosophique* (1764) ; Lessing (1729-1781), dans sa pièce de théâtre *Nathan le sage* (1778). Les philosophes affirment que Dieu a doté l'homme de raison pour accéder à la conscience sans la médiation de l'Église : le christianisme n'est donc pas la seule religion.

2. Le principe d'autorité contesté au nom de la liberté

- Alors que le monarque absolu prétend tirer son pouvoir de Dieu (monarchie de droit divin), la nouvelle pensée politique affirme que **la source de tout pouvoir est dans le peuple** et que rien n'est supérieur à la volonté générale. Le roi ne peut plus prétendre être l'unique détenteur de la souveraineté.

- En s'inspirant de la monarchie parlementaire anglaise, Montesquieu montre qu'un autre type de régime politique est pensable, autour de la **séparation des pouvoirs** (législatif, exécutif, judiciaire). À partir d'une analyse « des origines et des fondements de l'inégalité parmi les hommes », Rousseau pose la liberté comme un principe.

Dans *Le Contrat social* (1762), **Jean-Jacques Rousseau** (1712-1778) définit ce qui lie les citoyens : le respect de la volonté générale, expression du peuple souverain, préserve la liberté de chacun des contractants.

ZOOM

L'*Encyclopédie*

▲**Une planche de l'*Encyclopédie* : « l'Art d'écrire ».** Art et technique de l'écriture sont au service de la liberté d'expression.

▶ L'*Encyclopédie* est une vaste entreprise éditoriale, menée par **Denis Diderot** (1713-1784) et **Jean d'Alembert** (1717-1783). Elle répond à la volonté de rassembler et de diffuser toutes les connaissances de l'époque, fondement de l'autonomie de la pensée, et de soutenir les **valeurs des Lumières** :

– la quête du bonheur, qui remplace celle du salut ;
– le droit à la vie, qui rend illégitimes la peine de mort et la torture, les peines inutiles et injustes ;
– le respect des droits naturels de l'homme : liberté de pensée, tolérance, esprit critique, générosité, amitié, amour, éducation.

▶ **Œuvre scientifique**, l'*Encyclopédie* est donc aussi une **œuvre politique**, qui s'attire les foudres des autorités : interdite par le roi en 1752, elle est condamnée par le pape en 1759.

En s'interrogeant sur la nature de « l'Autorité politique », Diderot (1713-1784) affirme qu'« aucun homme n'a reçu de la nature le droit de commander aux autres ».

3. La doctrine du laisser-faire, laisser-passer

En France, Turgot (1727-1781), ministre des Finances en 1774, tente de mettre en place les éléments d'une **économie libérale** : circulation des grains facilitée ; abolition de la corvée ; suppression des jurandes, maîtrises et corporations (qui limitent la **liberté d'entreprendre**) ; répartition plus égalitaire de l'impôt.

B Les canaux de la contestation : l'émergence d'un « espace public »

- L'exigence du débat et de la discussion favorise l'émergence d'un espace public, c'est-à-dire de **lieux de sociabilité où s'échangent les idées**. Ces lieux sont concentrés dans les villes : écoles, bibliothèques, librairies, loges maçonniques... Il s'agit aussi des institutions de la **République des lettres** : sociétés savantes, sociétés littéraires, associations de discussion, académies, etc. Les cafés et les salons sont des lieux de rencontre mondaine et d'intégration sociale, où s'entretiennent les règles de politesse d'une société raffinée.

- En Amérique du Nord comme en Europe, l'extension d'un espace public est favorisée par le développement de l'**édition** (livres, journaux, etc.). Une véritable opinion publique apparaît peu à peu.

> On nomme **opinion publique** l'ensemble des manières de penser, d'apprécier et de juger indépendantes des pouvoirs en place.

- L'**expérience de la révolution américaine** exerce une influence décisive sur les esprits qui souhaitent un autre régime. Sa diffusion, grâce à la circulation des idées et des hommes (participation de La Fayette à la guerre d'Indépendance, séjours de Jefferson et de Franklin à Paris), contribue à l'affirmation du **droit au bonheur** individuel, quelle que soit sa classe sociale.

RÉCAPITULONS

Aux XVIIe et XVIIIe siècles, la monarchie absolue est remise en question.

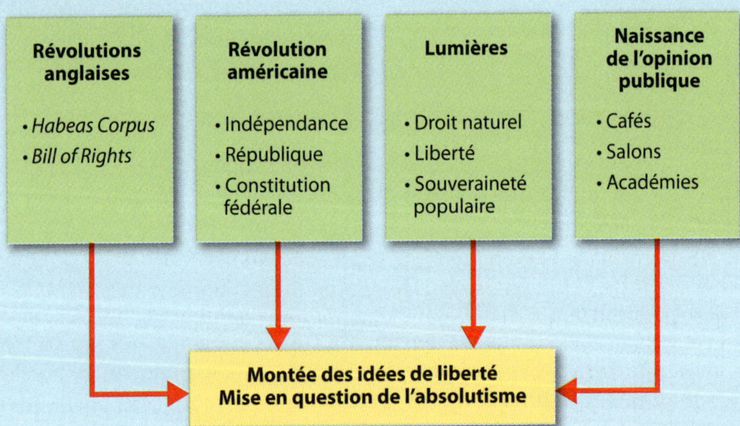

Construire un plan de composition en histoire

LA DÉMARCHE

Analyser le sujet et formuler la problématique (→ p. 93). Le plan doit répondre à la problématique.

Rassembler ses connaissances. Notez au brouillon les faits, idées, personnages… qui vous viennent à l'esprit. Puis, regroupez-les autour de deux ou trois grands thèmes : ce seront les parties de votre plan. Si le sujet porte sur une longue période, **thématisez la chronologie** (→ p. 119).

Construire le plan. Au sein de chacune de vos deux ou trois grandes parties, organisez les idées en deux ou trois sous-parties, en allant du plus simple au plus complexe, du général au particulier. Chaque partie et chaque sous-partie doivent correspondre à une idée, un argument.

En histoire, il existe plusieurs types de plan, dont les deux principaux sont :
- le plan **chronologique** qui se conforme à la succession des événements ;
- le plan **thématique** qui privilégie les idées par rapport à la chronologie.

L'EXEMPLE COMMENTÉ

Voici comment vous pourriez construire un plan pour le sujet suivant : « La contestation de l'absolutisme entre 1648 et 1787 en Angleterre, en Amérique du Nord et en France. »

Analyser le sujet et formuler la problématique. L'énoncé porte sur l'idée de mise en question d'un système de gouvernement qui confère tous les pouvoirs au roi. Une problématique possible est : « Comment s'est effectuée la contestation de l'absolutisme ? »

Rassembler ses connaissances. Des événements « révolutionnaires » jalonnent la période entre 1648 et 1787 : les révolutions anglaises et américaine, ainsi que le mouvement des Lumières et la naissance de l'opinion publique.

Construire le plan.

I. La contestation s'est effectuée par la proclamation de droits : *Habeas corpus* et *Bill of Rights* en Angleterre, Déclaration d'indépendance des États-Unis
II.… par la définition de notions : droits naturels, contrat social et constitution, liberté et tolérance (œuvres des Lumières)
III… mais aussi par la violence : guerre civile anglaise, révolte des Treize Colonies, guerre d'Indépendance américaine

Introduire et conclure une composition d'histoire

LA DÉMARCHE

I Introduction

- **Présenter le sujet.** Reformulez l'affirmation implicite de l'énoncé.
- **Formuler la problématique** (→ p. 93).
- **Annoncer le plan.** Soyez clair et concis, afin que les étapes de votre raisonnement apparaissent bien.

II Conclusion

- **Répondre à la problématique.** Attention : conclure n'est pas résumer ! La conclusion est l'aboutissement de la démonstration ou du raisonnement développé dans votre devoir. Elle fait écho à l'introduction, et doit donc répondre à la problématique.
- **Élargir.** La conclusion doit ouvrir sur une autre question : thème proche, événements postérieurs à ceux évoqués dans le devoir, etc.

L'EXEMPLE COMMENTÉ

Voici une introduction et une conclusion possibles pour le sujet suivant : « La contestation de l'absolutisme entre 1648 et 1787 en Angleterre, en Amérique du Nord et en France. »

I Introduction

- **Présenter le sujet.** La monarchie absolue a été contestée au point d'entraîner différentes révolutions, en Grande-Bretagne, en Amérique, puis en France.
- **Formuler la problématique.** Comment cette contestation de l'absolutisme s'est-elle effectuée ?
- **Annoncer le plan.** Elle s'est effectuée à la fois par la proclamation de droits, par la définition de notions politiques et par la violence.

II Conclusion

- **Répondre à la problématique.** Les idées des Lumières et les droits conquis par les révolutions anglaises et américaine mettent à mal la légitimité de l'absolutisme.
- **Élargir.** Cette contestation, qui est à l'origine de la Révolution française, a confirmé la force de l'opinion publique : quel qu'il soit, aucun souverain – roi, président de République – ne pourra plus gouverner sans en tenir compte.

VÉRIFIER SES CONNAISSANCES

1 Définir

Les « libertés anglaises »

2 Expliquer

Quelles sont les caractéristiques de la Constitution américaine de 1787 ?

S'ENTRAÎNER

3 Construire un plan

En suivant la méthode (→ p. 103), établissez le plan du sujet de composition suivant : « La montée des idées de liberté en Europe et en Amérique du Nord entre 1642 et 1787. »

4 Rédiger l'introduction et la conclusion d'une composition

Rédigez l'introduction et la conclusion (→ p. 104) du sujet de l'exercice précédent.

VÉRIFIER SES CONNAISSANCES

1 Définir

Les « **libertés anglaises** » sont l'*Habeas Corpus* et le *Bill of Rights*. Elles servent de références aux penseurs politiques dès la fin du XVIIe siècle, en Angleterre comme sur le continent.

2 Expliquer

La **Constitution américaine** de 1787 consacre les libertés fondamentales, la séparation des pouvoirs, le fédéralisme par refus de l'emprise d'un pouvoir central. Mais elle ne remet pas en question l'esclavage des Noirs et exclut toujours les femmes de la sphère politique.

S'ENTRAÎNER

3 Construire un plan

1. [Analyser le sujet et formuler la problématique]

Le sujet mentionne deux dates : 1642 et 1787. Il s'agit donc d'étudier une évolution. L'énoncé invite à montrer comment les idées de liberté se sont exprimées, manifestées et répandues au point de provoquer des bouleversements politiques radicaux. Une problématique possible est : « Dans quelle mesure la conjugaison des événements politiques anglais et américains, et du mouvement des Lumières est-elle à l'origine de la montée des idées de liberté politique ? »

2. [Rassembler ses connaissances]

Un certain nombre d'événements permettent d'observer la montée des idées de liberté. La **guerre civile anglaise** (1642-1649), résultat du conflit entre le Parlement et le roi, qui veut exercer un pouvoir absolu, débouche sur la mise en place d'une monarchie parlementaire. Ce progrès se confirme avec la proclamation de l'*Habeas Corpus* (1679), qui protège la liberté de l'individu contre l'arbitraire, et par le *Bill of Rights* (1689), qui garantit la séparation des pouvoirs. Le sujet invite aussi à évoquer les **écrits des philosophes des Lumières**, qui réclament un régime politique fondé sur le respect des libertés individuelles : on peut citer *L'Esprit des lois* de Montesquieu, le *Traité sur la tolérance* de Voltaire, le *Contrat social* de Jean-Jacques Rousseau ou encore l'*Encyclopédie*. Enfin, l'indépendance américaine et la **Constitution de 1787**, qui marque la naissance d'une république fédérale, constituent l'aboutissement du processus.

3. [Construire le plan]

Voici une proposition de plan.

I. Les révolutions anglaises affirment la liberté individuelle et consacrent la monarchie parlementaire contre l'absolutisme

A. De l'*Habeas Corpus* au *Bill of Rights*

B. Le rôle de la guerre civile et de la restauration monarchique

II. Les philosophes des Lumières diffusent leurs réflexions politiques qui consacrent la liberté de pensée : cette première des libertés entraîne toutes les autres

A. Le rôle des penseurs

B. L'*Encyclopédie*

C. La défense de la tolérance religieuse

III. La révolution américaine introduit l'idée du respect des droits de l'homme et le fédéralisme

A. De la révolte à la guerre

B. La Constitution de 1787

Compte tenu de la durée considérée, le choix d'un **plan chronologique** paraît ici le plus pertinent.

4 Rédiger l'introduction et la conclusion d'une composition

Voici une proposition d'introduction et de conclusion.

[Introduction]

- **[Présenter le sujet]** Alors que l'absolutisme tente de s'imposer sur le modèle français (Louis XIV), les idées de liberté sont mises à l'épreuve par les Anglais, puis un siècle plus tard, par les Américains. Ces expériences de libération sont débattues par les philosophes.
- **[Formuler la problématique]** Dans quelle mesure la conjugaison des événements politiques anglais et américains et du mouvement des Lumières est-elle à l'origine de la montée des idées de liberté politique ?

[Conclusion]

- **[Répondre à la problématique]** La pratique et les écrits politiques ont favorisé la naissance d'une opinion publique éprise de liberté, avec laquelle les hommes politiques sont désormais contraints de composer. La montée des idées de liberté est ainsi à l'origine d'un renversement de la souveraineté, qui passe du roi à la « nation ».
- **[Élargir]** La Révolution française est l'héritière directe de ces évolutions.

www.annabac.com

CHAPITRE 9

La Révolution française, affirmation d'un nouvel univers politique

La Révolution française correspond à un bouleversement politique radical qui a transféré la souveraineté du roi à la nation. L'abolition de la monarchie, en 1792, est suivie d'une série d'expériences politiques qui, malgré leurs échecs successifs et la proclamation de l'Empire en 1804, ont durablement marqué l'histoire politique de la France et de l'Europe. En quoi ont consisté ces expériences ? Comment s'explique leur brièveté ?

I Le déclenchement de la Révolution

A La crise de la monarchie d'Ancien Régime

1. La France de l'Ancien Régime

- À la fin du XVIIIe siècle, la France compte 28 millions d'habitants : c'est le pays le plus peuplé d'Europe. Ses habitants ne sont pas tous égaux.
- La société, **hiérarchisée**, est divisée en **trois ordres** : le clergé (130 000 personnes), la noblesse (350 000 personnes), le tiers état (les roturiers, 95 % des Français). L'organisation en ordres consacre des inégalités d'ordre juridique : ainsi, le clergé et la noblesse détiennent des privilèges, notamment l'exemption d'impôt.

> Les **privilèges** sont des droits ou des avantages dont bénéficie une catégorie de la population.

- La **composition du tiers état** est très variée : il comprend aussi bien les bourgeois des villes (marchands, avocats…) que les paysans (les trois quarts de la population), écrasés par les impôts.

2. La monarchie absolue et ses limites

- En France, le monarque absolu, élu de Dieu, sacré à Reims, est considéré comme source de toute justice : il a **autorité totale** sur ses sujets et décide de tout.
- Ses pouvoirs sont toutefois limités par les **lois fondamentales du royaume** (dont les règles de succession), par les privilèges (du clergé, de la noblesse, des membres des cours de justice, des villes, etc.) et par la nécessité de déléguer son pouvoir dans les provinces, à une époque où les communications sont très lentes.

3. La réunion des états généraux

- En raison d'un système fiscal qui exempte les « privilégiés » de l'impôt, le **déficit** est un mal chronique de la monarchie. En outre, la France connaît une crise agricole (surproduction viticole, mauvaises récoltes), qui entraîne la **disette** et le **chômage**.
- Comme les privilégiés refusent de remettre en cause le système, Louis XVI décide de convoquer les **états généraux**, seule institution autorisée à réformer les impôts, pour mai 1789 (ils n'ont pas été réunis depuis 1614). Les députés de cette assemblée sont élus dans le cadre de la société d'ordres : le clergé, la noblesse et le tiers état. Tous les électeurs formulent leurs « **doléances** » : à l'exception des privilégiés, tous attendent un changement politique.

B La fin de l'Ancien Régime

1. Le 20 juin : le serment du Jeu de Paume

- L'ouverture des états généraux, le 5 mai 1789 à Versailles, n'est suivie d'aucune décision du pouvoir. Les députés du tiers état décident alors, le 17 juin, de se déclarer **Assemblée nationale**, c'est-à-dire représentants légitimes de la nation. Pour entraver cette initiative, le roi fait fermer la salle de réunion attribuée au tiers état. Les députés se déplacent alors dans la salle du Jeu de Paume (20 juin), où ils jurent de ne pas se séparer avant d'avoir donné une Constitution à la France.
- Le 27 juin, Louis XVI semble s'incliner et engage le clergé et la noblesse à se réunir au tiers état, mais il convoque six régiments destinés à rétablir l'Ancien Régime par la force.

2. De la prise de la Bastille à l'abolition des privilèges

- Le renvoi de Necker, ministre favorable aux réformes, le 11 juillet, provoque la **révolte des Parisiens** : craignant les agissements du « complot aristocratique », ils cherchent des armes pour se défendre. Après en avoir trouvé aux Invalides, ils se portent sur la Bastille pour en chercher d'autres.

■ La prise de la Bastille (14 juillet), alors prison d'État et incarnation de l'arbitraire royal, devient le symbole de la **chute de l'absolutisme** : le roi est obligé de se rendre à Paris, où le nouveau maire lui remet la cocarde tricolore. Cet exemple est suivi par les villes de province (« révolution municipale »).

■ La prise de la Bastille provoque une telle effervescence dans les campagnes (la Grande Peur) que les députés, pour éviter que la France ne soit mise à feu et à sang, décident de **supprimer la société d'ordres et le système féodal** (nuit du 4 août : abolition des privilèges).

3. Les journées des 5 et 6 octobre

Le peuple parisien, informé par les journaux, suit l'évolution de la situation. Quand les femmes apprennent que la cocarde tricolore a été foulée aux pieds par les gardes royaux, elles se rendent à Versailles pour **ramener le roi à Paris** : désormais le roi et l'Assemblée constituante, qui le suit à Paris, doivent compter avec l'opinion publique.

Le 9 juillet 1789, l'Assemblée nationale se proclame **Assemblée constituante**, c'est-à-dire qu'elle se donne pour mission de rédiger une Constitution.

II L'échec de la monarchie constitutionnelle

A Les réformes fondamentales et leur consécration

■ Votée le 26 août 1789, la **Déclaration des droits de l'homme et du citoyen** consacre les valeurs nouvelles :
- l'égalité juridique (« les hommes naissent et demeurent libres et égaux en droit ») ;
- la liberté (de la personne, de pensée, de croyance et de religion, d'opinion et d'expression, d'entreprendre, de produire et de fabriquer) ;
- le respect sacré de la propriété.

Médaille de la fête de la Fédération (14 juillet 1790).

■ La réorganisation de la France se conforme aux principes suivants :
- découpage du territoire en **83 départements** de surface équivalente, cadre de l'exercice des pouvoirs et de la vie politique (police, justice, finances, culte, etc.) ;
- égalité devant l'impôt ;
- adoption de la **Constitution civile du clergé** (1790) : l'Église est placée sous l'autorité de l'État.

■ Organisée le 14 juillet 1790 à Paris, sur le Champ-de-Mars, la première **fête de la Fédération** se veut le **symbole de**

l'unanimité de la nation. Néanmoins, les constituants viennent d'établir le suffrage censitaire en distinguant les citoyens actifs (payant un impôt, ils peuvent participer à la vie politique) et les citoyens passifs (pauvres, ils n'ont rien à défendre).

B La trahison et la chute du roi

1. La fuite du roi

- Alors que le roi semble accepter les réformes, il prépare **sa fuite** pour rejoindre les « émigrés » (nobles qui ont quitté la France depuis 1789) et prendre la tête d'une armée de souverains coalisés, afin de renverser le nouveau régime. Louis XVI fuit mais, le 20 juin 1791, il est **arrêté à Varennes** et ramené à Paris.
- Cet événement ruine son image : en juillet, une pétition réclame sa déchéance et l'établissement d'une république (ceux qui veulent la signer sont massacrés par la garde nationale de La Fayette, le 17 juillet).
- Malgré la trahison de Louis XVI, les constituants soutiennent qu'il a été enlevé : ils veulent éviter la remise en question de la Constitution, qui consacre la **monarchie parlementaire**, et redoutent une crise qui favoriserait l'avènement d'une république. En septembre, la Constitution est promulguée.

2. La Révolution face à la guerre

- Le 1er octobre 1791 la nouvelle assemblée, dite « législative », commence à siéger. Formée de députés dépourvus d'expérience politique, elle est confrontée à la **menace de guerre** que font peser les souverains étrangers, hostiles à la Révolution.
- Les partisans de la monarchie absolue sont favorables à la guerre qui, espèrent-ils, permettra à Louis XVI de reprendre son trône. Les révolutionnaires du **club des Jacobins** le sont également, car ils pensent que la guerre obligera Louis XVI à se démasquer. Les députés modérés y sont opposés.
- La guerre au roi de Bohême et de Hongrie est déclarée le 20 avril 1792. Rapidement, **la France est envahie**. Louis XVI s'opposant à toute mesure efficace, les citoyens décident de prendre la situation en main pour défendre la patrie (levée de volontaires) et s'emparent des Tuileries le 10 août (→ zoom p. 112).

ZOOM

La prise des Tuileries, le 10 août 1792

▲*La prise des Tuileries, le 10 août 1792* (1792), peinture de de J. Bertaux, musée du château de Versailles.

▶ Considérant le roi **responsable de l'invasion de la France**, les citoyens, alors réunis à Paris pour la troisième fête de la Fédération, assiègent le palais des Tuileries, où résident le roi et sa famille. La prise des Tuileries, le 10 août 1792, signe la **victoire du peuple** et met un terme à l'expérience de la monarchie constitutionnelle.

▶ La royauté est suspendue (avant d'être abolie le 21 septembre), et le roi et sa famille sont enfermés à la **prison du Temple**.

III L'expérience de la République

A La naissance de la Ire République

1. La Convention

L'invasion étrangère et les rumeurs de complots contre-révolutionnaires exacerbent les tensions dans le pays. Les **sans-culottes** parisiens investissent les prisons parisiennes et, malgré les efforts de Marat pour les en empêcher, y exécutent les détenus soupçonnés de visées contre-révolutionnaires : ce sont les **massacres de Septembre** (du 2 au 6).

Jean-Paul Marat (1743-1793), fondateur du journal *L'Ami du Peuple* et défenseur de l'égalité sociale, est élu à la Convention et siège avec les Montagnards. Il meurt poignardé par Charlotte Corday, girondine, le 13 juillet 1793.

Après la prise des Tuileries, l'Assemblée législative décide l'élection au suffrage universel (tous les hommes âgés d'au moins 21 ans) d'une nouvelle assemblée constituante : la Convention. Le 21 septembre 1792, **la Convention abolit la royauté**. Le 22 septembre, elle décide que tous les actes publics seront datés de « l'an I de la République française ».

2. Le procès du roi

Très vite, deux conceptions de la Révolution s'affrontent. D'un côté, les **Girondins, républicains modérés**, veulent terminer la Révolution sans prendre en compte les revendications politiques et sociales du mouvement populaire. De l'autre, les **Montagnards** pensent que la Révolution ne s'arrêtera que quand le mouvement populaire obtiendra gain de cause.

Leurs divergences s'exacerbent lors du procès du roi. Contre la volonté des Girondins, la Convention décide qu'elle est habilitée à juger le roi car il a trahi la nation. La **peine de mort** est votée à 361 voix contre 360 : Louis XVI est guillotiné le 21 janvier 1793, sur la place de la Révolution (actuelle place de la Concorde).

3. Le triomphe de la Montagne

La pression du mouvement populaire impose l'arrestation des députés girondins après les journées des 31 mai au 2 juin 1793. Les Montagnards instaurent alors une **République démocratique**.

La **Constitution de l'an I** est adoptée par la Convention le 24 juin 1793. Elle établit le primat du législatif sur l'exécutif et s'accompagne d'une nouvelle Déclaration des droits de l'homme et du citoyen (35 articles, contre 17 en 1789), qui consacre l'**égalité sociale** et reconnaît le droit à l'insurrection. L'esclavage est aboli dans les colonies (→ chap. 10). Étant donné l'état de **guerre** en cet été 1793 (→ zoom p. 115), la Convention décrète que le « gouvernement est révolutionnaire jusqu'à la paix ». Cette Constitution ne sera jamais appliquée.

Pour fonder la République dans les esprits, un plan d'instruction publique est élaboré et des fêtes sont prévues dans le cadre d'un **nouveau calendrier**, qui correspond à l'ère nouvelle ouverte par la République. La fête de l'Unité (fête de la Constitution) est instituée le 10 août (date de la chute de la royauté). Les biens des suspects sont distribués aux plus pauvres. Le système métrique est adopté pour unifier les poids et mesures.

B Le gouvernement révolutionnaire et la Terreur

1. Le poids de la guerre : la Terreur

Pour venir à bout des ennemis extérieurs et intérieurs, la Convention met en place un **Comité de salut public** (6 avril 1793), composé de douze membres, élus tous les mois. Le Comité de salut public prend la tête du **gouvernement révolutionnaire**, que Robespierre définit comme « la guerre de la liberté contre ses ennemis », dans le but de « fonder » la République pour le « salut du peuple ». Le gouvernement constitutionnel ne peut fonctionner qu'après la victoire de la Révolution.

Avocat, député aux états généraux, puis à la Convention, **Maximilien Robespierre** (1758-1794) est élu au Comité de salut public, puis réélu à partir de juillet 1793.

Le Comité de salut public signe un décret de **levée en masse** (23 août), afin de mobiliser toutes les ressources humaines et économiques de la nation au service de la victoire. Il décide de « mettre la **Terreur** à l'ordre du jour » (5 septembre) et de prendre un ensemble de mesures pour sauver la République démocratique : les libertés sont suspendues, et la **loi des suspects** permet arrestations et jugements expéditifs par le Tribunal révolutionnaire. Des milliers de personnes sont guillotinées, dont Marie-Antoinette, des aristocrates, de riches bourgeois, des prêtres réfractaires.

ZOOM

La France assiégée à l'été 1793

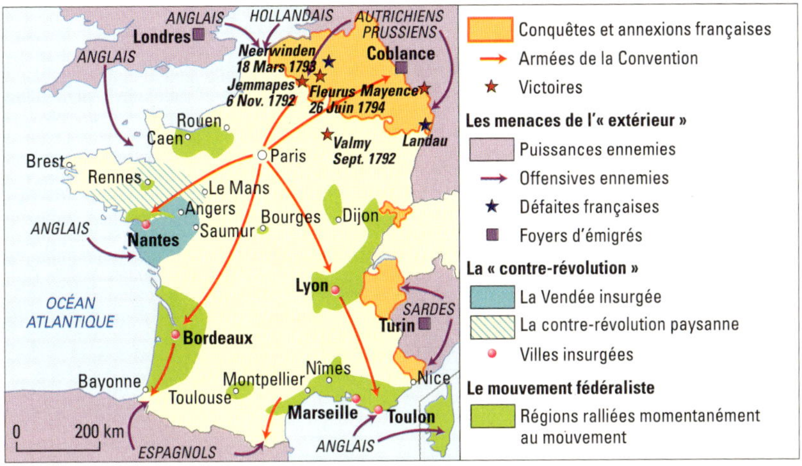

▶ Guerre étrangère et guerre civile menacent la Révolution. Après **Valmy** (20 septembre 1792), d'autres victoires des armées françaises repoussent l'ennemi et permettent d'occuper la Belgique, ainsi qu'une partie de la rive gauche du Rhin.

▶ Mais au cours de l'été 1793, le gouvernement doit faire face à de nombreuses menaces :

– l'**invasion** de la France menée par les souverains (Angleterre, Espagne, Hollande, Prusse, Autriche) qui se sont coalisés au lendemain de la mort du roi ;
– la **guerre de Vendée**, qui éclate en mars 1793 en réaction à la levée de 300 000 hommes par la Convention ; elle est conduite par les contre-révolutionnaires et par tous ceux qui sont hostiles à la façon dont la Révolution est menée ;
– l'**insurrection fédéraliste** (contre le centralisme de Paris), qui suit la chute des Girondins.

▶ La victoire de **Fleurus** (26 juin 1794) repousse l'invasion au nord, tandis que le siège de Toulon permet de reprendre la ville aux Anglais, le 19 décembre 1793.

2. La chute des « factions »

Malgré la guerre, les extrémistes du **mouvement populaire** se préoccupent d'abord de faire taxer les prix et les salaires, et d'accélérer un mouvement de déchristianisation. Pour contrer cette politique, le Comité de salut public arrête et fait guillotiner les « **enragés** » (24 mars 1794), et fait voter par la Convention la reconnaissance de « l'immortalité de l'âme et de l'Être suprême » (7 mai).

Les Indulgents, derrière Danton, remettent en cause la Terreur ; ils sont également guillotinés (5 avril). « La Révolution est glacée » : par cette expression, Saint-Just, membre du Comité de salut public, dénonce le mécanisme d'**emballement de la Terreur**. Pour éviter d'en être victimes, les modérés de la Convention organisent une conjuration ; ils font exécuter Robespierre et ceux qui le soutenaient les 9 et 10 thermidor (27 et 28 juillet 1794).

Avocat et excellent orateur, **Georges Danton** (1759-1794) est député de la Montagne à la Convention. Il soutient la Terreur avant de la dénoncer, ce qui lui vaut d'être arrêté et exécuté.

C La République bourgeoise : Directoire et Consulat

1. La Convention thermidorienne et le Directoire

Pour terminer la Révolution, les Thermidoriens élaborent une Constitution qui consacre le **système censitaire**, donc la propriété. Afin d'empêcher la dictature d'un seul homme ou d'une assemblée, la Constitution de l'an III instaure la collégialité de l'exécutif (cinq Directeurs) et divise l'Assemblée en deux Conseils : le Conseil des Anciens qui vote les lois et le budget et le Conseil des Cinq-Cents qui propose les lois. Ce nouveau régime prend le nom de Directoire.

La **Terreur blanche** pourchasse et massacre les révolutionnaires soupçonnés d'avoir soutenu le Comité de salut public, tandis que les contre-révolutionnaires royalistes essaient de reprendre le pouvoir. Ces derniers seront écrasés le 13 vendémiaire an IV (5 octobre 1795) par une armée commandée par Bonaparte.

La hausse des prix provoque une **misère** d'autant plus scandaleuse que le luxe des nouveaux riches s'étale. Le 12 germinal an III (1er avril 1795), puis le 1er prairial an III (20 mai 1795), des **sans-culottes** envahissent la Convention, réclamant « du pain et la Constitution de 1793 ». Les Thermidoriens ont recours à l'armée : cette répression est à l'origine d'une rupture irrémédiable entre la bourgeoisie et le peuple.

LE SANS-CULOTTE

Militant révolutionnaire issu du monde de l'artisanat et de la petite bourgeoisie, le sans-culotte se caractérise par son pantalon souvent rayé – qui n'est pas la culotte de l'aristocrate –, son gilet (la carmagnole), son bonnet phrygien rouge avec une cocarde tricolore, sa pique et son sabre. Il participe, le soir, aux assemblées de quartier (les sections), où il discute les décisions de l'Assemblée et commente la presse. Son idéal est d'être travailleur indépendant, bon mari et bon père de famille.

2. Le temps des coups d'État

- La Constitution ne prévoyant aucune solution en cas de conflit entre les Directeurs et les Conseils, la pratique des coups d'État s'installe : le **recours à l'armée** permet soit d'annuler le résultat d'élections défavorables aux Directeurs, soit de se débarrasser de Directeurs indésirables.
- Le relâchement des mœurs - symbolisé par la « jeunesse dorée » des muscadins - compromet l'efficacité de l'État, qui n'a **plus d'autorité** : les impôts ne sont pas payés, les brigands sèment la terreur, la justice ne fonctionne pas.
- L'**impopularité** du régime est telle qu'un mouvement pour la révision de la Constitution s'organise. Bonaparte, de retour d'Égypte, prend le pouvoir par le coup d'État du 18 brumaire an VIII (9 novembre 1799).

Jeune général victorieux en Italie (1796), **Napoléon Bonaparte** (1769-1821) négocie avec les Autrichiens la paix de Campoformio (1797). Il mène la campagne d'Égypte (1798-1799).

3. Le Consulat

- Une **nouvelle Constitution** ancre les acquis de la Révolution. Le suffrage universel est rétabli, mais les électeurs ne font qu'élire des listes de notabilités, au sein desquelles le pouvoir recrute les membres des assemblées et les fonctionnaires.
- Le **pouvoir législatif** est divisé en quatre assemblées :
  - le Conseil d'État, qui rédige les lois ;
  - le Tribunat, qui les discute ;
  - le Corps législatif, qui les vote sans les discuter ;
  - le Sénat, qui les promulgue.
- Le **pouvoir exécutif** est renforcé :
  - trois consuls pour dix ans ;
  - le Premier consul, Bonaparte, a tous les pouvoirs.

- Plusieurs mesures visent à **consolider les acquis fondamentaux de la Révolution** :
- les lycées (1802), réservés aux garçons et organisés selon une discipline quasi militaire, ont pour but de former les cadres de la nation ;
- la Légion d'honneur (1802) récompense les services rendus ;
- le **Code civil**, promulgué le 21 mars 1804, unifie le droit : il réglemente le droit de propriété et la vie des personnes et consacre l'autorité du père de famille.

Cette consolidation se fait néanmoins **aux dépens de la liberté** : la censure de la presse et autres écrits va à l'encontre des principes de liberté consacrés par la Révolution française.

- Bonaparte s'emploie aussi à stabiliser la société et l'économie françaises :
- il signe un **Concordat** (16 juillet 1801) avec le pape Pie VII pour rassurer les acquéreurs des biens nationaux (qui avaient été mis à la disposition de la nation en 1789) : l'État reconnaît que l'Église catholique est celle de la majorité des Français et subventionne les cultes, et le pape renonce à toute prétention sur les biens de l'Église ;
- il fonde la **Banque de France** en 1800 : institution privée, elle a néanmoins des liens avec l'État : prise en charge d'une partie de la dette publique, émission des billets de banque ;
- il crée le **franc germinal** afin de régulariser l'émission de monnaie métallique (nouvel étalon monétaire de 5 g d'argent équivalant à 0,32 g d'or).

- Le **pouvoir personnel** de Bonaparte s'affirme de plus en plus : en 1802, une révision de la Constitution instaure le Consulat à vie ; enfin en 1804 (an XII), **l'Empire est proclamé**. Devenu empereur des Français, Napoléon Ier organise son sacre à Notre-Dame-de-Paris en présence du pape, le 2 décembre 1804.

RÉCAPITULONS

- Aboutissement de la révolution politique entamée en 1789, la Constitution de 1791 consacre la souveraineté de la nation face au roi. Mais la trahison de ce dernier fait échouer la monarchie constitutionnelle, qui laisse place à une république (21 septembre 1792).
- Dans un contexte de guerre intérieure et extérieure, la République recourt à la Terreur. Le 9 thermidor an II, le gouvernement révolutionnaire est renversé.
- Le coup d'État de Bonaparte (18 brumaire an VIII) restaure une certaine stabilité, mais au prix d'un pouvoir personnel qui restreint les libertés, tout en préservant certains acquis de la Révolution (Code civil, égalité devant la loi).

Thématiser une chronologie

LA DÉMARCHE

Face à tout sujet, vous devez être capable de mettre en relation des dates avec un thème du programme. Cette démarche vous sera particulièrement utile pour **construire un plan chronologique** (→ p. 103).

L'EXEMPLE COMMENTÉ

Voici les thèmes qui peuvent être dégagés à partir de la chronologie suivante.

Date/événement	Notion/enjeu
21 septembre 1792 1re séance de la Convention et abolition de la royauté	La Convention, qui représente le peuple, détient la souveraineté.
10 décembre 1792 Ouverture du procès du roi	Désacralisation de la fonction royale
21 janvier 1793 Louis XVI est guillotiné.	Les régicides seront poursuivis sous la Restauration.
24 février 1793 La Convention décide la levée de 300 000 volontaires.	En l'absence de conscription et devant défendre la France, la Convention impose aux communes de désigner des soldats.
11-13 mars 1793 Émeutes en plusieurs points des départements de l'Ouest	Le refus de se plier à la levée de volontaires est une des causes de l'insurrection vendéenne. L'unanimité révolutionnaire est brisée.
6 avril 1793 Création du Comité de salut public	La Convention doit mettre en place un gouvernement efficace pour défendre la République.
31 mai-2 juin 1793 Les Girondins sont exclus de la Convention.	Le mouvement populaire soutient les Montagnards.
Juin-juillet 1793 Insurrection fédéraliste	La rupture du consensus révolutionnaire est une des conséquences de l'exécution du roi.

À la suite de ce travail, les thèmes dégagés sont :
- la rupture avec les traditions politiques de la France (République) ;
- l'affirmation de la souveraineté de la nation (démocratie représentative) ;
- la rupture de l'unanimité révolutionnaire (pour ou contre la Montagne).

Ainsi, au **tournant de 1792-1793**, la Révolution se transforme en guerre civile.

VÉRIFIER SES CONNAISSANCES

1 Définir

Révolte et révolution

2 Expliquer

a. Commentez les deux allégories suivantes.

DOCUMENT 1 ***La Liberté ou la Mort***, assiette du XVIIIe s., musée de Picardie, Amiens.

DOCUMENT 2 ***L'Allégorie de la République*** (1792), gravure de P.-A. Hennequin, musée Carnavalet, Paris.

b. Commentez la médaille de la fête de la Fédération (→ p. 110).

c. En quoi les expériences politiques de 1789 à 1804 ont-elles fondé la vie politique d'aujourd'hui ?

S'ENTRAÎNER

3 Thématiser une chronologie

Thématisez la chronologie suivante.

DOCUMENT **Les principales journées révolutionnaires**

- **14 juillet 1789 :** prise de la Bastille ;
- **5-6 octobre 1789 :** les femmes vont chercher le roi à Versailles ;
- **17 juillet 1791 :** fusillade du Champ-de-Mars ;
- **10 août 1792 :** prise des Tuileries ;
- **31 mai-2 juin 1793 :** arrestation des députés girondins ;
- **5 septembre 1793 :** taxation des prix ;
- **1er avril et 20 mai 1795 :** les sans-culottes réclament « du pain et la Constitution de 1793 ».

VÉRIFIER SES CONNAISSANCES

1 Définir

La **révolution** est le renversement d'un régime politique, généralement suite à une insurrection, pour en instaurer un nouveau. La **révolte** est l'expression collective d'un mécontentement face à une situation ou à une décision.

2 Expliquer

a. Ces deux documents témoignent de la **diffusion des symboles et emblèmes de la révolution démocratique** : le bonnet phrygien et la cocarde tricolore, l'arbre de la liberté, les piques, la détermination de « vivre libre ou mourir ».
L'Allégorie de la République souligne :
- l'indivisibilité (pas de fédéralisme ni de sécession) ;
- l'égalité (l'équerre et le niveau) ;
- la vigilance (l'œil de la surveillance) ;
- la prospérité (les rayons solaires très serrés, qui évoquent le blé) ;
- la force (le lion) ;
- l'identité nationale (le coq).

Les compositions sont très équilibrées et attestent la recherche de l'effet et de l'efficacité du message.

b. Cette médaille commémore **la première fête de la Fédération**. Elle représente une pique, symbole de la force du peuple en armes, coiffée du bonnet phrygien, symbole de la libération des esclaves (dans la Rome antique) ; autour, deux mains qui se serrent pour symboliser l'union et la fraternité. Le pourtour de ce décor, très sobre et éloquent, porte l'inscription « Fédération nationale », expression qui souligne l'espoir d'une décentralisation des pouvoirs dans une France enfin libérée de l'absolutisme.

La fête de la Fédération s'est déroulée à Paris, sur le Champ-de-Mars, le 14 juillet 1790. Elle a lieu à la suite d'un vaste mouvement de constitution de fédérations dans l'ensemble de la France, au lendemain du 14 juillet 1789.

c. Les **expériences politiques de 1789 à 1804** ont fondé la vie politique d'aujourd'hui car :
- elles ont permis l'émergence des notions de citoyen, de nation, de Constitution ;
- elles ont assuré le transfert de souveraineté du roi à la nation ;
- elles ont mis en avant les droits de l'homme et du citoyen ;
- elles ont permis d'expérimenter différents types de régime : monarchie parlementaire, République démocratique, République bourgeoise et censitaire, Consulat et Empire ;

- elles permettent de dater la rupture entre le peuple et les classes dirigeantes (17 juillet 1791, puis, en 1795, journées de germinal et prairial an III);
- elles ont consacré le libéralisme au détriment de l'intérêt collectif;
- elles ont inscrit la pratique du débat démocratique;
- elles ont ancré le refus de toute forme de tyrannie.

S'ENTRAÎNER

3 Thématiser une chronologie

Les **principales journées révolutionnaires** reflètent les aspects politiques et sociaux de la Révolution.

Date/événement	Notion/enjeu
14 juillet 1789 Prise de la Bastille	La révolution populaire sauve la révolution juridique du 20 juin (serment du Jeu de Paume) et du 9 juillet (les états généraux transformés en Assemblée nationale constituante).
5-6 octobre 1789 Les femmes vont chercher le roi à Versailles	Désormais, le travail des constituants est contrôlé par le mouvement populaire.
17 juillet 1791 Fusillade du Champ-de-Mars	Première rupture entre le peuple et la classe politique
10 août 1792 Prise des Tuileries	Échec de l'expérience de monarchie constitutionnelle
31 mai-2 juin 1793 Arrestation des députés girondins	Affirmation de la force politique du mouvement populaire
5 septembre 1793 Taxation des prix	Contre le libéralisme de la bourgeoisie
1er avril et 20 mai 1795 Les sans-culottes réclament « du pain et la Constitution de 1793 »	Rupture définitive entre le peuple et la bourgeoisie

Cette chronologie montre que la Révolution, menée par les députés issus de la **bourgeoisie**, a été sauvée par le **mouvement populaire**. Mais, face à la pression exercée par ce dernier, la bourgeoisie, un moment déstabilisée, finit par l'écraser pour établir un régime correspondant à ses intérêts propres.

www.annabac.com

CHAPITRE

10 Libertés et nations en France et en Europe dans la première moitié du XIXe siècle

En déclarant la guerre « au roi de Bohême et de Hongrie », le 20 avril 1792, la France révolutionnaire pensait aider les peuples à se libérer eux aussi de l'absolutisme, consacrant ainsi « le droit des peuples à disposer d'eux-mêmes ». De fait, les guerres de la Révolution et de l'Empire bouleversèrent l'Ancien Régime en Europe. Mais la transformation des guerres de la liberté en guerres de conquête au profit de la France stimula le développement des sentiments nationaux et les luttes pour l'indépendance. Quelle a été l'évolution politique des pays d'Europe, pris entre revendications libérales, aspirations nationales et réaction absolutiste ?

I Les mouvements nationaux et libéraux en Europe jusqu'en 1848

A Les aspirations issues de la Révolution française

1. La diffusion des principes de 1789

- Les guerres menées par la France pendant la Révolution et l'Empire (1792-1815) ont grandement contribué à la diffusion en Europe des principes de 1789. La **victoire de Valmy** (20 septembre 1792) frappe les contemporains car pour la première fois, des soldats combattent pour un idéal politique : « De ce lieu et de ce jour date une ère nouvelle de l'histoire du monde », commente l'écrivain allemand Goethe (1749-1832).

La **création de « Républiques sœurs »** (République batave en 1795, République cisalpine en 1797, etc.) dans les territoires conquis par les troupes françaises, puis la création de royaumes satellites par Napoléon, exporte le nouveau modèle politique et ses institutions : reconnaissance des droits de l'homme, abolition de la société d'ordres et des principes de l'Ancien Régime, adoption de Constitutions et du Code civil.

Ces réformes influencent également les puissances ennemies de la France. Ainsi, à la suite de sa défaite face à Napoléon en 1806, la Prusse comprend la **nécessité d'adopter des réformes** : abolition du servage, garantie de la liberté et de l'égalité juridique, création de l'Université de Berlin, organisation d'une armée moderne.

2. Le libéralisme

Le libéralisme se fonde sur le respect des **droits de l'homme et du citoyen**, c'est-à-dire le respect de la liberté sous toutes ses formes. Cette liberté est régie par l'obéissance à la loi votée par les élus de la Nation. Elle se traduit en :
- libertés individuelles : de se déplacer, de penser, de croire, de se réunir, de s'exprimer ;
- liberté politique : de choisir ses représentants par le suffrage universel ;
- liberté économique : d'entreprendre.

Le système de gouvernement constitutionnel garantit ces libertés.

La notion de « libéralisme » recouvre néanmoins de **nombreuses divergences**, notamment sur l'extension du droit de suffrage (censitaire ou universel) et la réponse à donner aux revendications sociales émanant des couches les plus pauvres de la société.

3. L'éveil des sentiments nationaux

Préparé par les recherches menées au XVIIIe siècle sur ce qui fonde l'identité d'un peuple (langue, littérature populaire, traditions, histoire), le sentiment national prend corps avec le refus de la domination française. Il s'exprime surtout chez les **élites** (étudiants, intellectuels, artistes, etc.) et se traduit par une **volonté d'émancipation** par rapport à un pouvoir considéré comme incapable d'en reconnaître et d'en respecter la spécificité.

Le **sentiment national** est le sentiment d'appartenance à une communauté partageant une langue, une culture et une histoire communes.

La réaction des Espagnols à l'occupation (1808-1814) de leur pays par l'armée française participe au développement des mouvements nationaux et des **guerres « patriotiques »**, qui entraînent la chute de Napoléon.

Les mouvements nationaux revendiquent l'**indépendance** de leur « nation » soumise à une tutelle étrangère : l'Autriche pour les Italiens, les Hongrois et les Slaves ; la Russie, la Prusse et l'Autriche pour les Polonais, etc.

Les revendications nationales sont souvent associées au libéralisme : l'idée de **souveraineté nationale** suppose que chaque peuple soit libre de choisir ses propres représentants.

B Les limites du retour à l'Ancien Régime

1. Le Congrès de Vienne (septembre 1814-juin 1815)

Au lendemain de la première abdication de Napoléon, des délégués de tous les pays d'Europe se retrouvent à Vienne pour **réorganiser l'Europe** et rétablir l'Ancien Régime. La défaite de Napoléon à Waterloo, en juin 1815, leur permet de redessiner l'ordre géopolitique de l'Europe en fonction du droit des princes, et non du droit des peuples.

La Prusse protestante, la Russie orthodoxe et l'Autriche catholique signent le pacte de la **Sainte Alliance** (septembre 1815), auquel les autres souverains européens se joignent rapidement (la France en 1818). Les trois puissances continentales renouvellent leur coalition avec l'Angleterre pour organiser les **interventions contre toute menace révolutionnaire** ou tout mouvement national libéral.

Dès 1815, la « réaction » triomphe. Dans le royaume de Naples et en Espagne, l'absolutisme est restauré de façon brutale. Le système de **Metternich** (1773-1859), organisateur du congrès de Vienne et chancelier de l'empire d'Autriche de 1821 à 1848, assure la reprise en main des populations : suppression des constitutions politiques, surveillance de l'opinion publique par la police, musellement de la presse et appui sur l'Église catholique (« union du trône et de l'autel »).

2. La révolution de 1830 à Paris

En France, la **Restauration** a rétabli les Bourbons (Louis XVIII puis Charles X) sur le trône en 1815. Ce régime est **renversé par la révolution** qui a lieu les 27, 28 et 29 juillet 1830 (les « Trois Glorieuses ») :
- Le 27, la police cherche à briser les presses des journaux parus malgré l'interdiction royale. Des manifestants s'y opposant, le roi envoie l'armée.
- Le 28, des barricades sont dressées dans Paris par les étudiants, les ouvriers, les bourgeois, les gardes nationaux. L'Hôtel de Ville est pris.
- Le 29, le siège de la Chambre (le Palais-Bourbon) et le Palais-Royal sont envahis par les insurgés. Charles X abdique le 2 août.

- La révolution n'entraîne **pas de changement radical du régime** : les partisans de la République ne sont pas soutenus par les députés libéraux (terrifiés par les souvenirs de 1793) qui préfèrent confier le trône à Louis-Philippe, cousin de Charles X. Le nouveau roi (qui a adhéré au club des Jacobins en 1790 et n'a pas émigré à la mort du roi) adopte le drapeau tricolore et paraît au balcon de l'Hôtel de Ville. Il prend le titre de « roi des Français ». Le corps électoral est élargi, mais le suffrage reste censitaire.
- Le nouveau régime, la monarchie de Juillet, est une monarchie parlementaire inspirée du système anglais, où le pouvoir législatif est exercé par deux chambres.

> En Angleterre, le **pouvoir législatif** est exercé par la Chambre des lords et la Chambre des communes ; sous la monarchie de Juillet, par la Chambre des pairs et la Chambre des députés.

3. L'évolution politique intérieure en Angleterre

- En Angleterre, autre modèle de libéralisme au début du XIXe siècle, le droit de suffrage demeure l'apanage d'une minorité. Les radicaux, favorables à une réforme électorale, sont réprimés par les **whigs** (libéraux) et les **tories** (conservateurs), qui alternent au pouvoir. Cependant, la loi électorale de 1832 abaisse le cens (1 électeur pour 30 habitants contre 1 pour 200 en France) et redessine les circonscriptions au profit des villes.
- À partir de 1838, le **mouvement chartiste** réclame le suffrage universel, le vote secret et des réformes sociales.

C L'affirmation du droit des peuples

1. Insurrections et mouvements nationaux

- Le ***Risorgimento*** (« résurrection »), en Italie, est un mouvement libéral favorable à l'unité politique des Italiens. Il est animé par **Giuseppe Mazzini** (1805-1872), défenseur de l'idée d'une République italienne unifiée. Les *carbonari*, société secrète œuvrant pour l'indépendance et pour le triomphe des idées libérales et républicaines, déclenchent des insurrections à Naples, en 1820, et à Turin, en 1825.
- L'**insurrection en Pologne** (1830-1831) s'inspire des révolutions en France et en Belgique et incite les Polonais à se soulever contre la Russie. Mais en 1831, ceux-ci sont écrasés par l'armée russe. D'autres soulèvements ont lieu au même moment en Italie et en Allemagne, qui échouent eux aussi.

> Les bases du **sentiment national allemand** sont posées par le philosophe Fichte (1762-1814) au lendemain de la défaite de la Prusse face à Napoléon (*Discours à la nation allemande*, 1807-1808).

- Dans l'**empire d'Autriche,** des mouvements nationaux s'organisent, dont celui des Hongrois derrière l'avocat et journaliste démocrate Kossuth (1802-1894) et le poète Petöfi (1823-1849), ou celui des Tchèques en Bohême.

2. L'accession à l'indépendance

- De 1821 à 1829, la **Grèce** combat la domination de l'Empire ottoman. L'insurrection de 1821, condamnée par la Sainte Alliance au congrès de Vérone en 1822, est soutenue par le mouvement philhellène animé par des artistes européens : le poète anglais Byron, le peintre français Delacroix, Victor Hugo. La brutalité de la répression turque (massacre de Scio, 1822) suscite l'intervention de la Russie, de l'Angleterre et de la France qui sont victorieuses de la flotte turque à Navarin (20 octobre 1827). Par le **traité d'Andrinople** (14 septembre 1829), le sultan reconnaît l'indépendance de la Grèce.
- Après les Trois Glorieuses à Paris, les **Belges** déclenchent, le 25 août, une insurrection contre les Pays-Bas. Le 4 octobre 1830, une Assemblée constituante proclame l'indépendance. La création du royaume de Belgique est la première **mise en question de l'ordre européen** voulu par le congrès de Vienne.

II Les révolutions de 1848 en France et en Europe

A Le « Printemps des Peuples », janvier-mai 1848

1. Un contexte économique et social difficile

- À partir de 1845, l'Europe connaît une grave **crise agricole** (maladie de la pomme de terre en Irlande) et des famines dues à l'augmentation du prix des produits de première nécessité.
- À partir de 1847, la **première crise de l'âge industriel** aggrave la situation des « classes laborieuses » : les faillites des banques et de compagnies de chemin de fer entraînent le chômage et la paupérisation de ceux qui sont exclus du « pays légal ».

2. La révolution de février 1848 à Paris

- En France, en 1847, l'opposition contourne la loi qui interdit les réunions publiques en organisant une campagne de **banquets** pour faire avancer la revendication d'une réforme électorale. L'interdiction du banquet de clôture, qui devait avoir lieu à Paris le 22 février 1848, entraîne des échauffourées les 22 et 23 février : Guizot, chef du gouvernement, est renvoyé, mais une fusillade sur le boulevard des Capucines attise la **colère du peuple de Paris** (ouvriers, boutiquiers, étudiants) : les cadavres des victimes sont promenés sur des chariots pendant la nuit à la lumière des torches.

▪ Le 24 février, des **barricades** sont érigées par le « peuple », auquel se sont ralliés les gardes nationaux. Le palais des Tuileries est envahi. Louis-Philippe abdique et la **République** est proclamée à l'Hôtel de Ville (point de ralliement du Paris insurgé) par les députés favorables à la révolution.

La **révolution** est le renversement, souvent violent, d'un régime politique ; la **réforme** est une transformation légale d'un système existant.

3. Les mouvements révolutionnaires en Europe

Si la liberté est l'élément unificateur de toutes ces insurrections (→ zoom p. 129), celles-ci se répartissent pourtant en quatre catégories, selon les revendications principales qu'elles expriment.

▪ Les mouvements animés par l'exigence première de retrouver ou d'obtenir un **régime constitutionnel** :
- À Palerme, le roi des Deux-Siciles doit accorder une Constitution, ainsi que le grand-duc de Toscane, le roi du Piémont et le pape.
- À Vienne, en Autriche, Metternich est obligé de partir et l'empereur accorde la liberté de la presse et promet une Constitution.
- À Berlin, le roi de Prusse Frédéric-Guillaume IV accorde une Constitution et accroît les libertés.

▪ Les mouvements animés par l'aspiration à **conquérir une indépendance nationale** associée au respect des libertés individuelles et politiques : c'est le cas des Hongrois qui se dotent de leur propre gouvernement, ou des Tchèques qui demandent l'autonomie dans la Charte de Bohême.

▪ Les mouvements animés par l'aspiration à **faire coïncider nation et État libéral** :
- Les Italiens se rallient au roi de Piémont-Sardaigne, Charles-Albert (1798-1849), qui prend la tête de l'unité italienne.
- Les Allemands décident l'élection au suffrage universel de députés de tous les États de la Confédération germanique : leur mission est de déterminer le régime politique d'une Allemagne unifiée. L'Assemblée constituante, réunie à Francfort le 18 mai 1848, forme un gouvernement provisoire, rejette la solution d'une République et envisage de confier la couronne au roi de Prusse.

▪ Les mouvements animés par la volonté de **faire triompher l'idéal démocratique** au sein d'une République qui garantisse l'égalité sociale et le droit au travail : c'est le cas de la France, de Venise, de Florence, de Rome (d'où le pape s'enfuit).

ZOOM

Les révolutions de 1848 en Europe

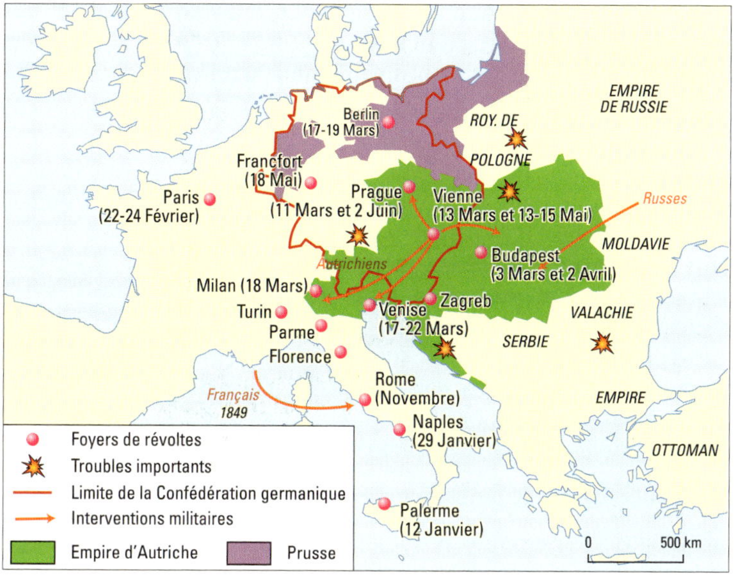

▸ À l'exception des pays d'Europe du Nord, de l'Espagne, de la Russie et de l'Angleterre, **toute l'Europe est concernée** par l'embrasement révolutionnaire du printemps 1848.

▸ La vague d'insurrections urbaines se propage **très rapidement** : l'ébranlement du pouvoir en Autriche les 13-15 mars entraîne l'insurrection à Berlin le 18 mars, renforce la Confédération germanique et confirme l'**importance du mouvement libéral et unitaire** en Italie, et des **aspirations nationales** dans l'empire d'Autriche.

▸ La **remise en cause de l'ordre ancien** se manifeste par l'adoption du suffrage universel en France, la rédaction de constitutions, la garantie de la liberté de la presse et de réunion, et la mise en avant de l'idée de nation. La légitimité dynastique est contestée : les peuples exigent que la volonté générale, qui s'exprime par la souveraineté de la nation, soit seule prise en compte.

B La IIe République en France

1. Les premières mesures du gouvernement provisoire

Le gouvernement provisoire est formé de onze membres dont Lamartine (poète), Arago (physicien et astronome), Ledru-Rollin (républicain convaincu), Louis Blanc (auteur d'un livre sur l'organisation du travail) et l'ouvrier Albert.

Il conserve le drapeau tricolore et adopte les premières mesures qui donnent ses caractères à la IIe République :
- mesures **sociales** : 25 février, création des Ateliers nationaux pour donner du travail aux chômeurs dans des chantiers de travaux publics ; 2 mars, limitation de la durée du travail (10 h par jour à Paris, 11 h en province) ;
- mesure **pacificatrice** : 26 février, abolition de la peine de mort pour motifs politiques (pour empêcher toute assimilation avec la Terreur de 1793) ;
- mesures **démocratiques** : 2 mars, suffrage universel pour les hommes de plus de 21 ans ; 4 mars : liberté de la presse, de réunion, d'association ;
- mesure **humaniste** : 27 avril, abolition de l'esclavage.

La **liberté de la presse** est un enjeu politique majeur, les journaux étant le moyen par excellence du débat politique.

2. Les tensions entre le gouvernement provisoire et l'opinion

Les élections à l'Assemblée constituante, en avril, sont favorables aux représentants **modérés et monarchistes** d'une province qui s'effraie de la montée des socialistes et redoute les tendances révolutionnaires de la capitale.

Pour mettre un terme à l'expérience de République sociale, le gouvernement provisoire décide de fermer les Ateliers nationaux le 21 juin 1848, ce qui déclenche de **violents affrontements** (20 000 morts) à Paris entre le 22 et le 26 juin 1848 : la rupture entre les ouvriers et la République est irrémédiable.

La Constitution du 4 novembre 1848 prévoit l'élection du président de la République au suffrage universel. Lors de la première élection présidentielle, le 10 décembre 1848, **Louis Napoléon Bonaparte** est élu triomphalement. La masse du vote paysan, animée par le souvenir de l'Empire et par le désir de se débarrasser des notables de la Restauration, s'est ainsi prononcée pour l'ordre contre Paris.

3. La crise de régime

Face à la progression des démocrates-socialistes, dans les campagnes, le parti de l'Ordre au pouvoir répond par la loi du 31 mai 1850 qui **limite le droit de suffrage**, par un durcissement de la loi sur la presse et par la loi Falloux favorable à l'enseignement confessionnel.

Cette restriction du suffrage ne fait qu'entretenir une crise politique, exploitée à son profit par Louis Napoléon Bonaparte. La Constitution ne lui permettant ni de se présenter pour un second mandat, ni de dissoudre l'Assemblée, Bonaparte commet un **coup d'État le 2 décembre 1851**, et se proclame empereur un an plus tard.

C Les révolutions en Europe et leur échec

1. Triomphe de la réaction dans l'empire d'Autriche

L'armée autrichienne reprend le **contrôle de l'Empire** à partir de mai 1848. Dès juin, Prague est bombardée, l'insurrection en Bohême écrasée et le Congrès panslave dispersé par la force. En juillet, les troupes de Radetzky envahissent l'Italie du Nord et l'emportent face aux troupes piémontaises à Custozza.

En octobre, le général Windischgrätz reprend Vienne (comme une ville assiégée) : la constituante est dispersée, l'empereur abdique en faveur de son neveu François-Joseph, qui réaffirme « **l'unité étatique de l'Empire** » (27 novembre 1848). En Hongrie, l'Autriche réduit l'insurrection à l'aide de la Russie (août 1849).

2. Défaite militaire et répression en Italie

Après la défaite de Custozza (23-25 juillet 1848), les **Piémontais** sont vaincus à Novare le 23 mars 1849 par les Autrichiens, qui réoccupent l'Italie du Nord et du Centre, et reprennent Venise. Le roi Charles-Albert abdique au profit de Victor-Emmanuel II (1820-1878) qui conserve une Constitution.

Le 3 juillet 1849, **Rome** est reprise par l'armée française. L'autorité du pape est rétablie. Dès l'été 1848, le **roi des Deux-Siciles** reconquiert son royaume : il bombarde Messine et fait massacrer les libéraux.

3. Répression en Prusse

Très vite, Frédéric-Guillaume IV (1795-1861) fait **marche arrière** et dénonce toute réforme libérale. En décembre 1848, il **dissout l'Assemblée constituante** et octroie une Constitution. En avril 1849, il refuse la couronne de souverain de la Confédération allemande que lui proposait le Parlement de Francfort, afin de ne pas devoir son trône à la volonté des députés, auxquels il aurait alors été soumis.

Le 28 juin 1849, le Parlement de Francfort est dispersé par la force.

III L'abolition de la traite et de l'esclavage

A Les hésitations des puissances européennes

1. Les arguments du mouvement abolitionniste

> La **philanthropie** est l'amour désintéressé de l'humanité et la volonté d'œuvrer à son mieux-être.

- Dans la dynamique de l'élan émancipateur des Lumières, des **arguments humanistes et moraux** sont avancés par les philanthropes, qui souhaitent abolir la traite (commerce des esclaves) et l'esclavage.
- Les **arguments économiques** sont liés à la prise en considération du coût de la traite : mieux vaut utiliser la main-d'œuvre servile sur place. Toutefois, les révoltes serviles au début des années 1830 inquiètent les colons britanniques qui doutent de plus en plus de la rentabilité de l'esclavage, d'autant plus que l'entretien d'un esclave et de sa famille est plus cher que le salaire dérisoire versé à un travailleur libre.

2. Le cas français

- La Révolution française, au nom des idéaux de liberté et d'égalité, montre la voie en abolissant l'esclavage en 1794. Mais dès 1802, les colons obtiennent son **rétablissement**, la traite continuant à l'alimenter.
- Malgré son ancrage révolutionnaire, le mouvement abolitionniste est **peu influent** jusqu'en 1848.

3. Le cas britannique

> Le **mercantilisme**, doctrine économique apparue en Europe au XVIe siècle, prônait l'enrichissement de l'État par l'afflux de métaux précieux, au profit exclusif de la prospérité nationale.

- Sous la pression de l'opinion publique (églises protestantes, associations philanthropiques, journaux…), le Royaume-Uni renonce à la traite **dès 1807** puis à l'esclavage en 1833. Le choix du libre-échange et les impératifs de l'industrie jouent également dans cette décision de rompre avec l'héritage mercantiliste, qui réservait à la métropole le monopole des échanges avec ses colonies.
- La position dominante du Royaume-Uni dans les relations internationales lui permet d'imposer la **condamnation de la traite** lors du Congrès de Vienne en 1815, et de faire **pression sur les autres puissances** européennes et sud-américaines pour qu'elles interdisent à leur tour la traite, puis l'esclavage.

ZOOM

L'abolition de l'esclavage dans les colonies françaises

▲ ***L'abolition de l'esclavage dans les colonies françaises, 27 avril 1848*** (1848) peinture de F. Auguste Biard, musée du château de Versailles

▶ Défenseur de l'abolition immédiate de l'esclavage, **Victor Schoelcher** (1804-1893) est nommé sous-secrétaire d'État aux colonies dans le gouvernement provisoire de la IIe République. Il fait adopter le décret d'abolition de l'esclavage dans les colonies le 27 avril 1848, avec effet immédiat : les esclaves des colonies sont émancipés.

▶ Près de 260 000 esclaves libérés deviennent **citoyens français**. Cependant, la société coloniale conserve une **mentalité raciste** marquée par le mépris pour « l'indigène ».

B L'abolition de l'esclavage et ses limites

- Les Français qui militent pour l'abolition se réclament de la politique britannique : s'ils mettent en avant les mêmes arguments (humanistes et économiques), ils se divisent entre ceux qui souhaitent une abolition immédiate et ceux qui sont favorables à une émancipation progressive. C'est pourquoi il faut attendre la **révolution de 1848** et l'action du mouvement abolitionniste pour voir disparaître l'esclavage dans les colonies françaises (→ zoom p. 133).
- Malgré la politique britannique, il y a un **décalage entre l'adoption des lois d'abolition et leur application**. Ainsi, il faut attendre les années 1860 pour que la traite atlantique disparaisse. Avant cette date, des négriers illégaux continuent d'alimenter l'Amérique en esclaves ; la marine britannique intervient pour s'y opposer.
- L'esclavage n'est aboli qu'en 1885 à Cuba et qu'en 1888 au Brésil. De plus, les conditions de vie des anciens esclaves changent peu et, même s'ils sont libres, ils restent victimes de **discriminations**.

RÉCAPITULONS

- Les décisions prises au congrès de Vienne (1815) ne parviennent à entraver ni la diffusion des idées libérales et des principes de 1789, ni le progrès du sentiment national dans la plupart des peuples européens.
- Le « Printemps des Peuples » se déclare à Paris et se répand dans toute l'Europe, mais il est réprimé par les souverains dès 1849. Il constitue néanmoins une étape majeure dans l'affirmation des idées nationales et libérales.
- Sous la pression de l'opinion publique, et pour des raisons tant humanistes qu'économiques, l'abolition de la traite et de l'esclavage est effectuée par étapes, d'abord au Royaume-Uni (1807, 1833), puis en France (1848).

Confronter deux documents

LA DÉMARCHE

La confrontation de documents, orientée par un **énoncé**, consiste à les comparer pour mettre en évidence ce qui les rapproche et ce qui les distingue. Les documents, au nombre de deux, sont de natures différentes.

- **Lire les documents et la consigne.** Identifiez leur nature et repérez leur titre, auteur, date, etc. (→ p. 30). Définissez les termes de la consigne et demandez-vous comment les documents s'y rattachent.
- **Dégager les informations contenues dans les documents.** Notez les thèmes qu'ils abordent, ce qui les rapproche ou les distingue, le point de vue qu'ils expriment. Éclairez les allusions, les références implicites ou explicites, traduisez les indices en notions : par exemple, si le document comprend des personnages, repérez ce qu'ils représentent (hommes politiques, artistes, entrepreneurs, etc.) afin de situer le registre, le domaine.
- **Rédiger un commentaire.** Il doit répondre à l'énoncé (sans faire de hors sujet) et comporter quelques phrases d'introduction, un développement et une conclusion.

L'EXEMPLE COMMENTÉ

Voici les éléments que vous pourriez relever afin de répondre à la question : « À partir de ces deux documents, présentez les aspirations des révolutions en France et en Europe. »

DOCUMENT 1 Une triple révolution

« Trois grands mouvements tourmentent le sein de l'Europe. Il se fait un travail de races et de nationalités. Les nationalités et les races s'ébranlent pour réaliser leur indépendance. Il se fait un travail de liberté politique. Les peuples, dont le droit politique était naguère encore le droit féodal, s'élancent à la conquête du Droit nouveau proclamé par la France en 89, et réalisé dans sa dernière formule générale par la Révolution de Février. Il se fait, enfin, le travail socialiste, ce travail de l'affranchissement social du Peuple par la création de nouveaux rapports économiques. La

- Renversement d'un ordre ancien et libertés politiques
- Développement du sentiment national et émancipation des nations
- Essor des idées socialistes

France et les pays les plus avancés s'agitent pour remplacer le morcellement, l'égoïsme et l'antagonisme divergent, par une société fondée sur l'association, l'accord fraternel, la liberté réelle et l'unité d'action.

Victor Considérant (1808-1893), représentant du peuple, *L'Apocalypse ou la prochaine rénovation démocratique et sociale de l'Europe*, Librairie socialiste phalanstérienne, 1848.

DOCUMENT 2 **« Dernier conseil des ex-ministres »**, lithographie d'Honoré Daumier (1808-1879), publiée dans *Le Charivari*, 9 mars 1848.

Ex-ministres qui fuient ou tombent à la renverse : la révolution entraîne une chute brutale de l'ordre et du gouvernement en place.

Allégorie de la IIe République : réapparition de la Ire, de retour chez elle en France pour rétablir les principes de 1789 (libertés individuelles, politiques et économiques).

VÉRIFIER SES CONNAISSANCES

1 Définir

a. Nationalisme b. Socialisme

2 Expliquer

a. En quoi le tableau de Delacroix, *La Liberté guidant le peuple,* est-il emblématique de la période de l'histoire de France ouverte par la Révolution française ?

DOCUMENT **Eugène Delacroix, *La Liberté guidant le peuple, le 28 juillet 1830*** (1830), huile sur toile, musée du Louvre, Paris.

b. Quels sont les arguments des défenseurs de l'abolition de la traite et de l'esclavage ?

S'ENTRAÎNER

3 Confronter deux documents

En vous appuyant sur la méthode proposée (→ p. 135-136), vous expliquerez, en confrontant les deux documents (→ p. 138), pourquoi on peut considérer 1848 comme une grande césure du XIXe siècle.

DOCUMENT 1

« Une botte ayant perdu ses tirans » (1848-1849), lithographie anonyme, musée Carnavalet, Paris.

DOCUMENT 2 Annonce d'un éditeur de Francfort qui vante ses caricatures

« Depuis que, lors de ces journées de mars, la puissante voix du peuple s'est de nouveau élevée, venant ainsi rompre une longue période de silence, depuis qu'elle a poussé les oppresseurs de sa liberté à comparaître devant le tribunal de l'opinion publique, depuis qu'a été mis un terme à l'avilissement de la censure, laissant place à la liberté d'expression écrite et orale, la critique du peuple, c'est-à-dire son jugement sur les affaires et les personnes publiques, constitue désormais un pouvoir significatif doté d'une clairvoyance qu'aucun flou diplomatique ne vient plus obstruer. Aux côtés du principal organe de cette critique, à savoir les journaux et autres publications, on trouve un second support dont l'efficacité n'est pas moindre : la caricature. C'est avec son arme implacable que la caricature poursuit les absurdités et les sottises commises par ceux qui se trouvent sur le devant de la scène ; elle met à nu les faiblesses qui, souvent, sont à peine évoquées par les gazettes…

Catalogue de l'exposition de l'Assemblée nationale en 1998, *Les Révolutions de 1848*, p. 91.

POUR VOUS AIDER

- Présentez les documents en insistant sur les thèmes qu'ils ont en commun.
- Rappelez la situation géopolitique de l'Europe à la veille du « Printemps des Peuples ».
- Établissez une relation entre le texte et la caricature.

VÉRIFIER SES CONNAISSANCES

1 Définir

a. Le **nationalisme** désigne l'attachement exclusif à la nation (communauté fondée sur langue, l'histoire et la culture), à laquelle est revendiqué le droit de se diriger par elle-même.

b. Le **socialisme** est un courant politique qui prend en compte la « question sociale » et qui vise à instaurer un système politique, social et économique reposant sur l'égalité entre les citoyens. Il suppose la disparition de la propriété privée des moyens de production (terre, mines, usines), désormais gérés par la collectivité (qui n'est pas forcément l'État).

2 Expliquer

a. *La Liberté guidant le peuple,* tableau peint par Eugène Delacroix (1798-1863) en 1831, est une **allégorie de la révolution de 1830**. Il présente une nation unie (ouvrier, bourgeois, étudiant, garde national, gamin) qui combat les armes à la main (fusil, baïonnette, pistolet, sabre, poignard) pour retrouver une liberté confisquée par la restauration d'un régime royaliste autoritaire. La liberté, brandissant le drapeau tricolore (consacré par la Révolution de 1789) d'une main et tenant un fusil à baïonnette de l'autre, anime l'énergie de tous ceux qui sont bien décidés à vivre libre ou à mourir.

Le **thème** et la **facture** de cette grande toile (2,6 × 3,25 m) sont en eux-mêmes **révolutionnaires** : c'est une peinture d'histoire détournée de sa fonction habituelle puisqu'elle relate un événement politique et populaire qui vient d'avoir lieu (érigeant cet événement en rupture historique radicale) ; sa composition solide, qui intègre mouvements énergiques et couleurs vives et contrastées, unifiée par une lumière théâtrale et symbolique, est caractéristique de l'école « romantique ».

Ce tableau, acheté par Louis-Philippe, avant d'être exposé définitivement en 1855, ne fut présenté que quelques semaines par crainte du contenu subversif de la peinture : les défenseurs de l'ordre y virent « l'apologie de la canaille ».

b. Les arguments des défenseurs de l'abolition de la traite et de l'esclavage sont d'ordre **humaniste, moral et économique**. Il est à souligner que l'élan de liberté et d'égalité des Lumières ne correspond pas exactement aux intérêts des industriels, qui comprennent qu'il y a plus de profits à tirer d'une main-d'œuvre salariée que de l'entretien de familles d'esclaves qui, de plus, sont susceptibles de se révolter.

S'ENTRAÎNER

3 Confronter deux documents

1. [Lire les documents et la consigne]

Nature	Auteur	Date	Thèmes	Notions
Caricature	Anonyme	1848-1849	Carte satirique qui présente le succès du mouvement libéral en Italie	Liberté, révolution, unité politique
Texte publicitaire	Éditeur allemand de Francfort	1848	Efficacité politique de la diffusion des caricatures	Liberté de la presse, lutte contre la tyrannie

2. [Dégager les informations contenues dans les documents]

Ces documents témoignent de la force irrépressible de la **volonté de liberté** en 1848. Les différents peuples ont pris conscience qu'ils formaient chacun une « nation », et leurs aspirations nationales se lient parfois à des revendications libérales, voire démocratiques. Tous les nouveaux acteurs de la société y participent : bourgeois, ouvriers, journalistes, dessinateurs, penseurs.

3. [Rédiger un commentaire]

Voici une proposition de plan détaillé.

[Introduction] Alors que la réaction semble triompher partout en Europe en 1849, est-il vraiment possible d'affirmer que le « Printemps des Peuples » représente une rupture historique majeure ? En quoi est-ce une rupture ? Pourquoi serait-elle durable ? Quel rapport de force nouveau se manifeste ?

I. La rupture réside dans l'ébranlement de l'ordre ancien : fin de la tyrannie, constitutions, liberté de la presse, suffrage universel.

II. La force de l'idéal démocratique : il vient de loin, procédant lui-même de la Révolution française de 1789-1793 ; il anime les aspirations nationales ; il a le projet d'établir une République démocratique.

III. L'entrée en scène des « prolétaires » : les ouvriers font partie des manifestants (béret, baïonnette, pique) ; le suffrage universel les intègre dans la vie politique.

[Conclusion] Malgré la répression brutale des révolutions de 1848, les principes de liberté et d'unité nationale s'enracinent dans les consciences : l'unité allemande, l'unité italienne, la République (libérale ou démocratique) deviennent des horizons politiques à atteindre par-delà tous les obstacles.

Géographie

CHAPITRE

11 Du développement au développement durable

Aujourd'hui, un peu plus de 7 milliards d'hommes peuplent la Terre. En 2025, le nombre d'habitants devrait approcher les 8 milliards et atteindre 9,5 milliards en 2050. Faire face aux besoins essentiels d'une population mondiale en augmentation constante est donc un enjeu majeur : la nourrir, lui fournir une eau potable, des sources d'énergie, des logements. Comment améliorer les conditions de vie d'une population inégalement développée ? Quels nouveaux modes de développement mettre en place pour relever de tels défis ?

I Un développement inégal et déséquilibré à toutes les échelles

A Comment définir et mesurer le développement ?

- Le **développement** est un processus par lequel un groupe social évolue vers de meilleures **conditions de vie** (éducation, santé, alimentation, accès à l'eau), plus de richesse et un système politique démocratique.
- Depuis 1990, le PNUD (Programme des Nations unies pour le développement) utilise l'**indicateur de développement humain** (IDH) pour mesurer le niveau du bien-être de la population. L'IDH fait la synthèse de trois séries de données :

– l'espérance de vie à la naissance, qui donne une idée de l'**état sanitaire** de la population du pays ;
– la durée moyenne et la durée attendue de scolarisation, qui permettent d'estimer le **niveau d'instruction** ;
– le RNB par habitant, calculé en parité de pouvoir d'achat (PPA), c'est-à-dire dans un montant assurant le même pouvoir d'achat dans tous les pays, qui donne une indication sur le **niveau de vie** d'une population.

Le **revenu national brut** est la somme des revenus (salaires et revenus financiers) perçus par les agents économiques d'un pays.

Il ne faut donc pas confondre le développement (mesuré par l'IDH) et la richesse (mesurée par le PIB/hab. ou le PNB/hab.). La **richesse** est l'ensemble des biens dont peut disposer un individu. À l'échelle d'un pays, les richesses correspondent aux ressources naturelles (sous-sol, sol) et humaines (force démographique et force de travail), ainsi qu'à la somme des valeurs ajoutées produites.

B Des inégalités de développement à l'échelle mondiale

Les **pays développés** sont ceux dont l'IDH est compris entre 0,8 et 0,94. On compte parmi eux :

- en majorité, des **pays industrialisés à économie de marché** : Amérique du Nord, Europe occidentale, Japon. Constituant ce que l'on nomme souvent les « **pays de la Triade** », ils sont les **centres d'impulsion** et les moteurs de l'économie mondiale. Leurs activités sont tournées vers les services et les secteurs des hautes technologies. Leur population est majoritairement urbaine et vieillissante. L'Australie, la Nouvelle-Zélande et Israël présentent un profil comparable ;
- des **pays industrialisés d'Asie** : Corée du Sud, Singapour, Taïwan (appelés aussi les « Dragons ») ;
- certains petits pays (Qatar, Émirats arabes unis, Brunei, Bahreïn) ont également un IDH élevé. Leur développement est lié à l'extraction du pétrole, source d'importants revenus qui leur permettent de réaliser des investissements dans le monde entier.

Le groupe des **pays dits « émergents »** est plus diversifié, avec un IDH généralement compris entre 0,7 et 0,8. On y trouve :

- le **Brésil** (géant agricole) et de nombreux pays d'Amérique latine, dont le Mexique ;
- l'Europe de l'Est et la **Russie** (cette dernière bénéficiant d'importantes ressources en hydrocarbures) ;
- des pays tels que l'Arabie Saoudite ou l'Algérie qui, comme la Russie, profitent de leur rente pétrolière ;
- la **Chine** (2e puissance économique mondiale, souvent appelée « l'usine du monde ») et l'**Inde** sont deux géants démographiques. Ils sont dits émergents plus pour leur croissance industrielle impressionnante, que pour leur niveau de développement, qui demeure faible (IDH de la Chine : 0,687 ; de l'Inde : 0,547) et très inégal d'une région à l'autre. Comme la Malaisie, l'Indonésie, le Vietnam (les

> Une **économie de rente** est basée uniquement sur l'exploitation de ressources naturelles offertes par la position géographique d'un pays.

« Tigres »), ces pays asiatiques sont de plus en plus intégrés à l'**Asie orientale, aire de puissance économique** ;

– enfin, l'Afrique du Sud, pays d'Afrique le plus inséré dans la mondialisation, notamment grâce à l'exportation de ses ressources minières.

■ Les **pays intermédiaires, dits « en développement » (PED)** sont les plus nombreux. Leur IDH, moyen (entre 0,5 et 0,7), témoigne de leur dépendance vis-à-vis des pays les plus développés auxquels ils vendent leurs matières premières agricoles ou énergétiques. Leur décollage économique n'a pas vraiment commencé, ils sont en voie d'industrialisation.

> L'**industrialisation** désigne le processus par lequel un pays passe d'une économie essentiellement agricole à une économie industrielle.

■ Les **pays les moins avancés (PMA)** sont les États les plus pauvres du monde, la plupart situés en Afrique subsaharienne et en Asie centrale. Leur IDH est inférieur à 0,5. Ils possèdent une économie rurale et un taux d'alphabétisation inférieur à 20 %. Leur population, majoritairement jeune, continue d'augmenter et vit essentiellement de l'agriculture.

C Des inégalités régionales et locales

■ Les inégalités de développement s'observent à toutes les échelles. Ainsi, à l'intérieur d'un pays, les **régions littorales** sont souvent plus développées que les régions intérieures. Ce sont en effet les espaces les mieux intégrés à la mondialisation (→ chap. 17). C'est particulièrement le cas en Chine, où les **zones économiques spéciales** (zones franches) concentrent les activités.

■ Dans les pays développés, il existe aussi parfois un écart de développement **entre les régions nord et sud d'un même pays** : les régions méridionales attirent les populations (phénomène d'**héliotropisme**), contrairement à celles du Nord, qui sont en reconversion économique (sauf en Italie). Les populations, à la recherche d'un meilleur cadre de vie, vont s'installer dans le Sud où les emplois qualifiés se développent au sein de **parcs technologiques** (effet « Sun Belt » aux États-Unis, par exemple).

■ Dans tous les pays du monde, il existe des poches de pauvreté et de mal-développement, signes d'une **ségrégation sociospatiale** (→ chap. 15) : aux États-Unis et en Europe, les ghettos ou les quartiers sensibles concentrent les difficultés sociales génératrices d'exclusion ; dans les pays en développement, les quartiers informels se multiplient.

> L'expression « **quartier informel** » est synonyme de bidonville.

ZOOM

L'IDH dans le monde en 2011

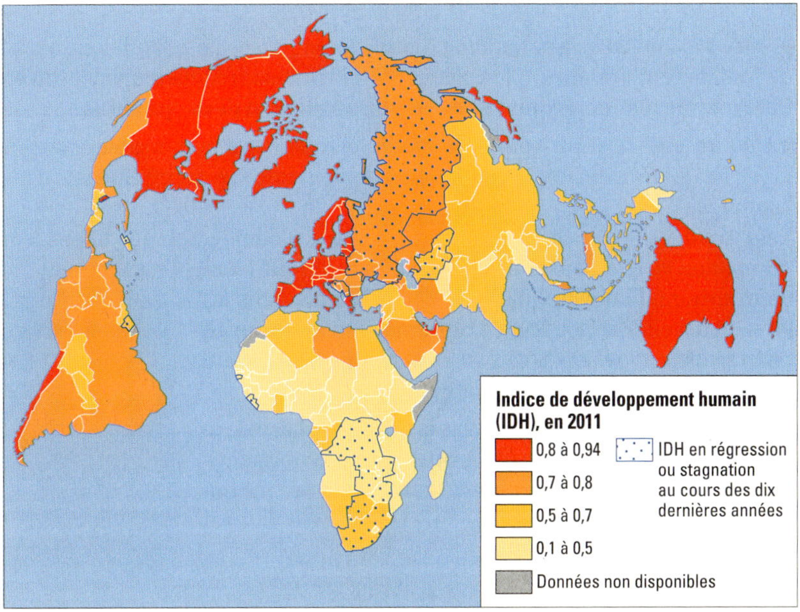

Source : Programme des Nations unies pour le développement.

Les inégalités de développement entre États sont fortes, et il est de plus en plus difficile d'établir un classement mondial, tout comme d'employer un vocabulaire adapté.

- Dans les années 1950, par contraste avec les pays dits « développés », on a d'abord parlé de « **pays sous-développés** ». Puis, on a qualifié ces derniers de « pays en voie de développement », en insistant sur leur « retard » dans le processus de développement.
- Jusqu'aux années 1980, on utilisait également l'expression « **Tiers Monde** », dans le contexte de la guerre froide.
- Dans les années 1990, on recourait à la distinction **Nord/Sud**, qui est de moins en moins pertinente (elle n'est pas représentée sur ce planisphère). Après avoir employé le pluriel (**des Nords et des Suds**) dans les années 2000, on préfère aujourd'hui parler de « pays développés », de « **pays émergents** » et de « pays en développement ».

II De nouveaux besoins pour 9 milliards d'hommes

A Neuf milliards d'hommes en 2050

Entre 1750 et 2010, la population mondiale est passée de 700 millions à près de 7 milliards d'hommes. Elle a augmenté lentement et régulièrement jusqu'en 1950; puis le monde a connu une véritable **explosion démographique**.

Aujourd'hui, la Terre compte environ 74 millions d'hommes supplémentaires chaque année, mais la croissance démographique est très inégale dans le monde:

- les pays développés connaissent une croissance démographique faible, leur population vieillit. Leur **transition démographique** (→ chap. 1) est achevée;
- la transition démographique a été plus brutale dans les pays en développement car ce n'est qu'après 1945 que les progrès techniques et médicaux y ont été diffusés. Ils ont parfois été accompagnés de politiques antinatalistes.

L'humanité est donc entrée dans la seconde phase de la transition démographique (celle où la natalité commence à diminuer, alors que la mortalité est déjà basse), ce qui contribue au **ralentissement de l'accroissement naturel**.

Une **politique antinataliste** vise à faire baisser le taux de fécondité par des mesures incitatives ou dirigistes (ex.: politique de l'enfant unique en Chine).

B Des besoins de plus en plus importants

Le surpeuplement est l'excès de population par rapport aux ressources disponibles. Même si la croissance et la répartition très inégale de la population sur Terre n'aboutissent pas nécessairement à une telle situation, elles posent la question de l'**accès aux ressources** nécessaires au développement. Dès lors, plusieurs défis sont à relever.

Le **défi agricole** (→ chap. 12): la croissance démographique engendre une augmentation des besoins alimentaires. Aujourd'hui, plus de 860 millions d'individus souffrent de la faim. Pour satisfaire les besoins alimentaires des hommes, l'agriculture doit produire plus, tout en préservant l'environnement.

Le défi de l'**accès à l'eau** (→ chap. 13): depuis le début du XXe siècle, la consommation d'eau douce a été multipliée par sept sur la planète. La consommation industrielle d'eau devrait doubler d'ici à 2025 en raison des délocalisations et de l'industrialisation dans les PED. La moitié des hommes risque d'être privée de ressources convenables en eau.

▮ Le **défi énergétique** (→ chap. 14): la demande énergétique a augmenté d'environ 30 % ces trente dernières années dans les pays développés ; elle a été multipliée par deux dans les pays émergents, et par trois dans le Sud-Est asiatique. Or, 80 % de l'énergie consommée est non renouvelable et polluante. Il est donc nécessaire de rechercher de nouvelles sources d'énergie.

▮ Le **défi urbain** (→ chap. 15): depuis 2007, un homme sur deux vit en ville, et le taux d'urbanisation devrait atteindre 75 % en 2050, engendrant une augmentation des besoins énergétiques. Concilier transition urbaine, étalement urbain (notamment dans les pays en développement) et respect de l'environnement est un enjeu essentiel.

C La difficile évaluation des ressources et des atteintes à l'environnement

1. Des estimations imprécises et variables

▮ L'évaluation des **réserves pétrolières** est une question très discutée (→ chap. 14), car tous les gisements n'ont pas été découverts. L'évolution des techniques permet déjà l'exploitation de nouvelles ressources, comme le pétrole et le gaz de schiste, mais ces techniques sont coûteuses et très néfastes pour l'environnement.

▮ L'ampleur des **défrichements** est également difficile à évaluer : chaque année, de vastes surfaces forestières disparaissent du fait de l'agriculture sur brûlis, mais cette disparition n'est que temporaire.

> L'**agriculture sur brûlis** est une technique agricole qui utilise le feu pour fertiliser les sols.

2. Des atteintes à l'environnement qui font débat

▮ Selon le Groupe intergouvernemental sur l'évolution du climat (GIEC), le **changement climatique** (→ chap. 14) est lié aux activités humaines. Pour d'autres scientifiques, très minoritaires, l'activité solaire serait en cause.

▮ La médiatisation excessive des atteintes à l'environnement entraîne souvent des simplifications : l'idée que le « désert avance » est fausse ; bien souvent, ce sont l'agriculture intensive ou le surpâturage sur des territoires semi-arides qui sont responsables de la désertification, comme par exemple en Australie.

> La **désertification** est la disparition du couvert végétal.

III Mettre en œuvre des modes durables de développement

A Définir d'autres modèles de développement

▪ Si les modes de développement actuels ne répondent pas aux besoins du présent et compromettent ceux des générations futures, il est nécessaire d'en définir d'autres, **plus durables et plus équitables**.

▪ La **durabilité** concerne :
- les ressources naturelles renouvelables (végétation, eau, vent) ou non renouvelables (combustibles fossiles, minerais) ;
- les ressources matérielles : finances, infrastructures, biens produits, réseaux.

▪ L'**équité sociale** passe par la recherche du bien-être de tous les individus. Elle implique donc une solidarité entre les pays développés et les pays en développement, mais aussi entre toutes les générations, présentes et futures.

▪ Tous les **acteurs** de la société civile ont un rôle à jouer en matière de développement durable. Ils doivent **penser à un niveau « global » et agir à un niveau local** :
- les **collectivités territoriales** peuvent mettre en place un Agenda 21 local (→ p. 150) ;
- les **associations** et les **ONG** mènent des actions découlant de leurs convictions écologiques et de leurs démarches humanitaires ;
- les **entreprises** et les **banques** peuvent intégrer le développement durable au sein de leur stratégie : limiter leur consommation énergétique et leurs déchets, instaurer de bonnes conditions de travail, privilégier les investissements socialement responsables (ISR) ou soutenir le microcrédit ;
- les **citoyens**, au quotidien, peuvent modifier leurs comportements (réduction de la consommation d'eau et d'énergie, tri des déchets, etc.).

> Le **microcrédit** est l'attribution de prêts de faible montant à des entrepreneurs ou à des artisans qui ne peuvent accéder aux prêts bancaires classiques.

▪ Néanmoins, tous ces acteurs n'ont pas la même conception de la durabilité. Pour certains, partisans de la **durabilité « forte »** et de l'écologie politique, il faut à tout prix préserver l'environnement, voire mettre un terme à la croissance économique actuelle, considérée comme « prédatrice ». D'autres, plus optimistes, défendent la **durabilité « faible »**, et pensent que les progrès techniques permettront dans l'avenir de concilier croissance économique et respect de l'environnement.

ZOOM

Les trois piliers du développement durable

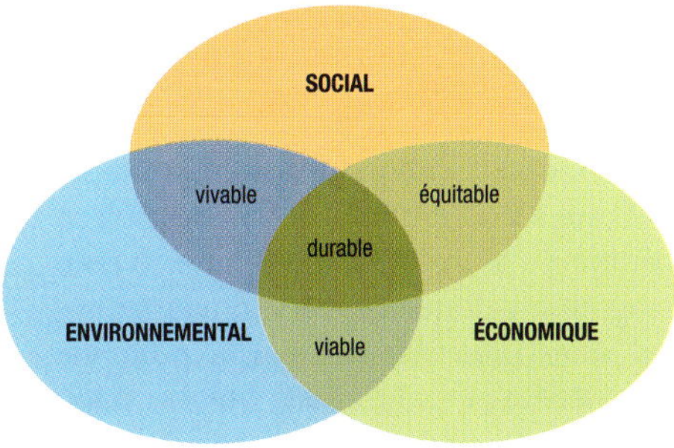

▶ Le développement durable concerne le **rapport entre la nature et les sociétés**. Il repose sur trois piliers : économique (la croissance), social (le développement) et environnemental (les milieux naturels).

▶ Il n'est donc pas synonyme d'écologie, mais plutôt d'un **compromis** entre des aspects souvent contradictoires : les intérêts des différentes générations, ceux des pays développés et des pays en développement, les besoins de tous les êtres humains, et la préservation de la Terre et de ses ressources.

▶ Ainsi, le développement économique d'un pays doit permettre une redistribution **équitable** des richesses entre les individus, tout en gardant leur environnement **vivable**. Toute activité économique doit respecter le principe de **viabilité**, c'est-à-dire qu'elle doit être rentable et s'inscrire dans le temps. Un tel développement s'inscrit dans la **durabilité** économique, sociale (entre les générations) et environnementale.

B Le développement durable, un concept ancien

▪ L'inquiétude concernant la dégradation de l'environnement apparaît au XIXe siècle, quand les premiers écologistes défendent la protection de certains espaces naturels : c'est la naissance des premiers **parcs nationaux** (Yellowstone, États-Unis, 1872).

▪ En 1972, le **Club de Rome**, groupe d'experts, dénonce les effets négatifs des Trente Glorieuses sur les ressources naturelles et préconise une « croissance zéro ». La même année, la conférence de Stockholm défend une gestion raisonnable des ressources, sans remettre en question la croissance. L'époque n'est pas encore favorable au développement durable, dans le contexte de l'émergence du Tiers Monde, pour lequel le développement est souvent synonyme d'industrialisation.

- La notion de développement durable est définie en 1987 dans le **rapport Brundtland**, rédigé en vue de la préparation du Sommet de la Terre, à Rio (→ zoom p. 149). Celui-ci se tient en 1992 et s'achève sur une Déclaration sur l'environnement et le développement, qui s'inscrit dans une démarche écologique. Un programme d'actions est élaboré, sous le nom d'**Agenda 21**. Ce programme donne des recommandations, non contraignantes, dans plusieurs domaines : pollution, gestion de l'eau, des déchets, etc. Les États doivent appliquer l'Agenda 21 aux niveaux national, régional et local.

Le rapport Brundtland définit le **développement durable** comme « le développement qui répond aux besoins du présent sans compromettre la capacité des générations futures à répondre aux leurs ».

- En 1997 est signé le **protocole de Kyoto** afin de lutter contre le changement climatique en réduisant l'émission de gaz à effet de serre. Mais certains pays, comme les États-Unis et la Chine, refusent de le ratifier.
- Dans les années 2000, les conférences et sommets internationaux se succèdent (Johannesburg, 2002, Copenhague, 2009), mais la lutte contre la pauvreté, considérée comme le terreau du terrorisme (contexte des attentats du 11 septembre 2001), fait passer au second plan le développement durable. Le **Sommet du millénaire** (2000) propose huit objectifs pour le développement. Un seul concerne directement le développement durable, les autres relevant d'une conception plus « traditionnelle » du développement (santé, lutte contre la pauvreté, etc.).

OBJECTIFS DU MILLÉNAIRE POUR LE DÉVELOPPEMENT

Ces objectifs ont été définis lors de la conférence de New York en 2000.

- Réduire l'extrême pauvreté.
- Assurer l'éducation primaire pour tous.
- Promouvoir l'égalité des sexes et l'autonomisation des femmes.
- Réduire la mortalité infantile.
- Améliorer la santé maternelle.
- Combattre le VIH, le paludisme et d'autres maladies.
- Préserver l'environnement.
- Mettre en place un partenariat mondial pour le développement.

Cependant, bien que de nombreux pays restent opposés à l'élaboration d'un **droit international de l'environnement** (les États-Unis, la Chine, le Brésil, l'Inde), l'idéologie du développement durable tend à remplacer celle du développement. La planète devient prioritaire dans les discours. Peut-elle l'être, alors, dans les actes ?

C Mettre en œuvre le développement durable

1. Comment mesurer le développement durable ?

Les instruments classiques (PIB, IDH) sont insuffisants pour mesurer le développement durable. Des indices ont donc été créés, qui concernent chacun un ou plusieurs piliers du développement durable :
- sur le plan économique, le **PIB vert** permet de prendre en compte le coût environnemental de la production ;
- sur le plan environnemental, on peut calculer le **bilan carbone** (ou le nombre de tonnes de CO_2 émises par une activité) et l'**empreinte écologique**, qui évalue les surfaces productives nécessaires pour satisfaire les besoins d'une population et l'absorption de ses déchets ;
- sur le plan social, l'IDH/PPA évalue le niveau réel du bien-être de la population.

> Le **produit intérieur brut** (PIB) est la somme des richesses produites dans un pays. Le PIB/hab. donne une indication sur le niveau de vie moyen par habitant.

2. Une mise en œuvre inégale dans le monde

L'Union européenne est très impliquée dans les actions de développement durable (réduction des pollutions, essor des énergies renouvelables, défense de la biodiversité, etc.). En application du protocole de Kyoto, chaque pays de l'UE a mis en place des **quotas carbone** par secteur d'activité, négociables et échangeables sur le marché européen. Les entreprises dépassant leurs quotas peuvent en acheter à d'autres qui n'ont pas atteint leur seuil. Ce système doit permettre de limiter les émissions de gaz à effet de serre et de lutter contre le réchauffement climatique.

Les États-Unis sont favorables à la création d'un marché international de la pollution, d'un **droit à polluer** moyennant finances.

Dans les pays en développement et les pays moins avancés, la priorité est de **répondre aux besoins vitaux** des populations. Le développement durable y apparaît comme un luxe venu du Nord, surtout pour les PMA. Quant aux pays émergents, ils ne souhaitent pas réduire leur consommation d'énergie, source de croissance économique pour eux.

Participation au protocole de Kyoto en janvier 2012

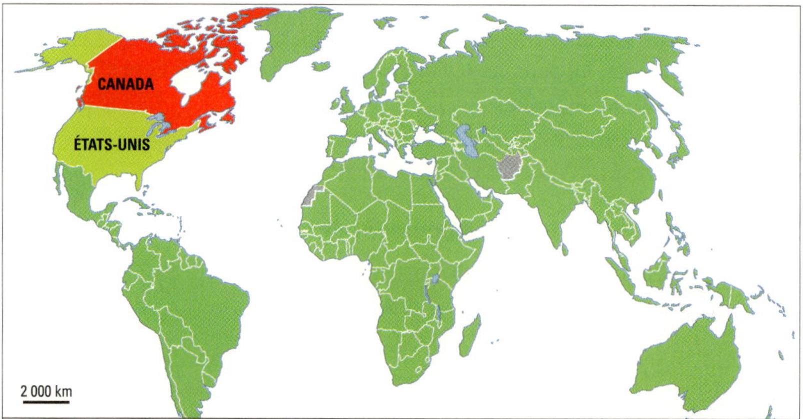

- Pays ayant signé et ratifié le protocole
- Pays ayant signé mais non ratifié le protocole
- Pays s'étant retiré du protocole
- Pays n'ayant ni signé ni ratifié

RÉCAPITULONS

La croissance démographique mondiale et l'inégal développement des société posent des défis pour l'avenir. Permettre à tous les hommes de mieux vivre, tout en respectant les ressources naturelles et l'environnement de la planète, est l'enjeu essentiel du développement durable.

Croissance démographique
- 7 milliards d'hommes aujourd'hui
- 9 milliards en 2050

Inégalités de développement à toutes les échelles

« Crise écologique »
- Dégradations de l'environnement
- Raréfaction des énergies fossiles

Des besoins de plus en plus nombreux
- Alimentation
- Eau potable
- Énergie

Mettre en œuvre de nouveaux modes de développement, plus durables et équitables

De nombreux acteurs
- Institutions internationales
- États et collectivités locales
- Entreprises, associations, citoyens

Réaliser une fiche de révision

LA DÉMARCHE

Relire le cours. Soulignez de différentes couleurs les thèmes du chapitre, les définitions, les chiffres à retenir.

Être concis. Votre fiche doit être brève (une demi-feuille A4) et la moins rédigée possible. Il faut donc utiliser des abréviations, couper ou enlever des mots, utiliser des symboles. Conservez les titres, les sous-titres et les définitions. Dans chaque paragraphe, reprenez l'idée essentielle, puis les idées secondaires, et enfin les exemples, chiffres ou dates associés.

Mettre en valeur les mots-clés. Pour chaque chapitre du programme, surlignez les notions que le correcteur recherchera dans votre copie.

L'EXEMPLE COMMENTÉ

Voici comment vous pourriez résumer la première partie du chapitre 11.

I Un développement inégal et déséquilibré à toutes les échelles

A. Définir et mesurer le développement

- Dvpt = améliorat° des condit° de vie (revenus, condit° sociales, démocratie).
- IDH mesure le dvpt (de 0 à 1) : espérance de vie + scolarisat° + RNB/PPA.
- IDH ≠ richesse (PIB/hab) ou ressources naturelles et humaines d'un pays.

B. Les inégalités à l'échelle mondiale

- Expression Nord/Sud de – en – utilisée car limite difficile à tracer.
- Pays développés : Triade (USA + Eur + Jap) + Australie, NZ, Israël plus petits pays pétroliers + Dragons. Centres d'impulsion de la mondialisation. IDH = 0,9.
- Pays émergents : Chine (surtout ZES), Inde (géant démographique), Tigres asiatiques, Brésil (et bcp de pays d'Am. lat.), pays rentiers (pétrole : Russie, Arabie Saoudite, Libye), Afrique du Sud. IDH = entre 0,7 et 0,8.
- Pays intermédiaires : les + nbreux, dépendants du Nord (ruraux et agricoles).
- PMA : pays les moins avancés (les + pauvres). IDH ≤ 0,5.

C. Les inégalités à l'échelle régionale et locale

- À l'échelle d'un continent/pays : littoraux et sud (héliotropisme, effet « Sun Belt ») + développés.
- À l'échelle d'une ville : ségrégation sociospatiale centre-ville/ghettos ou quartiers défavorisés ou informels (bidonvilles).

VÉRIFIER SES CONNAISSANCES

1 Définir

a. PMA b. Croissance démographique

2 Expliquer

a. Qu'est-ce qu'une échelle ? Quelles sont les différentes échelles d'étude en géographie ?

b. Pourquoi est-il nécessaire d'envisager de nouveaux modes de développement pour l'avenir ?

S'ENTRAÎNER

3 Réaliser un schéma

Expliquez brièvement ce qu'est l'IDH, puis montrez, à l'aide d'un schéma, les paramètres qu'il prend en compte.

POUR VOUS AIDER

- Reprenez le début du cours, qui décrit les différents éléments inclus dans le calcul de l'IDH.
- Réfléchissez à la manière dont ils s'organisent entre eux : quel aspect du bien-être d'une population permettent-ils d'évaluer ? Comment pourriez-vous les placer sur un schéma de façon à rendre **visuellement explicite** la signification et l'intérêt de l'IDH ?

VÉRIFIER SES CONNAISSANCES

1 Définir

a. Les PMA sont les **pays les moins avancés**. Ce sont les pays les plus pauvres, ayant les IDH les plus faibles de la planète (inférieur à 0,5). On en compte 48, dont 33 en Afrique.

b. La croissance démographique est la **variation d'une population dans le temps**. Elle résulte de l'accroissement naturel (différence entre le nombre de naissances et le nombre de décès) et du solde migratoire (différence entre le nombre d'arrivées et le nombre de départs).

Ceux qui arrivent dans un pays sont les **immigrants**, ceux qui le quittent sont les **émigrants**.

2 Expliquer

a. Une échelle est un **rapport de réduction** entre une distance réelle et sa reproduction sur une carte. Les principales échelles d'étude en géographie sont l'échelle mondiale, l'échelle régionale (une région du monde, comme le Sud-Est asiatique ou l'Amérique du Sud; on parle aussi de sous-continent), l'échelle nationale (un pays), l'échelle locale (une ville, mais aussi un département, une région, c'est-à-dire des territoires de proximité). Une **grande échelle** représente un espace réduit, de façon précise, alors qu'une **petite échelle** représente un espace plus vaste (État, continent).

> Raisonner en termes d'échelle est souvent une bonne démarche face à un sujet de géographie. Cela vous aidera à voir la diversité d'un phénomène et à construire un plan.

b. Les modes de développement actuels ne parviennent pas à combler les **contrastes** entre pays développés et pays en développement, et mettent en péril l'**environnement planétaire**. Il est donc nécessaire d'inventer de nouveaux modes de développement, plus soucieux du niveau et des conditions de vie des populations, et plus respectueux de l'environnement et des générations futures.

S'ENTRAÎNER

3 Réaliser un schéma

L'IDH est l'**indice de développement humain**. C'est un nombre compris entre 0 et 1 (1 correspondant au niveau de développement le plus élevé), qui permet d'évaluer le niveau de bien-être d'une population. Il fait la synthèse de plusieurs éléments, comme on le voit sur le schéma ci-dessous.

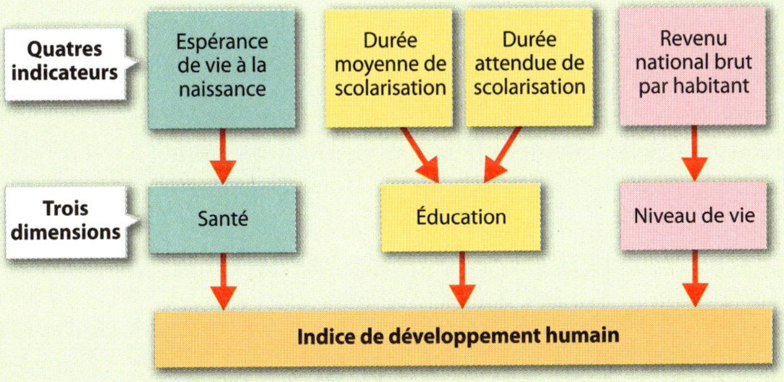

CHAPITRE

12 Nourrir les hommes

La croissance démographique engendre une augmentation des besoins alimentaires : nourrir 7 milliards d'hommes est un enjeu essentiel. Même si la faim dans le monde recule depuis quelques années, elle reste présente dans de nombreux pays en développement et concerne encore un humain sur huit. Réorganiser la production agricole mondiale est donc nécessaire pour nourrir une population de 9 milliards d'hommes en 2050. Comment assurer la sécurité alimentaire de la planète tout en préservant les milieux naturels ? Peut-on envisager une agriculture durable ?

I Une population nombreuse qu'il faut nourrir

A Des besoins alimentaires globalement satisfaits...

- Dans les pays développés, où la croissance démographique (→ chap. 11) est faible, les **besoins alimentaires** sont stables. Mais dans les pays en développement, qui connaissent un accroissement naturel plus rapide, les besoins alimentaires augmentent chaque année.
- Alors que la population mondiale a augmenté de 45 % depuis 30 ans, le nombre de terres cultivées n'a augmenté que de 5 %. Pourtant, la disponibilité alimentaire moyenne est passée, pendant la même période, de 2 250 à 2 800 kcal./j/hab. (la ration nécessaire étant estimée à 2 500 kcal./j/hab.).
- L'avenir alimentaire de la Terre ne semble donc pas inquiétant mais la disponibilité alimentaire est **inégalement répartie** dans le monde. Pour assurer la sécurité alimentaire, l'agriculture doit produire davantage.

La **disponibilité alimentaire**, exprimée en kcal./j./pers., est la quantité d'aliments de qualité appropriée dont dispose une population, grâce à la production nationale et aux importations.

ZOOM

Les systèmes agricoles dans le monde

▲Moisson de blé dans l'État de Washington (États-Unis)

Agriculture commerciale

• *Objectif* : commercialiser la production au niveau national ou mondial et assurer le meilleur revenu.

• *Caractéristiques* : agriculture mécanisée, productiviste, nécessitant beaucoup de capitaux. Exploitations de grande taille, recherche agronomique pour améliorer les rendements.

• *Produits cultivés* :
– céréales (blé, orge), oléagineux (soja, arachide, palmiers à huile) ;
– cultures sous serre (fruits, légumes) ;
– cultures de plantation : thé, café, cacao ;
– élevage intensif (hors sol).

• *Méthode de production* : agriculture intensive utilisant de nombreux intrants (pesticides, insecticides, engrais, parfois OGM), main-d'œuvre peu nombreuse ou saisonnière.

Agriculture vivrière

• *Objectif* : se nourrir et commercialiser les excédents sur le marché local ou national.

• *Caractéristiques* : agriculture peu mécanisée mais qui se modernise.

• *Produits cultivés* : maïs, riz, mil, sorgho. Élevage modeste.

• *Méthode de production* : agriculture extensive ou itinérante, parfois sur brûlis, main-d'œuvre nombreuse.

▲Récolte du riz près de Tombouctou (Mali)

B ... grâce à des agricultures performantes

> Le **rendement** correspond à la quantité produite par unité de surface, tandis que la **productivité** est le rapport entre la production et les moyens (financiers, matériels et humains) mis en œuvre pour l'obtenir.

- Trois moyens ont permis à l'agriculture mondiale d'être performante : l'augmentation des rendements et de la productivité, la croissance des surfaces cultivées et l'extension de l'irrigation.

- Dans les pays industrialisés et développés, une agriculture intensive a été mise en place (→ zoom p. 157). Se souciant plus des quantités produites que de la qualité, elle est aussi qualifiée de **productiviste**. Elle est souvent subventionnée par les États.

- De nombreux pays en développement, tels que l'Inde, ont réalisé leur « **révolution verte** » en mécanisant l'agriculture, en introduisant des engrais, des pesticides et des semences à hauts rendements, et en recourant à l'irrigation. Cela leur a permis d'assurer leur **autosuffisance alimentaire**. Néanmoins, selon la FAO (Organisation des Nations unies pour l'alimentation et l'agriculture), environ 500 millions de paysans n'ont encore accès à aucun de ces progrès.

- Les **surfaces irriguées** fournissent aujourd'hui un tiers de la production alimentaire mondiale. De même, l'**augmentation des surfaces cultivées** a été réalisée grâce à la conquête de nouvelles terres, comme par exemple au Brésil avec l'exploitation des fronts pionniers. Mais partout, l'étalement des villes réduit l'espace cultivable et certains pays, comme la Chine ou la Corée du Sud, achètent des terres à d'autres pays, notamment d'Afrique.

> On appelle **front pionnier** un nouvel espace de mise en valeur et d'intégration à l'espace habité.

C Une agriculture de plus en plus mondialisée

- L'intégration des agricultures nationales dans le **marché mondial** s'est accélérée dans les années 1980. Aujourd'hui, le marché agricole est dominé par les États-Unis, l'Union européenne, le Brésil, le Canada, l'Australie et l'Argentine.

- Ces pays disposent d'un véritable pouvoir – que l'on nomme parfois « **arme alimentaire** » ou « arme verte » – à la fois économique (ils peuvent influencer les prix du marché) et politique (ils peuvent utiliser l'embargo ou l'aide alimentaire comme moyen de pression).

- Les agriculteurs sont donc de plus en plus soumis aux **fluctuations des cours** des produits agricoles, dont la valeur est fixée dans quelques places boursières comme Chicago. L'agriculture est progressivement intégrée à un vaste **système agro-industriel** (→ zoom p. 159).

ZOOM

Le système agro-industriel

AMONT : avant les productions	
Industries agricoles de base	**Services**
- machines agricoles - aliments pour bétail - semences - engrais, pesticides	- banques, assurances - encadrement technique et scientifique (recherche) - entreprises de travaux agricoles

↓

Production agricole
céréales, fruits, légumes, élevages

↓

AVAL : après les productions		
Transport et stockage vers les lieux	**Transformation**	**Distribution**
- de transformation - de vente - d'exportation	- industries agro-alimentaires - emballages	- commerce de gros et de détail - restauration - grandes surfaces - publicité

secteur primaire

secteur secondaire (industrie : transformation des matières premières)

secteur tertiaire (services)

▶ L'**agrobusiness** ou système agro-industriel est l'ensemble des activités associées pour la production, la transformation et la commercialisation des denrées agricoles. Ces activités sont en général contrôlées par de grandes **firmes transnationales** appartenant aux grandes puissances agricoles.

▶ Ainsi Nestlé, Danone, Cargill sont de **grands groupes agroalimentaires** dont dépendent de plus en plus les agriculteurs pour la transformation et le conditionnement de leurs produits. Les **grandes firmes de distribution** (Walmart, Carrefour) ou les chaînes de restauration rapide (McDonald's) interviennent également dans la fixation des prix.

▶ Les intermédiaires sont donc nombreux, ce qui réduit la marge des **agriculteurs**. Cependant, être fournisseur d'un grand groupe agroalimentaire leur garantit la vente de leur production et une certaine sécurité de revenu.

II Un défi à relever : la sécurité alimentaire

A La faim dans le monde

1. Des disparités à l'échelle mondiale...

La **sous-nutrition** est le fait de disposer d'une ration alimentaire quotidienne inférieure à 2 200 kcal.

- Mieux se nourrir, c'est disposer d'un apport calorique à la fois suffisant, pour éviter la sous-nutrition, et équilibré, pour éviter la **malnutrition**.
- En 2009, plus d'un milliard d'hommes souffraient de la faim dans le monde ; aujourd'hui, ils sont **868 millions, soit 12 % de la population mondiale**. Même si des progrès ont été effectués, conformément aux Objectifs du millénaire fixés par l'ONU, une vingtaine de pays restent dans une situation alimentaire alarmante, surtout en Afrique subsaharienne et en Asie du Sud.
- Les populations africaines et asiatiques continuent en effet de recevoir un apport en protéines animales insuffisant. Elles sont au début de leur **transition alimentaire** : la part d'aliments d'origine animale est encore inférieure à la part d'aliments d'origine végétale dans leur régime alimentaire.

2. ... et à l'échelle nationale

- Même lorsque la production alimentaire d'un pays est excédentaire, **certaines régions ou catégories sociales** ne disposent pas d'une alimentation correcte : c'est le cas au Brésil et en Inde par exemple. Cette situation a tendance à s'aggraver avec l'augmentation des prix des denrées agricoles à l'échelle mondiale. Des émeutes de la faim éclatent même régulièrement dans les pays les plus touchés (Thaïlande, Égypte).
- À une échelle encore plus fine, on observe dans les pays en développement des **déséquilibres alimentaires** entre les villes, moins bien nourries, éloignées des productions agricoles, et les campagnes. Alors que l'urbanisation augmente (50 % de la population mondiale vit en ville), le phénomène s'amplifie.
- À l'opposé, les pays développés sont de plus en plus touchés par la **surnutrition**, notamment aux États-Unis et en Europe de l'Ouest, où l'**obésité** est devenue un problème de santé publique : elle touche environ 35 % des Américains de nos jours.

B Les déséquilibres à l'origine de la faim dans le monde

1. Le défi de la sécurité alimentaire

- La faim perdure dans le monde car elle est due à un **problème de répartition des disponibilités alimentaires** : dans les pays développés, les hommes consomment en moyenne 3 359 kcal./j. contre un peu plus de 2 000 kcal./j. dans les PED.
- La **sécurité alimentaire d'un pays** (→ zoom p. 162) dépend de sa croissance économique, de sa stabilité politique et de ses capacités techniques : un pays doit pouvoir acheter des semences, cultiver, stocker et transporter les productions agricoles. Or 30 % des récoltes, 40 % des fruits et légumes, seraient perdus chaque année dans les pays pauvres, faute de **moyens de stockage** adaptés. Et les insuffisances des infrastructures de transport nuisent souvent au bon approvisionnement de toutes les régions d'un pays.
- Cependant, les famines sont exceptionnelles depuis vingt ans. Elles sont essentiellement causées par les guerres ou des tensions politiques. Elles touchent en premier lieu les **minorités** ethniques ou religieuses persécutées par certains États, qui entravent l'acheminement de l'aide alimentaire jusqu'aux régions concernées, ou empêchent ces minorités de migrer à la recherche de nouvelles terres à cultiver.

> La **famine** est le manque absolu de nourriture, entraînant la mort à brève échéance.

- Des **crises alimentaires**, c'est-à-dire des pénuries temporaires de nourriture, peuvent résulter d'aléas climatiques (sécheresse, inondations) ou de catastrophes naturelles, comme les tremblements de terre (Haïti en janvier 2010), les tsunamis, les inondations.

2. L'alimentation concurrencée

- L'utilisation des agrocarburants, qui se développe (canne à sucre, maïs), détourne une partie des surfaces agricoles destinées à nourrir les hommes vers une utilisation énergétique.

> Les **agrocarburants** (ou biocarburants) sont des combustibles liquides d'origine agricole.

- L'**augmentation de la consommation de viande** dans le monde entraîne la hausse de la production de céréales (soja) destinées à nourrir le bétail et réduit la surface cultivée pour les hommes. Elle est également génératrice d'émissions de gaz à effet de serre.
- La **rareté de la production agricole** destinée aux hommes engendre donc une hausse des prix : se nourrir coûte de plus en plus cher et de nombreux êtres humains n'ont pas les moyens financiers d'accéder aux ressources alimentaires, alors même qu'elles sont présentes sur les marchés.

ZOOM

L'insécurité alimentaire dans le monde (2010-2012)

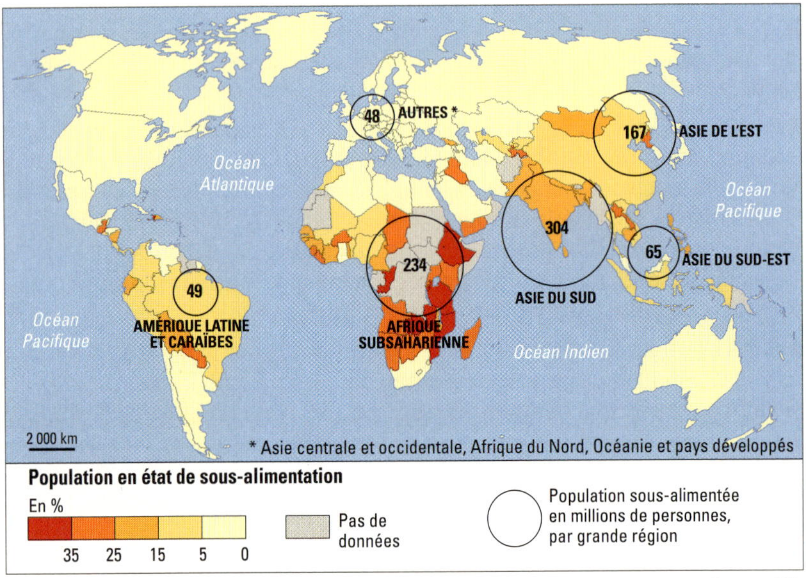

Source : FAO.

▶ La notion de sécurité alimentaire est complexe car elle possède plusieurs sens :

– le premier est la **sécurité des aliments**, c'est-à-dire leur qualité sanitaire ;

– le deuxième est la **satisfaction des besoins nutritionnels** des hommes, qui s'exprime en kilocalories par jour et par personne (kcal./j./pers.), en fonction de l'âge, du poids et du sexe d'un individu ;

– le troisième se rapporte à la **souveraineté alimentaire d'un pays**, qui ne doit pas être excessivement dépendant des importations pour nourrir sa population.

▶ Cette carte se rapporte au deuxième sens de la sécurité alimentaire. Il faut souligner que l'autosuffisance alimentaire d'un pays ne permet pas forcément de la garantir pour toute la population : ainsi en Inde, de nombreux pauvres, « sans terre », souffrent de la faim.

C Les menaces de l'agriculture productiviste sur la santé

En agriculture, les **intrants** sont tous les produits apportés aux cultures et aux terres : engrais, produits phytosanitaires souvent chimiques, semences.

■ **L'utilisation intensive des** intrants pollue les eaux et peut nuire gravement à la santé des hommes (cancers, malformations, stérilité). Ainsi aux Antilles, le chlordécone, pesticide utilisé sur les bananiers, a eu des effets désastreux.

■ La formation d'**algues vertes** dans l'océan (appelé aussi eutrophisation) est liée à l'**élevage intensif hors sol** des porcs (en batterie). En effet, le lisier s'infiltre dans les sols, pollue les nappes phréatiques et se déverse dans les eaux marines, où les nitrates qu'il contient favorisent la formation d'algues vertes. Échouées sur les plages, celles-ci émettent des gaz toxiques pour l'homme (→ chap. 17, p. 235).

■ L'emploi de **farines animales** pour nourrir le bétail comporte des risques pour la santé des animaux et des hommes : dans les années 1990, elles ont été responsables d'une épidémie d'ESB ou « maladie de la vache folle », transmissible à l'homme sous la forme d'une variante de la maladie de Creutzfeld-Jakob.

III Développer des agricultures durables

A Une nécessité pour l'environnement et le développement

■ Qu'elle soit **intensive** (à forts rendements) ou **extensive** (sur de vastes surfaces mais à faibles rendements), l'agriculture, telle qu'elle est pratiquée aujourd'hui dans le monde, a des retombées néfastes sur l'environnement, en particulier pour les sols et les réserves en eau.

■ **L'intégration de l'agriculture à l'agrobusiness est source de déséquilibres**. Les agricultures des PED dépendent en effet des cours agricoles mondiaux et du prix des hydrocarbures, pour le transport. Elles se trouvent mises en concurrence avec les agricultures des pays développés, beaucoup plus puissantes et souvent soutenues par des subventions, comme c'est le cas aux États-Unis ou dans l'Union européenne.

■ Partout, **les exploitants agricoles sont fragilisés** : ils s'endettent pour acheter les semences et les produits phytosanitaires afin de répondre aux exigences des firmes agroalimentaires et de la grande distribution.

	Agriculture intensive	Agriculture extensive
Menaces pour les sols	• Tassement par les machines • Appauvrissement par les engrais • Érosion par l'arrachage des haies (ruissellement des eaux de pluie)	• Érosion à cause du défrichement • Déforestation • Surpâturage
Menaces pour l'eau	• Baisse du niveau des nappes phréatiques à cause de l'irrigation • Pollution des nappes phréatiques • Eutrophisation (algues vertes)	Baisse du niveau des nappes phréatiques

B Agriculture raisonnée et agriculture biologique : des solutions ?

Pour relever ces défis, émerge la volonté de mettre en place des systèmes agricoles répondant aux impératifs du développement durable, c'est-à-dire « écologiquement sains, économiquement viables et socialement équitables ».

- L'**agriculture raisonnée** limite l'usage des produits chimiques, afin de maîtriser les risques sanitaires, et assure le bien-être des animaux. C'est une agriculture de « bon sens » qui privilégie l'adaptation des plantes cultivées au terroir.

- L'**agriculture biologique** va plus loin, rejetant tout produit chimique. Elle associe plusieurs espèces sur la même parcelle afin de limiter la prolifération de parasites ravageurs. Elle exploite au mieux les conditions géographiques locales, mais elle concerne encore peu de surfaces cultivées (moins de 1 % des terres cultivées dans le monde, soit un peu plus de 37 millions d'hectares). En France, moins de 3 % des terres cultivées bénéficient du label de qualité AB (pour « agriculture biologique »).

Un **label** est un signe d'identification apposé sur un produit pour préciser qu'il respecte des normes de qualité ou pour indiquer sa provenance ou son origine.

C Des agricultures durables à inventer

1. Limiter l'impact de l'agriculture sur l'environnement

■ Des solutions existent pour **réduire le coût carbone** des produits alimentaires. Mais si cela demande un effort de la part des producteurs (par ex., en cultivant des variétés adaptées au climat et au sol), cela implique un **changement de mentalité** chez les consommateurs, notamment dans les pays développés : manger des fruits et légumes de saison, consommer des aliments produits localement, diminuer sa consommation de viande…

■ Dans les régions arides, on pourrait **réduire l'irrigation** en utilisant des techniques peu consommatrices d'eau, comme le goutte-à-goutte, ou en cultivant des plantes plus résistantes à l'aridité.

2. Soutenir les petits producteurs

■ Afin d'**améliorer les revenus des agriculteurs** et de disposer de produits de qualité, des groupes de consommateurs achètent directement à de petits producteurs, diminuant ainsi le nombre d'intermédiaires. Cette pratique existe en France, avec le réseau AMAP par exemple (association pour le maintien de l'agriculture paysanne).

■ Le **commerce équitable** garantit des prix stables et 30 à 40 % plus élevés, et des conditions de travail décentes aux producteurs du Sud. Les productions concernées sont surtout la banane, le coton, le café, le cacao et le sucre. Commercialisées dans les pays développés par certaines marques ou des labels comme Max Havelaar, elles dégagent des bénéfices qui doivent être en partie investis dans le développement local des régions productrices.

3. Produire des OGM ?

> Les **OGM** sont des organismes génétiquement modifiés par l'introduction d'un ou plusieurs gènes provenant d'une autre espèce, afin de leur conférer des propriétés nouvelles.

■ Afin de **réduire l'irrigation, l'utilisation d'engrais et de pesticides**, les chercheurs ont mis au point des organismes génétiquement modifiés (OGM), qui résistent particulièrement bien aux parasites, aux insectes et aux sécheresses. Mais les OGM présentent des **risques** agronomiques (dissémination) et sans doute sanitaires. En outre, ils nécessitent chaque année l'achat de nouvelles semences, très coûteuses pour les producteurs.

■ C'est pourquoi la France a adopté un **principe de précaution** au sujet des OGM et interdit leur mise en vente. Cependant, d'autres pays comme le Brésil, l'Inde et les États-Unis produisent beaucoup de maïs et de soja à partir de semences génétiquement modifiées.

RÉCAPITULONS

La croissance des productions agricoles permet de nourrir une population qui devrait atteindre les 9 milliards d'hommes en 2050. Mais l'insécurité alimentaire persiste et, face aux menaces sanitaires et environnementales de l'agriculture intensive, il est nécessaire que l'agriculture mondiale s'oriente vers des modes durables de production.

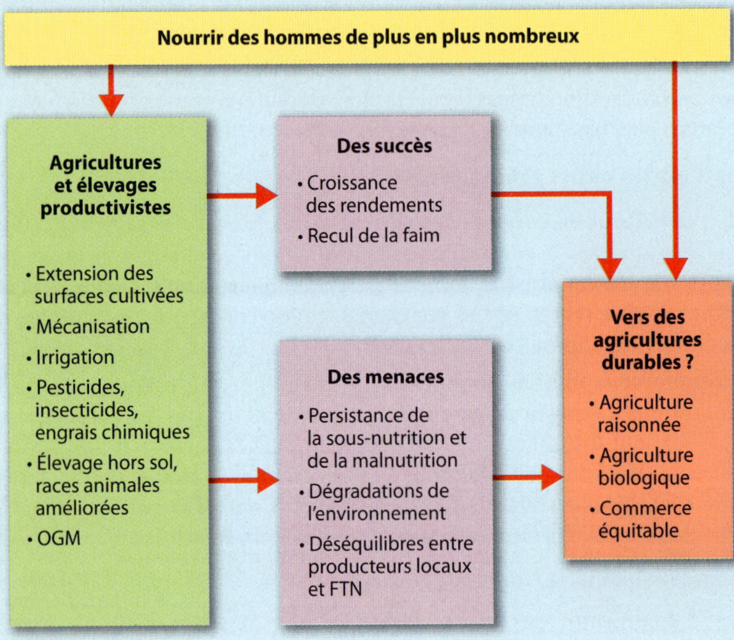

Analyser une carte géographique

LA DÉMARCHE

Identifier le sujet. Regardez la carte et lisez son titre, sa source et son échelle. Quel espace est cartographié ? Quel est le thème traité ? Soyez attentif à la légende : que représentent les figurés ?

Localiser et décrire les phénomènes. Vous devez établir des seuils d'observation : allez toujours du général au particulier, des espaces où le phénomène présente de fortes valeurs aux espaces où il a les valeurs les plus faibles. N'oubliez pas la dimension critique : qu'est-ce que la carte ne montre pas ?

Expliquer les observations faites. Prenez appui sur les données de la carte et sur vos connaissances.

L'EXEMPLE COMMENTÉ

DOCUMENT **Pays producteurs d'OGM (2009)**

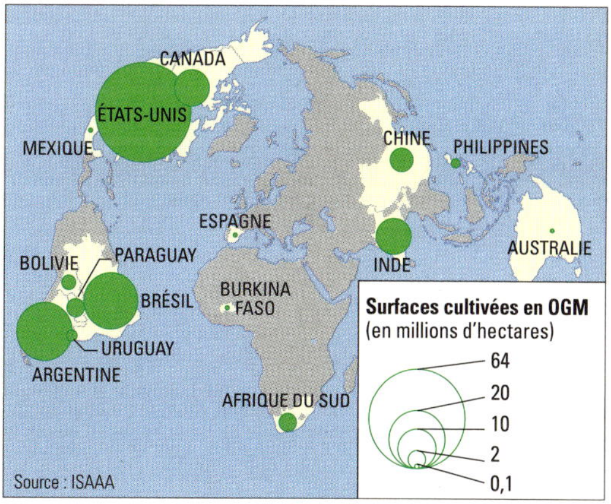

Identifier le sujet. Il s'agit d'un planisphère montrant la localisation des surfaces cultivées en OGM (organismes génétiquement modifiés) dans le monde.

Localiser et décrire les phénomènes. Les pays possédant le plus de cultures OGM sont les États-Unis, l'Argentine et le Brésil. La Chine, le Canada, l'Inde et l'Afrique du Sud en cultivent en plus petite proportion, tandis que le reste du monde n'en cultive pratiquement pas.

Expliquer les observations faites. Les « géants agricoles » ont opté pour une agriculture productiviste. L'Inde et la Chine doivent assurer leur sécurité alimentaire. Les petits producteurs d'OGM visent la souveraineté alimentaire (Bolivie) ou cultivent le coton OGM afin d'exporter leur production (Burkina Faso). La méfiance vis-à-vis des effets des OGM explique aussi les zones grises de la carte.

VÉRIFIER SES CONNAISSANCES

1 Définir

a. Rendement et productivité

b. Agriculture intensive et agriculture extensive

c. Agriculture productiviste et agriculture vivrière

2 Expliquer

a. Quelles sont les conséquences de l'agriculture productiviste sur l'environnement ?

b. Pourquoi l'utilisation d'OGM fait-elle débat ?

S'ENTRAÎNER

3 Analyser une carte géographique

Étudiez la carte de l'insécurité alimentaire (→ p. 162) en suivant la démarche proposée dans la fiche méthode (→ p. 167).

VÉRIFIER SES CONNAISSANCES

1 Définir

a. La **productivité** est le rapport entre la production et les moyens mis en œuvre pour l'obtenir (temps de travail, capital). Le **rendement** est la quantité produite par unité de surface.

b. L'agriculture **intensive** se pratique sur des surfaces limitées et fournit de hauts rendements. L'agriculture **extensive** se pratique sur de vastes espaces et obtient des rendements plus faibles ; il s'agit le plus souvent d'élevage.

c. L'agriculture **productiviste** est une agriculture intensive et commerciale, peu soucieuse de la qualité alimentaire, du bien-être animal et de l'environnement. Ce terme plutôt péjoratif désigne notamment l'élevage hors sol (en batterie) mais aussi toute culture dont le seul but est d'assurer des rendements et des revenus les plus élevés possibles. L'agriculture **vivrière** fournit la nourriture nécessaire à l'alimentation d'une famille. Le surplus est vendu sur les marchés locaux ; il ne procure qu'un revenu très modeste.

> Vous devez montrer que vous distinguez bien les deux termes à définir.

2 Expliquer

a. Les conséquences de l'agriculture productiviste sur l'environnement sont multiples. L'**emploi croissant d'engrais et de produits chimiques** fait augmenter la teneur en nitrate des eaux et dégrade les sols. Tassés par l'utilisation intensive des machines, ces derniers s'érodent, ce qui accroît les risques d'inondation. L'**irrigation intensive** épuise les nappes phréatiques, comme c'est le cas par exemple en Inde. L'État indien est donc à la recherche d'une «**révolution doublement verte**» c'est-à-dire alliant respect de l'environnement, productivité et durabilité économique et sociale.

b. L'utilisation des OGM fait naître des **espoirs**: meilleures récoltes, résistance des cultures aux intempéries et aux parasites. Les OGM pourraient permettre d'assurer la sécurité alimentaire mondiale. Toutefois, on les soupçonne de présenter des **risques** pour la santé des consommateurs et pour les cultures environnantes. C'est pourquoi certains groupes altermondialistes entreprennent des «fauchages sauvages». Les firmes produisant les OGM, comme Monsanto aux États-Unis, font réaliser des études sur la qualité sanitaire des aliments génétiquement modifiés. Leurs observations s'opérant sur de courtes durées (3 mois) sont sources de débats entre scientifiques dont certains ont présenté des résultats alarmants après des études beaucoup plus longues (malformations sur des rats). Le débat est loin de s'éteindre.

S'ENTRAÎNER

3 Analyser une carte géographique

1. [Identifier le sujet]

Le document proposé est un planisphère indiquant le pourcentage de personnes souffrant de **sous-alimentation** dans chaque pays, ainsi que le nombre de personnes touchées par continent. Les chiffres représentent une moyenne pour les années 2010-2012. Ce planisphère a été produit par la FAO (Organisation des Nations unies pour l'alimentation et l'agriculture), en 2012. Il représente un espace à l'échelle mondiale; les seuils choisis font apparaître cinq niveaux de sous-alimentation, du plus élevé (rouge) au plus faible (jaune pâle).

Identifier la **source d'un document** permet d'évaluer la fiabilité des informations qu'il donne. Ici, il s'agit d'une source institutionnelle, spécialisée dans les questions de la faim et de l'alimentation : vous pouvez la considérer comme fiable.

2. [Localiser et décrire les phénomènes]

On repère trois types d'espaces :

- des espaces où le phénomène présente de **fortes valeurs** : les régions où la population souffrant de sous-alimentation est supérieure à 25 % (Afrique subsaharienne) ;
- des espaces où le phénomène présente de **faibles valeurs** : les régions où moins de 5 % de la population est touchée par le phénomène (Europe, Amérique du Nord, Russie, sud de l'Amérique latine, Afrique du Sud, Maghreb, Océanie) ;
- des **espaces intermédiaires** : les régions où 5 à 25 % de la population est touchée par le phénomène (Asie, Amérique latine, Afrique de l'Ouest).

Les pays riches et développés, peu touchés, s'opposent aux pays en développement, où les situations sont diverses.

Il est important de dégager de la carte une logique d'organisation spatiale globale.

3. [Expliquer les observations faites]

La sous-alimentation est particulièrement révélatrice des **inégalités de développement dans le monde**. Les PMA, situés pour l'essentiel en Afrique subsaharienne, sont les plus touchés : 234 millions de personnes y souffrent de la faim. Les conflits, une agriculture vivrière extensive, les conditions naturelles et surtout la pauvreté des États expliquent cette situation (difficulté de stockage, pouvoir d'achat insuffisant face aux fluctuations mondiales des prix). L'Asie est moins touchée en pourcentage de la population, mais le nombre de victimes de la faim y est le plus important : 536 millions. Dans un pays comme l'Inde, la révolution verte assure l'autosuffisance alimentaire, mais les fruits du travail agricole sont inégalement répartis. L'Asie du Sud, où ont éclaté des émeutes de la faim, est plus touchée que l'Asie de l'Est.

Un pays atteint l'**autosuffisance alimentaire** quand sa production agricole lui permet de couvrir tous ses besoins alimentaires.

Les **pays du Nord** sont les moins concernés par le phénomène, même si 15 millions de personnes y souffrent de sous-alimentation. Dans les « poches de pauvreté » de ces pays, la malnutrition est plus présente que la sous-alimentation.

En 2009, la sous-alimentation concernait un milliard d'individus ; aujourd'hui, ce chiffre s'élève à environ 860 millions. La situation de la faim dans le monde reste donc très préoccupante. En 2000, l'un des **Objectifs du millénaire de l'ONU** était de passer sous la barre des 500 millions de personnes souffrant de la faim en 2015 : il sera difficile à atteindre.

www.annabac.com

CHAPITRE

13 L'eau, une ressource essentielle

La consommation d'eau augmente plus vite que la croissance de la population dans le monde. Aujourd'hui, alors que près de 800 millions d'hommes n'ont pas accès à l'eau potable, la répartition de cette ressource provoque des tensions et rend nécessaires des aménagements pour la maîtriser. Comment gérer durablement les ressources en eau ?

I L'eau, une ressource rare et essentielle

A Une ressource difficilement accessible

- Recouverte aux trois quarts d'eau, la Terre mérite son surnom de « **planète bleue** ». Le volume global d'eau est gigantesque, mais il est constitué à 97 % d'eau salée, provenant des mers et des océans, et à seulement 3 % d'eau douce.

- **Cette eau douce est inégalement accessible :**
- 68 % est emprisonnée dans les glaciers ;
- 31 % est localisée dans des nappes souterraines profondes, ou nappes artésiennes, qui sont des nappes fossiles (donc non renouvelables) situées à 1 000-1 500 mètres de profondeur (notamment dans le Sahara) ;
- 1 % provient des précipitations et est stockée dans **les lacs, les rivières et les nappes phréatiques** (proches de la surface). Seule cette part infime est utilisable par l'homme.

- Il faut, pour accéder à l'eau, posséder les capacités financières pour maîtriser les techniques de pompage, de stockage et surtout de distribution. L'accès à l'eau dépend donc essentiellement du **niveau de développement économique** des sociétés.

- L'eau est une **ressource renouvelable** (à l'exception des nappes d'eau fossiles) : grâce au **cycle de l'eau**, la quantité d'eau disponible sur la planète est toujours la même (→ zoom p. 173).

B Une ressource inégalement répartie sur Terre

Bien que les ressources mondiales en eau soient suffisantes pour répondre à l'ensemble des besoins humains, elles sont inégalement réparties.

- **Les régions les plus arrosées** sont les régions équatoriales, les régions soumises aux vents de mousson (Asie du Sud), les régions tempérées d'Europe et les façades orientales des continents. Ces régions concentrent la quasi-totalité de l'**écoulement terrestre annuel**: leur bilan hydrique est positif.

> Le **bilan hydrique** correspond à l'état des ressources en eau compte tenu des gains (pluies) et des pertes (évaporation).

- **Les régions arides et semi-arides ne reçoivent que 2 % des précipitations** (moins de 200 mm par an et forte évaporation) alors qu'elles couvrent 40 % des continents. Ces régions, situées le long des tropiques (déserts chauds) et dans l'intérieur de l'Amérique et de l'Asie (déserts froids), ont un bilan hydrique **déficitaire**.

- Les inégalités de disponibilité en eau existent aussi **entre les continents, les pays** (→ zoom p. 175) **et les régions**. Douze géants mondiaux (Brésil, Russie, Canada, Chine...) représentent 75 % de l'écoulement terrestre ; à l'inverse, la Jordanie ou la Libye, très arides, disposent de ressources très limitées (moins d'1 km³/an). Grâce à l'Amazone, le Brésil se classe au 1er rang mondial pour la ressource totale en eau (7 000 km³/an), mais la région du Nordeste est en proie à des sécheresses récurrentes.

> L'**aridité** est l'insuffisance quasi permanente de précipitations, alors que la **sécheresse** est une insuffisance temporaire d'eau.

- La disponibilité en eau **varie également dans le temps**. Ainsi, les régions tropicales ont une saison sèche qui s'allonge à mesure que l'on s'éloigne de l'équateur; les régions méditerranéennes connaissent des sécheresses estivales fréquentes et des inondations importantes à l'automne.

- L'accès à l'eau est aussi une **question qualitative**. Même si aujourd'hui, 89 % de l'humanité a accès à une source d'eau améliorée (c'est-à-dire protégée de toute contamination extérieure), conformément aux Objectifs du millénaire fixés par l'ONU, près de 800 millions de personnes en restent encore privées. En Afrique subsaharienne, ce taux n'est que de 60 % et l'eau contaminée, à l'origine de nombreuses **maladies hydriques**, reste le premier facteur de mortalité.

- L'inégalité d'accès est enfin **sociale**: dans beaucoup de pays pauvres, les populations doivent acheter l'eau potable en bouteilles ou auprès de camions-citernes, ce qui peut représenter 15 à 20 % de leurs revenus.

ZOOM

Le cycle de l'eau

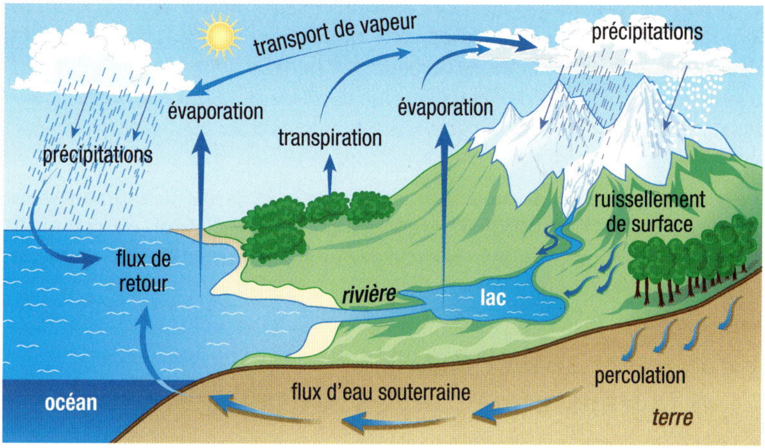

▶ Le soleil fait s'évaporer l'eau des océans, des lacs et des cours d'eau, mais aussi celle contenue dans les végétaux (**évapotranspiration**), en de fines gouttelettes de vapeur d'eau. En se regroupant, celles-ci forment des nuages (**condensation**) qui, poussés par le vent, rencontrent des masses d'air froid et donnent naissance à la pluie et à la neige (**précipitations**).

▶ Lorsqu'il y a précipitation, environ 60 % de l'eau qui touche le sol **s'évapore** immédiatement, 25 % **s'infiltre** dans le sous-sol et 15 % **ruisselle** à la surface du sol pour alimenter les cours d'eau et les lacs. Ces chiffres varient toutefois beaucoup selon les territoires, en fonction du climat et de la nature des sols.

▶ L'eau restant sur Terre, c'est-à-dire le total des précipitations moins l'évaporation, constitue ce que l'on appelle l'**écoulement terrestre**.

C Une ressource précieuse pour les activités humaines

Les besoins en eau ne cessent d'augmenter. La consommation varie **selon les pays** : 250 litres par jour et par habitant en Amérique du Nord, 100 à 230 litres en Europe, 150 litres en France et moins de 10 litres en Afrique subsaharienne.

■ **L'irrigation pour l'agriculture représente 70 % de la consommation mondiale d'eau.** Les superficies irriguées ont été multipliées par cinq au XXe siècle. L'irrigation est une nécessité dans les régions arides, elle témoigne aussi d'une volonté des PED d'intensifier leur production agricole (→ chap. 12). Elle est une irrigation d'appoint, un facteur d'allongement de la saison agricole dans les régions tempérées.

■ **L'industrie consomme 20 % des ressources mondiales en eau.** L'eau intervient dans tout le processus industriel : nettoyage des produits à transformer, refroidissement des machines, évacuation des déchets. Mais la part de l'industrie dans les usages de l'eau diminue dans les pays industrialisés grâce au recyclage des eaux usées, alors qu'elle est en constante augmentation dans les pays émergents.

■ **La consommation domestique représente 10 % de la consommation mondiale d'eau.** Ce chiffre est en constante augmentation, en raison de la croissance démographique mondiale (→ chap. 11), de l'urbanisation (→ chap. 15) et de la hausse du niveau de vie.

II La maîtrise de l'eau et la transformation des paysages

Pour chercher l'eau, la puiser et la conserver, les sociétés ont recours à des techniques hydrauliques diverses, donnant naissance à des paysages spécifiques.

A Les techniques hydrauliques anciennes

■ Puits, citernes, canaux de dérivation et aqueducs sont des techniques de « petite hydraulique » permettant de maîtriser l'eau **pour des groupes limités et des territoires restreints**. Ces aménagements sont souvent très anciens. Ainsi, dès l'Antiquité, les Égyptiens, puis au Moyen Âge, les Arabes utilisaient le **chadouf** (système de levier) et la **noria** (système à roue) pour capter l'eau de surface. Les **foggaras**, galeries souterraines inclinées, drainaient le sommet d'une nappe phréatique afin d'irriguer les champs situés en aval. Elles sont encore utilisées de nos jours, comme par exemple au Maroc.

> Le **drainage** consiste à évacuer l'eau excessive

■ Ces techniques, si elles perdurent aujourd'hui, sont complétées et améliorées par des techniques modernes comme la **pompe à moteur**, qui se généralise dans les pays en développement.

B Les techniques hydrauliques modernes

■ À partir du XIXe siècle, les pays qui s'industrialisent mettent en place des **infrastructures** pour stocker et distribuer l'eau. En amont, des sociétés se

ZOOM

La disponibilité en eau dans le monde

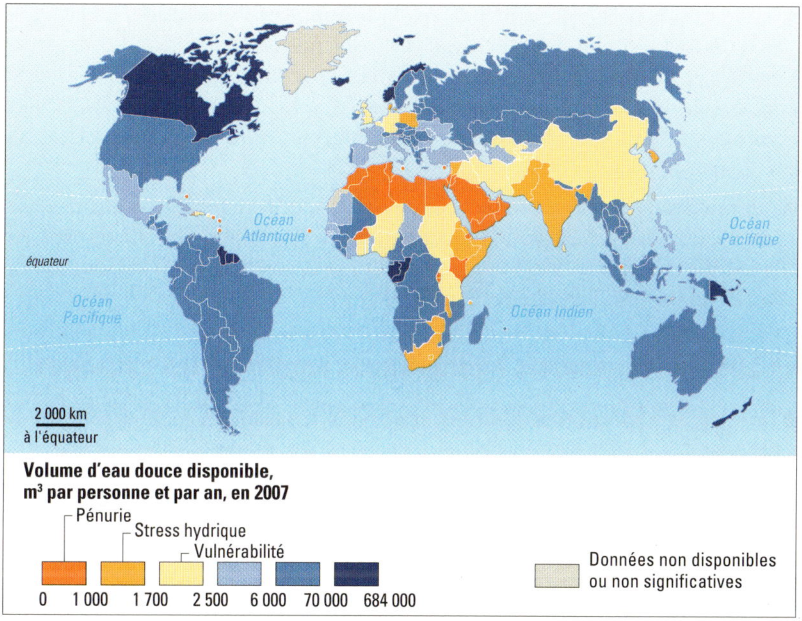

▶ La disponibilité en eau douce évalue la **quantité d'eau dont bénéficie chaque habitant** d'un territoire donné. Son calcul permet d'évaluer la plus ou moins bonne satisfaction des besoins en eau.

▶ L'Organisation mondiale de la santé (OMS) situe à 1 700 m³/an/habitant le niveau en dessous duquel la disponibilité en eau ne permet pas de répondre aux besoins : on parle alors de **stress hydrique**. En dessous de 1 000 m³, il y a **pénurie hydrique**.

▶ Ces situations concernent particulièrement les zones sèches d'Afrique du Nord, du Proche et du Moyen-Orient et d'Asie centrale, qui disposent de moins de 1 % de la ressource en eau. Toutefois, les spécialistes estiment qu'en 2030, la moitié de la population mondiale pourrait connaître des difficultés d'accès à l'eau (perspective d'une « **crise de l'eau** »).

spécialisent dans la captation de l'eau (forages), son stockage et sa distribution. En aval, ces sociétés récoltent les eaux usées, les traitent (stations d'épuration) et parfois les recyclent.

- La grande hydraulique consiste en des **aménagements modernes et onéreux**, parmi lesquels **les barrages**. Ceux-ci permettent d'assurer l'approvisionnement de villes, l'irrigation de terres et surtout de produire de l'électricité grâce à des centrales hydrauliques. Depuis 1950, leur nombre a été multiplié par sept (ils sont environ 40 000 aujourd'hui), surtout dans les pays en développement.

- Aujourd'hui, on utilise des techniques encore plus modernes et innovantes, comme les **forages profonds** pour atteindre les nappes aquifères fossiles (Ouest des États-Unis ou Moyen-Orient) ou les **usines de dessalement** de l'eau de mer (Arabie Saoudite, Espagne).

C Les aménagements hydrauliques modifient les paysages

- Les aménagements traditionnels ont donné naissance à différents types de paysages :
  - l'**oasis**, où se pratique une polyculture intensive étagée (fruits, légumes) à l'ombre des palmiers-dattiers ;
  - la **huerta** des régions méditerranéennes (petites parcelles irriguées pour les arbres fruitiers) ;
  - la **rizière** irriguée de l'Asie des moussons (digues, casiers, canaux, terrasses).

Rizière étagée à Bali

Les aménagements modernes créent également des paysages originaux:
- les **polders** sont des terres basses conquises sur la mer, notamment situées aux Pays-Bas;
- les **champs circulaires**, créés par l'irrigation par rampes rotatives, sont nombreux en Jordanie et en Arabie Saoudite où l'eau fossile est captée à une très grande profondeur.

III Gérer une ressource convoitée et menacée

A Concurrences et conflits pour l'eau

L'**augmentation de la consommation d'eau** accroît les concurrences: entre les villes et les campagnes, entre les populations locales et les touristes, entre les industriels et les agriculteurs, ou entre les États.

Les **ressources proches des villes** sont surexploitées. Avec l'urbanisation grandissante, les concurrences pour l'eau s'aggravent partout dans le monde. Très souvent, l'eau de l'irrigation des campagnes est dirigée vers les agglomérations, au risque de faire reculer les cultures. Par exemple, la ville de Las Vegas pompe de façon excessive les eaux du lac Mead et projette de faire construire un pipeline de plus de 500 km pour s'approvisionner, menaçant ainsi l'activité de toute une vallée.

Des tensions existent entre États riverains d'un même fleuve ou d'une même nappe souterraine. Les pays traversés par le Nil, le Jourdain, le Tigre ou l'Euphrate sont en concurrence pour le partage des ressources (→ zoom p. 179). Sans accord international, ces tensions peuvent être vives.

B Menaces sur l'eau

La **pénurie d'eau** menace de nombreux pays: le niveau des nappes souterraines baisse car celles-ci sont souvent surexploitées, notamment près des grandes villes ou dans les régions de cultures intensives. La **mer d'Aral**, en Asie centrale, a vu sa surface diminuer de 75 % depuis les années 1960 à cause de l'irrigation destinée à la culture intensive du coton. Dans plusieurs régions, l'exploitation récente des hydrocarbures de schiste, nécessitant l'injection d'importantes quantités d'eau dans le sous-sol, menace les réserves en eau (→ chap. 14).

Certains aménagements fragilisent l'environnement et les populations: la construction de barrages oblige à déplacer des villages entiers et à inonder des terres parfois fertiles. De plus, les barrages retiennent les alluvions, ce qui empêche la fertilisation des sols situés en aval. Quant aux forages dits profonds, ils puisent dans des réserves non renouvelables (nappes fossiles).

■ La **pollution urbaine et industrielle** (métaux lourds, matières synthétiques, résidus de médicaments, etc.) est la première source de dégradation de l'eau. Les stations d'épuration sont insuffisantes pour traiter les eaux usées (en France, seule la moitié des eaux est traitée).

■ La **pollution d'origine agricole** est fréquente : les pesticides et les engrais affectent les rivières et les nappes ; l'azote contenu dans le lisier favorise l'apparition d'algues vertes (→ chap. 17, p. 235); l'irrigation excessive entraîne la salinisation des sols.

L'eau dissout les sels minéraux présents dans les sols qui se déposent alors à leur surface en raison de l'évaporation. Cette **salinisation** entraîne la perte de fertilité des terres.

■ Enfin, la **fonte des glaciers de haute montagne**, conséquence du réchauffement climatique, menace à moyen terme l'approvisionnement en eau douce de certaines régions du globe (ex. : glaciers de l'Himalaya alimentant les grands fleuves d'Asie du Sud-Est).

C Vers une gestion durable de l'eau

1. Économiser l'eau

Une gestion raisonnée de l'eau passe par la lutte contre le gaspillage et la baisse de la consommation.

■ L'**entretien des conduites d'eau en milieu urbain** est une nécessité : dans certaines villes des pays en développement (Le Caire, Lagos, Mexico...), plus de la moitié de l'eau est perdue à cause du mauvais état des canalisations.

■ L'**enfouissement des conduites d'eau sous terre** permettrait d'économiser l'eau qui s'évapore des canaux extérieurs dans les pays arides (jusqu'à 80 %). La Namibie a entrepris de tels travaux.

■ L'**irrigation par goutte-à-goutte**, peu consommatrice d'eau, permettrait de lutter contre l'assèchement des nappes. Israël est particulièrement en avance dans ce domaine mais de nombreuses métropoles utilisent cette technique pour l'arrosage des jardins publics.

■ La **reforestation des zones semi-arides** permettrait de restaurer les écosystèmes capables de stocker l'eau.

■ Le recyclage des eaux usées, la construction de stations d'épuration et la réduction de la consommation domestique sont également des solutions à privilégier. Les usines de dessalement d'eau de mer font quant à elles débat (forte consommation d'énergie, rendements assez faibles).

ZOOM

L'eau, source de tensions géopolitiques

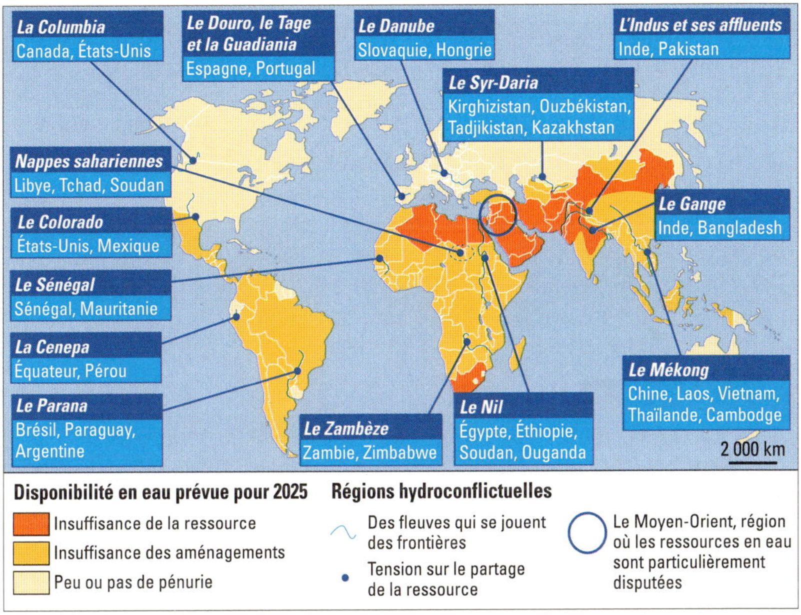

Source : ONU, PNUD.

Cette carte présente la plupart des tensions interétatiques à propos de l'eau. Les plus sérieuses concernent le **Moyen-Orient**, région aride en situation de stress hydrique.

- Israël, le Liban, la Jordanie et les territoires palestiniens se partagent le bassin hydrographique du **Jourdain**.
- Les tensions sont également accrues autour du **Nil**, où l'Égypte souffre de sa position en aval du fleuve et de sa dépendance envers les pompages effectués par le Soudan et l'Éthiopie.
- La Turquie, la Syrie et l'Irak, dont les relations sont déjà très dégradées, se disputent les ressources du **Tigre** et de l'**Euphrate**. La Turquie, positionnée en amont, a construit de nombreux barrages sur l'Euphrate, diminuant son débit en aval.

2. Développer le commerce de l'eau ?

L'eau n'est plus considérée comme un bien naturel, gratuit et inépuisable : elle devient un **bien économique**. Encore souvent publique et gratuite dans les pays en développement, la distribution de l'eau y est souvent incomplète et inefficace.

La solution serait-elle de fixer un **prix mondial de l'eau** ? Certaines ONG s'y opposent, considérant l'accès à l'eau comme un droit. Mais le Conseil mondial de l'eau propose de fixer un prix minimal pour une consommation considérée comme vitale (20 à 50 litres d'eau par jour et par personne). Quoi qu'il en soit, la prise en charge de l'adduction et de l'assainissement de l'eau par des entreprises privées progresse dans les pays émergents.

Fondé en 1996, le **Conseil mondial de l'eau** est un regroupement d'ONG, de gouvernements et d'organisations internationales, qui a pour objectif de résoudre les problèmes liés à l'eau dans le monde.

RÉCAPITULONS

L'eau est une ressource essentielle, rare et inégalement répartie. Aujourd'hui, elle est menacée, quantitativement et qualitativement, ce qui pèse sur les relations internationales et sur l'avenir : gérer durablement la ressource, en réduisant la demande et en évitant les gaspillages, est un enjeu mondial.

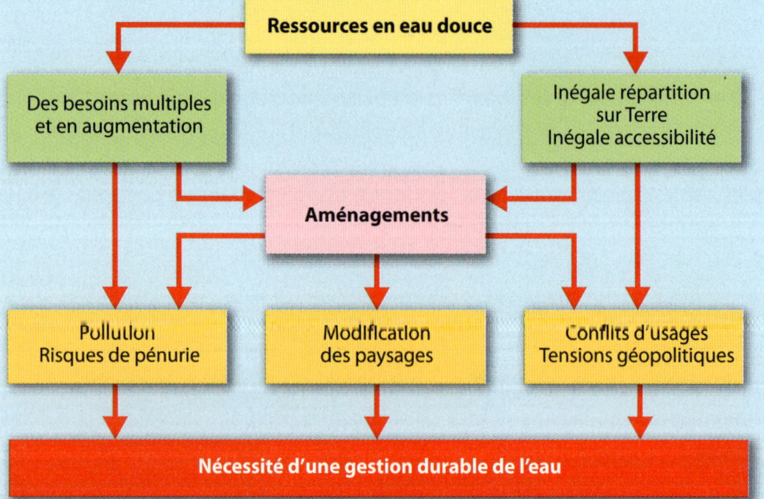

Construire la légende d'un croquis de géographie

LA DÉMARCHE

La réalisation d'un croquis de géographie est une épreuve du baccalauréat. Le jour de l'épreuve, un fond de carte vous sera fourni et les sujets proposés auront été vus en classe. En seconde, vous apprenez à maîtriser le langage cartographique et à organiser une légende.

Dégager les idées principales. Commencez par repérer les deux ou trois principales idées du sujet représenté sur le croquis.

Organiser la légende. La légende d'un croquis correspond à une démonstration. Elle ne doit donc pas se contenter d'indiquer le sens des figurés choisis, mais être hiérarchisée et organisée comme le plan détaillé d'une composition (→ p. 196). Les idées principales constituent les titres de vos parties, au sein desquelles les figurés de surface précèdent les figurés ponctuels.

Utiliser un langage cartographique approprié.

Information à représenter	Figuré cartographique	Hiérarchiser
Localiser des phénomènes qui s'étendent en surface (espace urbain, rural, élément naturel, type de culture, densité).	Figurés de surface : • plages de couleur • plages hachurées ou pointillées 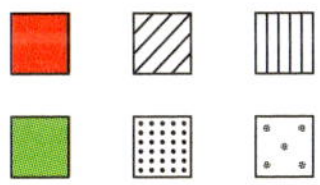	• varier le ton (dégradé)  • varier la couleur  • varier l'épaisseur et l'espacement des hachures 
Localiser des éléments précis (ville, port, industrie).	Figurés ponctuels 	• varier la taille ou la couleur 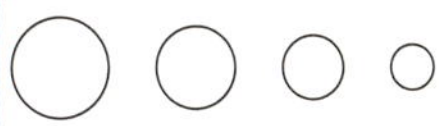
Tracer des limites, des axes de communication. Délimiter des unités paysagères, des frontières.	Traits 	• varier l'épaisseur 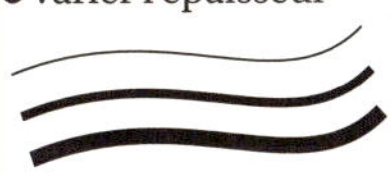
Faire apparaître des échanges dynamiques.	Flèches 	• varier l'épaisseur 

VÉRIFIER SES CONNAISSANCES

1 Définir

a. Irrigation **b.** Maladie hydrique

2 Expliquer

a. Quelle est la différence entre nappe phréatique et nappe aquifère fossile ?

b. Quelle est la différence entre sécheresse et aridité ?

S'ENTRAÎNER

3 Organiser la légende d'un croquis

En vous appuyant sur la méthode proposée (→ p. 181), organisez la légende de ce croquis sur la mer d'Aral et titrez-le.

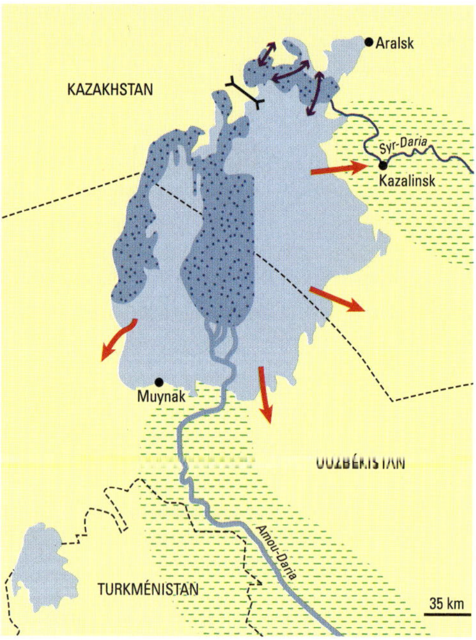

POUR VOUS AIDER

- Commencez par identifier dans la liste ci-après les **titres** des parties de la légende, et soulignez-les.
- Ensuite, regroupez les informations par thème.
- Trouvez sur la carte les **figurés** les plus appropriés à chaque information.
- Organisez les figurés dans chaque thème en suivant la méthode : d'abord les figurés de surface, puis les figurés linéaires et ponctuels.
- Enfin, donnez un titre au croquis.

Voici, notées dans le désordre, toutes les informations à placer dans la légende.

réduction des pompages du Syr-Daria • anciens ports, aujourd'hui dans les terres • hausse de la salinité • zone irriguée pour la culture du coton • vents chargés de sable : stérilisation des terres • une mer menacée de disparition • fleuves pompés excessivement • les mesures pour sauver la mer d'Aral • climat semi-aride (précipitations faibles) • niveau actuel de la mer d'Aral • les causes d'une catastrophe écologique • la mer d'Aral à son niveau maximum • remontée du niveau des eaux, reprise de la pêche, retour de la biodiversité • barrage pour isoler la mer d'Aral du Nord de celle du Sud

VÉRIFIER SES CONNAISSANCES

1 Définir

a. L'irrigation est l'**apport d'eau sur des terres cultivées**. Différentes techniques d'irrigation existent, comme l'irrigation par aspersion, qui consomme beaucoup d'eau, ou le goutte-à-goutte, plus économe car il ne distribue que la quantité d'eau strictement nécessaire à chaque végétal.

b. Une maladie hydrique est une **pathologie liée à la mauvaise qualité de l'eau**. Dans cette eau, qui n'a pas été assainie, se trouvent des germes, des bactéries ou des parasites causant des maladies graves comme le choléra ou la légionellose par exemple.

2 Expliquer

a. Une **nappe phréatique** est une masse d'eau contenue dans les fissures du sous-sol, accessible à faible profondeur par le creusement d'un puits ou d'un forage. C'est la nappe la plus exposée aux pollutions provenant de la surface. Elle participe au cycle naturel de l'eau, elle est donc renouvelable. Au contraire, une **nappe aquifère fossile** est prisonnière de la roche, à très grande profondeur (1 500 mètres environ) et uniquement accessible par des forages profonds. Non renouvelable, elle ne participe pas au cycle de l'eau.

b. La **sécheresse** caractérise un milieu dans lequel le bilan hydrique est temporairement déficitaire. L'**aridité** est l'insuffisance presque permanente de précipitations par rapport aux besoins humains. Dans les régions arides, les précipitations sont occasionnelles ; dans les régions semi-arides, elles sont saisonnières (alternance d'une longue saison sèche et d'une courte saison des pluies).

S'ENTRAÎNER

3 Organiser la légende d'un croquis

La disparition de la mer d'Aral est-elle une fatalité ?

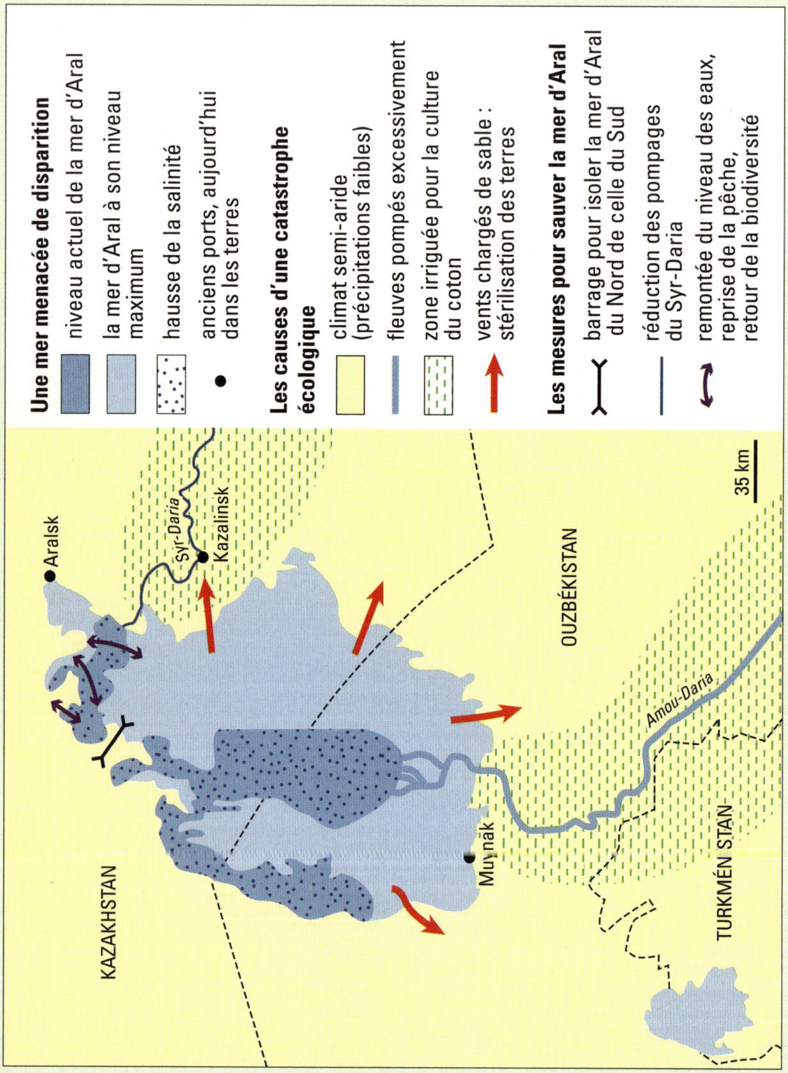

www.annabac.com

CHAPITRE

14 L'enjeu énergétique

L'énergie est indispensable au développement économique et social des sociétés humaines. D'ici 2030, la demande mondiale en énergie devrait augmenter de 60 %. Une consommation excessive des énergies fossiles affecterait encore plus l'équilibre thermique de la Terre et risquerait d'aggraver les tensions géopolitiques. Comment diminuer la consommation d'énergies fossiles et favoriser le développement des énergies renouvelables ? Quels seront les choix énergétiques de demain ?

I Besoins et ressources énergétiques dans le monde

A Une consommation globale en augmentation

- Selon l'Agence internationale de l'énergie (AIE), la consommation énergétique mondiale était de **8,6 milliards** de TEP en 2011, pour une production d'un peu plus de 12 milliards de TEP. Toute la consommation d'énergie est issue d'énergies dites **primaires**, qu'elles soient épuisables (énergies fossiles : charbon, pétrole, gaz naturel, uranium) ou renouvelables (hydraulique, éolien, géothermie). La transformation des énergies primaires en énergies **secondaires** (produits pétroliers raffinés, électricité, etc.) occasionne une perte d'énergie.

La **tonne équivalent pétrole (TEP)** est une unité de mesure de l'énergie correspondant à l'énergie produite par 1 tonne de pétrole brut. Elle permet de comparer la valeur énergétique des différentes sources d'énergie.

- Environ 80 % de la production d'énergie provient de la combustion d'**énergies fossiles non renouvelables**. Jusqu'à la fin du XVIIIe siècle, la biomasse (bois) était la première source d'énergie, avant d'être détrônée par le charbon au XIXe siècle. Depuis la seconde moitié du XXe siècle, le pétrole domine, tandis que se développent l'énergie nucléaire et de nouvelles formes d'énergie renouvelables.

■ Aujourd'hui, les **besoins domestiques** (ex. : chauffage), les **transports** (privés et professionnels) et l'**industrie** représentent chacun environ un quart de la consommation mondiale d'énergie. Les autres activités humaines, et en particulier l'**agriculture**, constituent le dernier quart.

■ En un peu plus d'un siècle, la **consommation d'énergie par habitant** a été multipliée par sept ; entre 1990 et 2010, elle a augmenté de près de 40 %. Les pays émergents (Chine, Inde, Brésil...) sont actuellement responsables des deux tiers de l'augmentation de la consommation énergétique. Depuis 2001, la Chine est le plus gros consommateur d'énergie au monde.

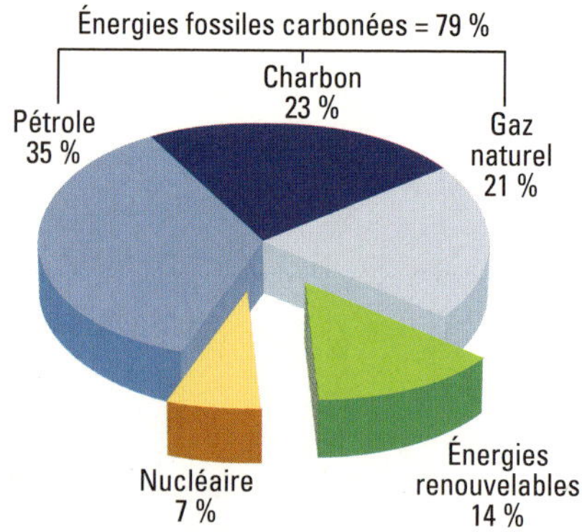

▶ **La consommation d'énergie primaire dans le monde**

■ L'augmentation de la consommation énergétique mondiale est due à la croissance démographique et à une **hausse des niveaux de vie**, qui entraînent une hausse de la production agricole et industrielle nécessitant beaucoup d'énergies. L'essor des mobilités humaines (avion, voiture, etc.) et l'urbanisation représentent aussi une part importante de l'augmentation.

■ Toutefois, même si des progrès ont été réalisés ces dix dernières années, **1,4 milliard d'hommes n'ont toujours pas accès à l'électricité** dans le monde : il s'agit surtout des Africains subsahariens et des Indiens. Les Chinois devraient avoir tous accès à l'électricité en 2015 et les Latino-Américains en 2030.

B Des ressources inégalement réparties sur Terre

1. Les hydrocarbures

■ Les gisements de **pétrole** se concentrent essentiellement au Moyen-Orient, loin devant l'Amérique du Sud, l'Afrique et la mer du Nord (→ zoom p. 187).

■ La Russie, l'Asie centrale et le Moyen-Orient (Qatar, Iran) possèdent presque 75 % des réserves mondiales de **gaz naturel**.

■ Les **hydrocarbures non conventionnels**, appelés ainsi en raison des difficultés que présente leur exploitation, peuvent être situés en mer (gisements offshore), sous la

Le terme **offshore** qualifie une activité se déroulant en mer. L'extraction de pétrole offshore nécessite la construction de plates-formes de forage.

ZOOM

Les réserves prouvées de pétrole dans le monde en 2010

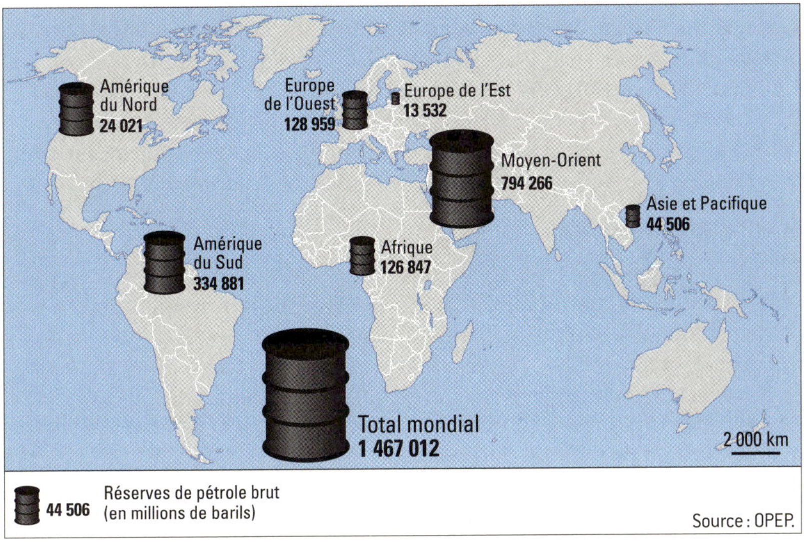

- Les estimations des réserves de charbon, de gaz et de pétrole sont changeantes et très discutées car tous les gisements n'ont pas été découverts.
- La définition de ce qu'est une réserve varie selon les pays : on oppose les **réserves prouvées** (qui sont localisées et que l'on peut extraire) aux **réserves probables** (connues et que l'on suppose pouvoir extraire à l'avenir). Ainsi, en 2012, un rapport américain estimait à 565 milliards de barils les réserves de pétrole encore non découvertes mais techniquement exploitables, soit 17 fois la consommation de l'année 2011.
- La **pénurie** d'hydrocarbures semble inévitable à court ou moyen terme, quoique à une date incertaine.

banquise, dans des **sables bitumineux** (Canada) ou encore dans des **schistes** (roches feuilletées). Dans ce dernier cas, les forages doivent être très profonds, horizontaux, et la roche doit être fracturée par injection d'eau, mélangée à du sable et à des produits chimiques, sous haute pression. Présent un peu partout dans le monde, le **gaz de schiste** est à l'heure actuelle exploité principalement en Amérique du Nord.

2. Le charbon

- Les principaux **producteurs et consommateurs** sont la Chine, les États-Unis, l'Australie, l'Inde, la Russie, l'Afrique du Sud, l'Indonésie et la Pologne.
- Le charbon est la **deuxième source d'énergie primaire** utilisée dans le monde et la première pour la génération d'électricité. En Europe, il est souvent considéré comme une énergie du passé, mais en Asie, sa production et sa consommation sont en forte augmentation. Les réserves sont encore abondantes (environ 200 ans). À elle seule, la Chine absorbe la moitié de la production mondiale de charbon, qui fournit les trois quarts de son électricité.

3. L'énergie nucléaire

- Elle représente 6 % des énergies consommées dans le monde mais assure **16 % de la production d'électricité** mondiale : 15 grammes d'uranium produisent autant d'électricité que 2,5 tonnes de charbon. Les gisements sont très importants en Australie (27 % des réserves mondiales) mais aussi au Canada, au Kazakhstan, en Afrique (Niger, Namibie) et en Russie.
- Malgré ses opposants, le nucléaire continue d'assurer une part importante de l'électricité aux États-Unis (20 %), au Japon (30 %), mais surtout en France (78 %).

4. Les énergies renouvelables les plus utilisées

- La biomasse assure 10 % de nos besoins en énergie. Un quart de l'humanité ne peut compter que sur elle pour se chauffer et cuire ses aliments.
- L'**hydroélectricité** consiste à récupérer l'énergie cinétique de l'eau des rivières pour la convertir en électricité. La « **houille blanche** », si elle ne représente que 2 % des énergies consommées sur Terre, permet de produire 17 % de l'électricité. L'Europe et les États-Unis ont déjà équipé tous leurs meilleurs sites mais le potentiel reste considérable en Asie, en Russie et surtout en Afrique. 99 % de l'électricité norvégienne et 83 % de l'électricité brésilienne sont d'origine hydraulique.

> La **biomasse** est l'ensemble des matière organiques (bois, végétaux, déchets agricoles et animaux) pouvant produire de l'énergie par combustion.

C Les acteurs de la gestion énergétique

- Les **États** garantissent l'approvisionnement énergétique et font des **choix politiques** concernant les énergies. Ainsi, c'est par la volonté du général de Gaulle dans les années 1960 que la France s'est tournée vers le nucléaire. Plus récemment, le gouvernement français a décidé d'interdire, pour l'instant, l'exploitation des **gaz de schiste**. Les pays consommateurs sont également responsables de la fiscalité (taxes ou subventions) pour favoriser les économies d'énergie (ex. : taxer le diesel).

Créée en 1960, l'**Organisation des pays exportateurs de pétrole (OPEP)** regroupe douze États : Arabie Saoudite, Iran, Irak, Koweït, Qatar, Émirats arabes unis, Algérie, Libye, Nigeria, Angola, Équateur, Venezuela.

- **Les organisations internationales.** L'OPEP fixe le montant de la production de pétrole par l'attribution de quotas à ses membres afin de garantir une certaine stabilité des prix. L'**Agence internationale de l'énergie (AIE)**, fondée en 1974, coordonne les politiques énergétiques entre États consommateurs, veille à la sécurité des approvisionnements et surveille les marchés.
- Les **firmes transnationales** assurent la recherche, la production et l'acheminement des hydrocarbures. L'industrie pétrolière est aujourd'hui dominée par six « super majors » : Exxon Mobil, Shell, BP, Total, Chevron et Conoco-Phillips. Ces firmes détiennent les technologies pétrolières de la prospection, de l'extraction et du raffinage. Mais elles n'ont accès qu'à **16 % des réserves mondiales**, le reste étant contrôlé par des compagnies nationales des pays de l'OPEP.
- Les **ONG (organisations non gouvernementales)** font pression sur les gouvernements et sensibilisent les consommateurs aux effets d'une consommation énergétique galopante.

II Les impacts environnementaux et géopolitiques de la consommation énergétique

A Le changement climatique

Créé en 1988 par l'ONU, le **GIEC (Groupe d'experts intergouvernemental sur l'évolution du climat)** est chargé de publier des rapports sur les causes, les risques et les conséquences possibles du changement climatique.

- La question du changement climatique est celle qui sensibilise le plus les populations à la nécessité de faire des économies d'énergie. L'**augmentation de la température mondiale de 1 °C** depuis 150 ans (début de la révolution industrielle) est avérée, même si, localement, certaines régions semblent se refroidir.
- Les températures de la fin du XIXe siècle étaient certes celles de la fin d'une période de refroidissement naturelle de plusieurs siècles. Toutefois, selon le GIEC, la progression des températures s'explique par une **concentration**

ZOOM

L'effet de serre

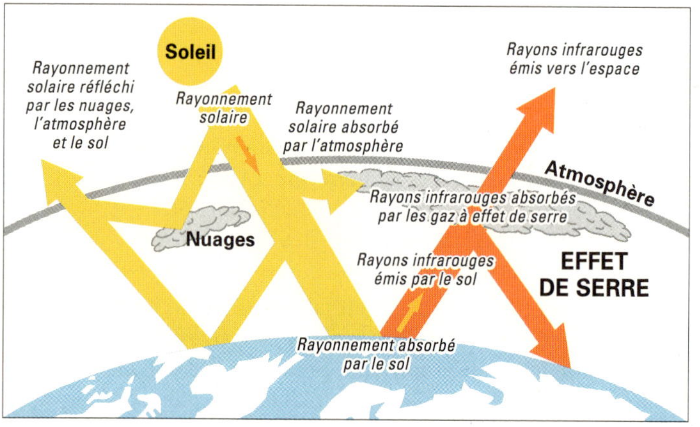

- La température de la surface terrestre est déterminée par l'équilibre entre l'énergie qu'elle reçoit du Soleil et l'énergie qu'elle renvoie dans l'espace sous forme de **rayons infrarouges**.
- Ces infrarouges sont absorbés presque en totalité par l'**atmosphère**, qui les renvoie vers l'espace mais aussi vers la Terre, augmentant sa température en surface. La **vapeur d'eau** contenue dans l'atmosphère joue le rôle principal dans cet effet de serre, sans lequel la température à la surface du globe serait de – 18 °C.
- La **combustion de ressources fossiles** dégage de grandes quantités de gaz à effet de serre, qui viennent s'ajouter à ceux naturellement présents dans l'atmosphère. C'est la source principale du réchauffement climatique.

plus forte de gaz à effet de serre dans l'atmosphère, et en particulier de CO_2, émis par les activités humaines. La combustion du charbon et des hydrocarbures rejette en effet beaucoup de CO_2 (→ zoom ci-dessus).

■ Malgré de nombreux sommets mondiaux sur le climat depuis 1992 (→ chap. 11), les objectifs de **réduction des émissions de gaz à effet de serre** peinent à être mis en œuvre. Les experts tablent sur une augmentation de 2 à 6 °C d'ici à 2100, dont les conséquences pourraient être catastrophiques (accidents climatiques, sécheresses, hausse du niveau des océans, etc.).

B Les énergies, sources de pollutions et de risques

- Les **activités pétrolières** sont sources de pollutions terrestres et marines : marées noires, dégazages, fuites ou explosion de plates-formes offshore. Les volumes déversés en mer de façon accidentelle avaient tendance à diminuer avant la marée noire du golfe du Mexique en 2010, mais elles sont à nouveau en augmentation.
- La **combustion du pétrole et du charbon** pollue l'air : les pluies acides résultent en partie du rejet dans l'atmosphère de soufre et d'oxydes d'azote. Dangereuses pour la santé des hommes et des écosystèmes, elles affectent aujourd'hui particulièrement les grandes métropoles chinoises.
- L'**extraction du charbon** (mines) peut provoquer des affaissements de terrain, des éboulements, des coups de grisou (explosions liées au gaz) mais aussi des problèmes pulmonaires.
- Les ruptures de **barrages hydrauliques** sont parfois à l'origine de catastrophes (coulées de boue).
- Récente, l'exploitation des **hydrocarbures de schiste** par la technique de fracturation hydraulique, notamment aux États-Unis, pollue les eaux et les sols par des produits chimiques et risque d'entraîner des pénuries d'eau.
- L'utilisation de l'**énergie nucléaire** comporte des risques majeurs : explosions des installations nucléaires (Tchernobyl en 1986, Fukushima au Japon en mars 2011), radioactivité très longue (jusqu'à plusieurs centaines de milliers d'années) des déchets nucléaires, dont le stockage, généralement par

▶ La centrale nucléaire de Fukushima après le tsunami et l'accident nucléaire de mars 2011

enfouissement dans le sol, est complexe. Certains États industrialisés (ex. : Allemagne) ont même annoncé leur volonté de sortir progressivement et définitivement du nucléaire. Mais les progrès techniques permettront sans doute d'améliorer la sécurité des installations et les ressources en uranium sont encore importantes. La fin du nucléaire dans le monde semble donc pour l'instant difficilement envisageable.

C Les énergies à l'origine de tensions géopolitiques

- Il existe une forte **interdépendance** entre les pays producteurs de pétrole, qui vivent de la rente pétrolière, et les pays consommateurs. Ces liens créent des tensions géopolitiques.

> La **géopolitique** étudie les relations entre la géographie et la politique des États. Elle s'applique aussi aux matières premières énergétiques.

- Certaines ressources énergétiques sont situées dans des régions instables, en particulier le pétrole au Moyen-Orient (Iran, Irak...). Les **flux mondiaux** des ressources d'énergie empruntent des itinéraires qui doivent être sécurisés : frontières contestées, détroits (Malacca, Ormuz), isthmes (canaux de Suez et de Panama). Le tracé des oléoducs et gazoducs internationaux est aussi l'objet d'âpres discussions entre États.
- La **forte croissance de la puissance chinoise et des pays émergents**, très dépendants du pétrole, crée des tensions sur les marchés pétroliers (hausse de la demande, et donc hausse des prix), alors que les capacités de production diminuent. Les pays se trouvent en compétition pour accéder aux gisements et garantir leurs approvisionnements.
- L'énergie est parfois employée comme **arme diplomatique** : alimentant en gaz l'Europe, le Japon et la Chine, la Russie peut décider d'interrompre ses livraisons ou d'augmenter brutalement leur prix.

III Quels choix énergétiques pour l'avenir ?

A Mieux utiliser l'énergie disponible

- La recherche de l'efficacité énergétique vise à réduire les pertes d'énergie par rapport à la source, par exemple en améliorant l'isolation thermique d'un logement. Elle se développe notamment dans le secteur du bâtiment et des travaux publics, à travers des cahiers des charges HQE (haute qualité environnementale).

> L'**efficacité énergétique** consiste à produire autant avec moins d'énergie.

Le progrès technique et la réflexion sur les usages doivent permettre de **baisser la consommation d'énergie** : véhicules hybrides, véhicules électriques en partage, promotion des transports en commun et du vélo (→ chap. 15), valorisation des appareils électroménagers économes en énergie (étiquetage), limitation du gaspillage et promotion du recyclage, etc. Dans les pays développés notamment, chacun est invité à participer à cet effort, par un **comportement écoresponsable**.

B Favoriser les énergies renouvelables

Les énergies dites renouvelables sont celles dont **la consommation ne diminue pas la ressource** (soleil, eau, vent, biomasse). Elles sont donc durables (pour les générations futures) et respectueuses de l'environnement. Les favoriser et surtout améliorer leur exploitation permettrait de les rendre totalement compatibles avec les objectifs du développement durable et de réduire progressivement la part des énergies fossiles.

Si elle ne représente encore que 1,3 % de la consommation mondiale d'électricité, l'**énergie éolienne** connaît un spectaculaire essor (+ 30 % en moyenne depuis dix ans). En 2011, les principaux pays producteurs étaient la Chine, les États-Unis, l'Allemagne et l'Espagne. Une seule éolienne peut répondre aux besoins domestiques de 1 000 à 2 000 personnes. Cependant, les éoliennes dépendent de l'intermittence du vent, dégradent les paysages et ne stockent pas l'énergie qu'elles produisent.

Éoliennes en Haute-Garonne

- L'**énergie solaire** peut être obtenue par **voie thermique** (pour alimenter une chaudière via des capteurs thermiques) ou par voie **photovoltaïque** (qui convertit l'énergie solaire en électricité). Les panneaux solaires permettent d'éclairer des zones isolées, des pompes à eau, et sont particulièrement utiles dans les zones désertiques par exemple. Mais leur coût est élevé, leur durée de vie limitée et ils ne sont pas toujours recyclables.
- Malgré l'intérêt a priori évident de l'**énergie hydraulique**, renouvelable et abondante, le temps de la construction de grands barrages est aujourd'hui révolu. Ces équipements, très coûteux, présentent en effet des inconvénients pour les hommes et des risques environnementaux (→ chap. 13).
- La **géothermie** permet l'extraction de la chaleur de la Terre pour alimenter des chaudières. Non polluante, l'énergie géothermique est disponible en permanence. Mais les installations sont coûteuses et une partie de l'énergie extraite se perd en surface. Exploiter davantage la **biomasse** ouvrirait également des perspectives intéressantes.
- Les **agrocarburants (ou biocarburants)** sont des combustibles liquides d'origine agricole. Le **biodiesel** est obtenu grâce aux huiles de colza, de tournesol, de soja et de palmier. Le **bioéthanol** est fabriqué par fermentation de betterave, de blé, d'orge et de canne à sucre. Le Brésil et les États-Unis en sont les principaux producteurs. Les agrocarburants permettent de réduire la dépendance aux hydrocarbures mais leur production détourne une partie des cultures destinées à l'alimentation (→ chap. 12). Les **biocarburants de deuxième génération**, produits à base de végétaux non alimentaires, sont privilégiés aujourd'hui.

C Diversifier les sources d'énergie

- Pour que le choix énergétique soit compatible avec les **objectifs du développement durable**, il doit permettre une maîtrise de la consommation énergétique, le respect de l'environnement et l'accès à l'énergie pour tous. Depuis la conférence de Kyoto (1997), les États dialoguent pour réduire les émissions de gaz à effet de serre.
- Cependant, **aucune énergie renouvelable ne peut répondre seule** aux besoins énergétiques de l'humanité. Elles comportent toutes des inconvénients en termes de rentabilité ou d'environnement. Il est nécessaire de les développer mais aussi de les associer les unes aux autres afin d'effectuer la transition énergétique.

> La notion de **transition énergétique** désigne le passage d'une économie fondée sur des énergies non renouvelables, à un « bouquet énergétique » reposant sur les énergies renouvelables.

RÉCAPITULONS

Fondement de toutes les innovations techniques, les énergies sont indispensables au développement des sociétés. La demande énergétique mondiale ne cesse de croître, alors que les énergies fossiles, dominantes dans la consommation actuelle, sont à l'origine de dégradations de l'environnement et d'un changement climatique aux conséquences incalculables. Promouvoir les énergies alternatives et renouvelables est donc une nécessité pour faire face à la demande et éviter de nombreuses tensions géopolitiques.

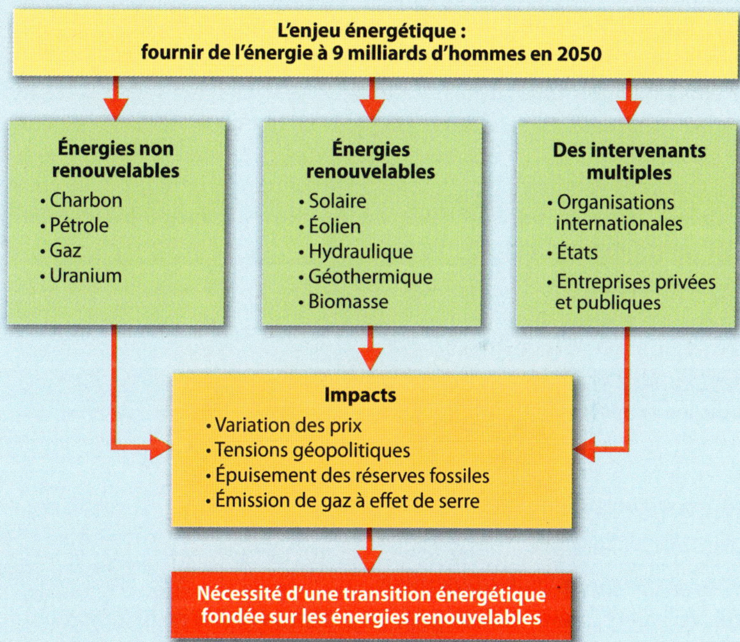

Construire un plan de composition en géographie

LA DÉMARCHE

Une composition est une réponse argumentée à une question posée. Le déroulement de votre argumentation suit une logique que l'on appelle un « plan ».

- **Lire le sujet plusieurs fois.** Repérez et définissez les mots-clés. Déterminez ce qu'indiquent les mots de liaison (« et », « ou ») : comparaison, relation, opposition ?
- **Rechercher la question induite par le sujet.** Elle sera votre problématique. Pour la trouver, interrogez-vous : quel problème géographique le sujet pose-t-il ? Comment se traduit-il dans l'espace ?
- **Mobiliser ses connaissances** pour organiser le plan et répondre à la problématique. Au brouillon, écrivez en vrac tout ce qui vous vient en tête concernant les termes du sujet. Puis regroupez en deux ou trois thèmes : ce sont les grandes parties de votre plan. Pour chaque thème, recherchez deux ou trois idées générales (sous-parties). Chaque idée sera accompagnée d'un exemple afin d'étayer l'argumentation.

L'EXEMPLE COMMENTÉ

Voici un plan possible pour le sujet suivant :
« Énergies et environnement dans le monde. »

Il ne faut jamais traiter un terme du sujet puis l'autre, mais montrer les relations entre les deux.

I. Des énergies fossiles néfastes pour l'environnement

1. Les énergies fossiles

2. Leurs impacts sur l'environnement

II. Des énergies renouvelables plus respectueuses de l'environnement

1. Les atouts des énergies renouvelables

2. Des énergies qui présentent cependant des contraintes

III. La nécessité d'associer toutes les énergies : un défi pour l'environnement ?

1. Faire face à une demande croissante et à une pénurie annoncée

2. L'énergie nucléaire, une solution ?

3. Préparer la transition énergétique

VÉRIFIER SES CONNAISSANCES

1 Définir

a. Hydrocarbures b. Énergie fossile

2 Expliquer

a. Pourquoi le charbon pourrait-il, malgré ses inconvénients, devenir l'énergie du XXIe siècle ?

b. Quels sont les avantages et les inconvénients de l'énergie hydraulique ?

S'ENTRAÎNER

3 Construire un plan de composition

Construisez le plan du sujet suivant :
« Énergies et inégalités de développement. »

POUR VOUS AIDER

- Le sujet invite à raisonner à l'**échelle mondiale**. Réfléchissez aux besoins en énergie, qui peuvent varier selon le degré de développement, mais aussi aux enjeux, qui sont mondiaux.
- Face au défi énergétique, quels sont les points communs et les différences entre les pays riches et les pays en développement ?

VÉRIFIER SES CONNAISSANCES

1 Définir

a. Les hydrocarbures sont **le gaz naturel et le pétrole**, ainsi appelés parce qu'ils sont composés de carbone et d'hydrogène. Les gisements sont souterrains, localisés à des profondeurs variables. Certains gisements de sables asphaltiques et de schistes bitumineux contiennent des hydrocarbures lourds. Leur récupération est plus coûteuse que celle des bruts légers (Arabie Saoudite, Nigeria).

b. On appelle énergie fossile une énergie produite à partir de **combustibles issus de la fossilisation** d'organismes vivants : pétrole, gaz naturel, houille. Les énergies fossiles sont limitées et non renouvelables. Leur combustion entraîne l'émission de gaz à effet de serre.

Distinguez bien hydrocarbures et énergies fossiles.

2 Expliquer

a. Le charbon est encore présent dans le monde en **grande quantité** : les réserves sont estimées à 200 ans. Son extraction est **peu coûteuse**, et il est essentiellement destiné à produire de l'électricité. Peu exporté, le charbon est principalement consommé par les pays producteurs (Russie, Chine, États-Unis), parfois peu soucieux des **risques** et des **effets néfastes sur l'environnement** qu'il comporte : coups de grisou, effondrement de galeries, pollution atmosphérique.

b. Les **fleuves** et les **rivières** représentent des ressources hydrauliques renouvelables (cycle de l'eau), **abondantes** et peu émettrices en gaz à effet de serre. Néanmoins, les barrages gênent la circulation des sédiments et des espèces, sont très **coûteux** et nécessitent le déplacement de villages entiers.

S'ENTRAÎNER

3 Construire un plan de composition

1. [Analyser le sujet, définir les mots-clés]

Le mot de liaison « et » implique de mettre en relation les deux notions du sujet. Pensez à toutes les formes d'énergie. Le sujet suggère l'existence d'un lien entre l'accès aux énergies et le développement d'un pays.

2. [Rechercher la problématique]

Il faut présenter la production, la consommation et la gestion des énergies dans le monde, et les mettre en relation avec le niveau de développement, afin de montrer l'inégal accès aux ressources énergétiques. Vous devez expliquer les **enjeux** énergétiques d'aujourd'hui : face à la croissance démographique des pays en développement, il est nécessaire de développer les énergies renouvelables. Les **acteurs** sont à mentionner dans le corps du devoir : les firmes transnationales des pays riches, mais aussi les organisations internationales, telles que l'OPEP.

Vous pouvez poser la problématique sous la forme d'une **question** (ou bien d'une **affirmation**) : « Les inégalités de développement se reflètent-elles dans l'accès et la gestion des énergies ? » Il est possible de répondre par l'affirmative, mais il faut aussi tenter de nuancer ses propos.

Cherchez des points de convergence entre pays en développement et pays développés : par exemple, tous ont des besoins énergétiques et doivent trouver de nouvelles sources d'énergie.

3. [Mobiliser ses connaissances]

Révisez le chapitre 11, particulièrement la partie sur les inégalités de développement, et tout le chapitre 14.

4. [Élaborer le plan]

Voici une proposition de plan.

I. Des besoins énergétiques différents, un accès inégal aux ressources

A. Les principaux consommateurs sont dans les pays développés (industrie, modes de vie)...

B... alors que les principaux producteurs sont des pays en développement (OPEP)...

C... mais la situation évolue (industrialisation des pays émergents : Inde, Chine)

L'émergence de gros consommateurs d'énergie est un aspect à ne surtout pas négliger.

II. Des pays soumis aux mêmes enjeux énergétiques

A. Gérer une demande croissante (croissance démographique, industrialisation)

B. Améliorer l'efficacité énergétique

C. Valoriser les énergies renouvelables

III. Des écarts de développement qui pourraient croître face aux enjeux énergétiques

A. Des pays dépendants de la rente pétrolière

B. Des énergies renouvelables encore trop « coûteuses » pour les pays en développement

C. Une coopération internationale nécessaire pour éviter les tensions géopolitiques

www.annabac.com

CHAPITRE

15 Villes et développement durable

La moitié des hommes sont aujourd'hui des urbains. Cette concentration des hommes en ville s'accompagne d'un étalement et d'une différenciation sociale des espaces urbains. Aménager des transports durables, afin de faciliter les mobilités humaines, lutter contre ces fragmentations tout en préservant l'environnement est donc un enjeu de l'aménagement des territoires. Comment aménager des « villes durables » ?

I Les villes : croissance, étalement et fragmentation

A Un monde de plus en plus urbain

- Aujourd'hui, **près de 53 % de la population mondiale vit en ville**. Alors qu'en 1930 on ne comptait que 30 % d'urbains dans le monde, le seuil de 50 % a été franchi en 2007, marquant ainsi l'achèvement de la transition urbaine à l'échelle mondiale. Selon l'ONU, le taux d'urbanisation devrait se situer autour de 60 % en 2030.

Le **taux d'urbanisation** est le rapport entre la population urbaine d'un pays et sa population totale. La **transition urbaine** désigne le passage d'une société majoritairement rurale à une société majoritairement urbaine.

- L'urbanisation est **plus ou moins avancée selon les continents** : les plus riches et développés, l'Europe et l'Amérique du Nord, mais aussi l'Amérique du Sud, continent émergent, sont aussi les plus urbanisés (entre 75 % et 80 % de citadins). L'Afrique et l'Asie comptent encore une majorité de ruraux mais la croissance urbaine y est très forte (environ 3 % par an). Les urbains devraient y être majoritaires en 2030.
- La majorité des **mégapoles** (villes de plus de 10 millions d'habitants) est située dans les PED, notamment en Asie (→ zoom p. 202). La croissance urbaine y est nourrie par un fort **accroissement naturel** et par l'**exode rural**. Stimulé

par la perspective d'un emploi et de meilleures conditions de vie, celui-ci ralentit toutefois aujourd'hui.

Les plus puissantes métropoles se situent dans les pays développés. La métropolisation, phénomène des pays riches, connaît cependant un vif essor dans les pays émergents. Les métropoles situées au sommet de la hiérarchie urbaine, qualifiées de «**villes mondiales**» (New York, Londres, Tokyo, Paris, etc.), exercent un rayonnement qui dépasse le territoire national. C'est entre elles que fonctionnent les relations économiques et commerciales les plus intenses. La multiplication des échanges mondiaux et la hausse des niveaux de vie expliquent donc l'urbanisation dans les pays émergents.

La **métropolisation** est le processus de concentration des fonctions de commandement politique, économique et culturel dans quelques grandes villes.

B L'étalement urbain

Les villes s'étendent sur des **espaces de plus en plus vastes**: on parle de périurbanisation. Les limites de la ville sont donc de plus en plus floues. Ce phénomène, qui se fait au détriment des espaces naturels et des terres agricoles, concerne toutes les villes du monde.

La **périurbanisation** est l'extension de l'espace urbanisé sur les espaces ruraux en périphérie des villes.

L'étalement urbain se fait en plusieurs étapes. Il suit d'abord le **tracé des axes de communication**, avec la généralisation de l'usage de l'automobile, puis se diffuse entre ces axes. Des **villes secondaires** sont alors absorbées ou bien créées dans l'orbite des grandes villes. Ces dernières deviennent ainsi des métropoles **polycentriques**, organisées autour de pôles multiples et éclatés (ex.: Los Angeles).

Certaines métropoles s'étendent au point de se toucher entre elles et de former un **ensemble urbain quasi continu (conurbation)**. Cela peut donner naissance à une **mégalopole**, comme au Japon, au Nord-Est des États-Unis et en Europe (dorsale européenne). De nouvelles mégalopoles se développent: au Sud-Est du Brésil, sur la côte ouest des États-Unis, en Chine entre Shanghai et Hong Kong.

Dans les pays développés, **les espaces périurbains ont longtemps été des lieux de résidence** exclusivement («banlieues dortoirs»). Mais progressivement, des activités s'y sont implantées: centres commerciaux, zones industrielles, aéroports, parcs technologiques, bases de loisirs. Certains sont même devenus de véritables centres urbains (ex.: centre commercial Val d'Europe en région parisienne). Dans les PED, la croissance urbaine, plus anarchique, pose des problèmes d'infrastructures (accès aux transports, à l'eau potable).

zOOM

La croissance urbaine dans le monde

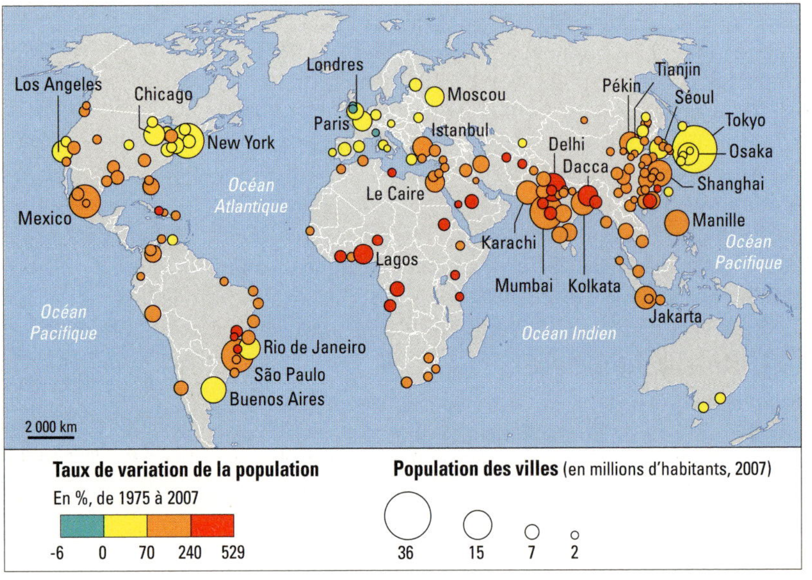

Source : ONU.

▶ La majorité des grandes villes du monde sont aujourd'hui localisées dans **les pays émergents**, notamment en Chine et en Inde. La croissance urbaine se poursuit dans ces pays, qui sont en cours de **transition urbaine**.

▶ Dans les **pays développés**, au contraire, le nombre de grandes villes se stabilise. La croissance urbaine, plus modérée, se traduit par un **étalement urbain** et une redistribution de ville à ville. La transition urbaine est achevée.

C Des espaces urbains fragmentés

■ La **ségrégation sociospatiale** est la mise à l'écart, au sein de quartiers distincts, de populations considérées comme différentes d'un point de vue social, ethnique ou culturel. Ce phénomène est présent dans toutes les villes du monde. Les **quartiers centraux** concentrent les activités les plus dynamiques (sièges sociaux d'entreprises, commerces de luxe, etc.) ; les prix des logements y sont très élevés. Mais on y trouve aussi des poches de pauvreté (→ zoom p. 204).

Aux **périphéries** des grandes villes des pays riches, les zones pavillonnaires, parfois organisées en lotissements (*suburbs* américaines), sont essentiellement habitées par des classes moyennes. En Europe, les populations les plus modestes sont concentrées dans des grands ensembles, souvent construits dans les années 1960 pour répondre à l'augmentation de la population et du nombre de travailleurs immigrés. Beaucoup sont aujourd'hui considérés comme des « quartiers sensibles » cumulant les problèmes sociaux (taux de chômage élevé, services publics insuffisants ou absents, insécurité, etc.)

Les **grands ensembles** sont des habitats collectifs organisés en barres d'immeubles.

Dans les PED, des **quartiers informels** (bidonvilles, favelas en Amérique latine, *bustees* ou *slums* en Inde) s'établissent entre les quartiers résidentiels, souvent dans des lieux exposés aux risques (inondations, séismes...).

De nombreuses municipalités essaient aujourd'hui de rendre plus attractifs les centres-villes par des mesures de **réhabilitation** (ex. : docklands à Londres) afin d'y faire revenir les classes aisées. On parle alors de **gentrification**. De plus, la construction de **quartiers résidentiels fermés** et surveillés, les *gated communities* (apparues aux États-Unis dans les années 1970) amplifie les contrastes sociaux.

II Transports et mobilités dans la ville

A Des mobilités croissantes

L'étalement urbain est à l'origine de mobilités **plus fréquentes et sur des distances de plus en plus grandes**. Il rend les habitants périurbains de plus en plus dépendants de la voiture et des transports en commun.

Certains déplacements ont un caractère **répétitif et de masse** : c'est le cas des déplacements domicile-travail (également appelés navette ou migrations alternantes), mais aussi de mobilités liées aux loisirs ou à la consommation.

L'accroissement des mobilités requiert des **investissements** importants de la part des gestionnaires des villes : infrastructures de transports en commun, aménagement de routes et d'autoroutes... Les mobilités sont également sources de **désagréments** importants : embouteillages, pollution, perte de temps, bruit...

zOOM

L'organisation d'une grande métropole nord-américaine

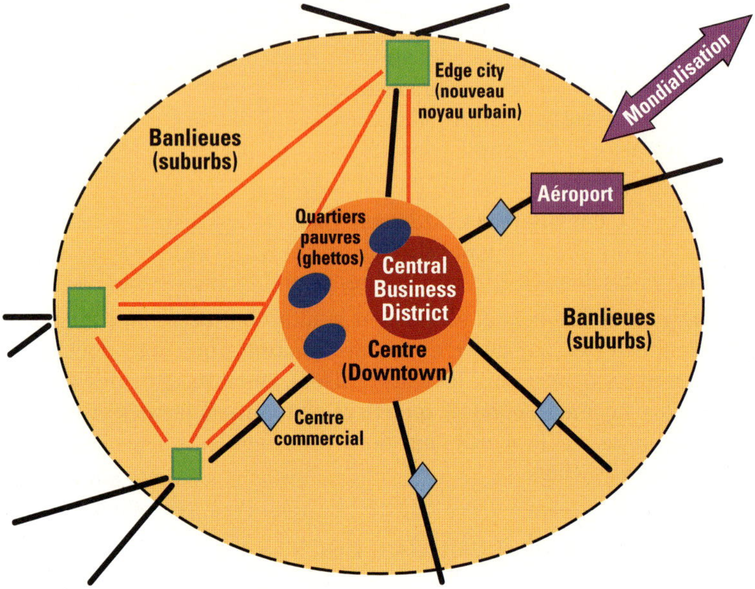

▶ Les métropoles nord-américaines ont presque toutes la même organisation. Le centre-ville, contrairement à celui des villes européennes, est lui-même très fragmenté. Nommé **downtown**, il regroupe des quartiers résidentiels et commerçants ainsi que le ***Central Business District*** (quartier des affaires), qui concentre les sièges sociaux des principales entreprises. Au sein de ces quartiers, certaines poches de pauvreté subsistent : friches industrielles délaissées, quartiers délabrés et en difficulté sociale (**ghettos**).

▶ Les périphéries, ou banlieues (***suburbs***) présentent un **zonage fonctionnel** : zones résidentielles, commerciales (*mall*), aéroportuaires, etc. De nouveaux pôles se développent alors de plus en plus loin de la ville centre : ces *edge cities* rendent la ville polycentrique.

Autoroutes urbaines à Los Angeles

B Les transports urbains

Rares sont aujourd'hui les villes où les déplacements en transport en commun dépassent le tiers des déplacements urbains. L'**automobile** individuelle reste le moyen le plus utilisé dans les pays développés et elle est en essor dans les PED. L'utilisation des deux-roues motorisés progresse, causant les mêmes nuisances que l'automobile, mais permettant une plus grande fluidité du trafic.

Les **transports en commun** (métro, train, bus et tramway) réduisent l'usage des moyens de transport individuels. Ils permettent des déplacements rapides mais peuvent également être source de pollution (bus) et sont souvent très coûteux, notamment pour les PED (tramway, métro).

C Développer des transports durables

Les transports durables ont pour but de **préserver la santé publique et l'environnement**. Cherchant à polluer le moins possible, ils s'adaptent aux distances à parcourir, favorisent les mobilités et les communications entre les différents espaces urbains. Ils participent donc à la **réduction des inégalités sociospatiales**.

Pour les courtes et moyennes distances, deux types de solutions sont souvent envisagés : développer les transports publics (métro, tramway) et favoriser les **mobilités individuelles douces** (**vélopartage** de type Vélib'à Paris, pistes cyclables, partage de véhicules électriques, covoiturage).

■ Certaines villes d'Amérique latine (Bogotá, Mexico, Lima, Santiago...) ont développé des moyens de transport innovants, tels que les **systèmes d'autobus en site propre**, appelés communément **BRT** *(Bus Rapid Transit)* ou BHNS (bus à haut niveau de service). D'autres ont fait le choix de **téléphériques urbains** reliant centre-ville et quartiers défavorisés (Medellín, Rio, Caracas). Moins coûteux qu'un métro ou qu'un tramway, ces aménagements témoignent de la volonté d'aménager des villes plus démocratiques et des transports plus durables.

■ Enfin, pour réduire les pollutions d'origine automobile, certaines municipalités cherchent à restreindre la circulation : circulation alternée, permanente (Bogotá) ou lors des pics de pollution, systèmes de **péage urbain** (Londres), aménagement de zones piétonnes, etc.

> La **circulation alternée** prévoit que seule une partie des automobiles, généralement identifiées par le dernier numéro (pair ou impair) de leur plaque minéralogique, a le droit de circuler.

III Aménager des villes durables

A Une nécessité face à la vulnérabilité croissante des villes

■ Toutes les villes du monde sont confrontées aux **mêmes problèmes** : augmentation des déchets ménagers et industriels, gestion de plus en plus difficile de l'eau (distribution, assainissement), pollution atmosphérique, nuisances sonores et visuelles (dégradation des paysages d'entrée de ville par des panneaux publicitaires), tensions sociales dans les zones urbaines sensibles, coût élevé des logements dans les centres.

■ De plus, les villes sont particulièrement vulnérables aux **risques naturels et technologiques** : risques d'inondation aggravés par le bétonnage des sols (qui favorise le ruissellement de surface au détriment de l'infiltration dans le sol), risques de tempêtes et de tsunami dans les villes littorales, risques spécifiques aux quartiers informels (glissements de terrain, risques sanitaires liés à l'absence d'eau courante) dans les PED. Par ailleurs, les fortes densités humaines augmentent la **vulnérabilité** face aux risques technologiques (pollutions chimiques autour de sites industriels) (→ chap. 18).

■ Dans les PED, la situation est plus préoccupante : vingt des trente villes les plus **polluées** du monde sont en Chine et celles-ci devraient accueillir plus de 300 millions de ruraux d'ici 2020. Elles sont soumises à de fortes pollutions atmosphériques, notamment des pluies acides.

> Les **pluies acides** sont des précipitations qui se sont acidifiées au contact de la pollution atmosphérique.

B La ville idéale, une idée ancienne

La quête de la cité idéale remonte à l'Antiquité. Le tracé géométrique avec un plan en damier des villes américaines, qui se développent au XVIIIe siècle, reprend la forme urbaine préconisée par Alexandre le Grand et l'organisation des camps romains. Il témoigne de la volonté d'organiser la ville de façon rationnelle.

Le **mouvement hygiéniste** est un courant de pensée du XIXe siècle qui a influencé l'aménagement urbain pour améliorer la santé par une meilleure hygiène.

À la fin du XIXe siècle, la **prise en compte de l'environnement dans l'aménagement urbain** est assurée par le mouvement hygiéniste. Celui-ci incite à améliorer la circulation de l'air et à maîtriser l'approvisionnement et l'assainissement de l'eau (eau courante, salles de bain, égouts), afin d'endiguer les épidémies. Il s'accompagne de la destruction des quartiers insalubres.

Au début du XXe siècle, des projets urbains cherchent à **concilier les avantages de la ville et ceux de la campagne** : ainsi naît le concept de cité-jardin (Royaume-Uni, États-Unis, France), qui se caractérise par la présence d'une ceinture agricole autour de la ville, d'une densité faible du bâti et d'équipements publics (écoles, centres sportifs, mairies). Elle rejoint aussi les préoccupations hygiénistes en proposant des équipements sanitaires dans chaque logement et des installations sportives publiques.

En France, l'architecte **Le Corbusier** veut lutter contre l'étalement urbain et propose, dans la **charte d'Athènes** (1933), de regrouper l'habitat dans de grandes barres, sortes de « cités-jardins verticales » qu'il nomme **Unités d'habitation**. Mise en œuvre après-guerre, l'idée est de regrouper des logements, d'installer des services (école, librairie, épicerie) dans l'immeuble, et des équipements sportifs sur le toit. L'espace urbain ainsi libéré peut alors être transformé en espaces verts, parking et aires de jeux (→ zoom p. 208).

Repenser l'organisation de l'espace urbain est aujourd'hui nécessaire. La politique de zonage urbain, qui a dominé dans la seconde moitié du XXe siècle, a conduit à multiplier les déplacements. Une plus grande mixité fonctionnelle doit être mise en place : à la **ville diffuse** s'oppose donc la **ville compacte**, plus dense et bien reliée aux autres pôles qui la constituent et qui doivent, eux aussi, être densifiés. De même, dans les programmes de réhabilitation de quartiers et de construction de logements, la recherche d'une **mixité sociale** doit permettre de lutter contre la ségrégation sociospatiale.

Le **zonage urbain** est une politique d'aménagement urbain qui spécialise chaque zone de la ville dans une fonction : habitat, commerce, industrie, loisirs…

ZOOM

Imaginer la cité idéale : ville « horizontale » contre ville « verticale »

La cité-jardin de Suresnes. Construite entre 1921 et 1939 sous l'impulsion d'Henri Sellier, elle se caractérise par des immeubles peu élevés, la recherche d'une mixité sociale, la présence d'équipements publics et un cadre de vie verdoyant. Elle propose des pavillons et des appartements confortables avec des équipements sanitaires, à une époque où triomphe l'hygiénisme.

La Cité radieuse de Marseille (1947-1952) conçue par Le Corbusier, est une des Unités d'habitation encore habitées de nos jours. Comme celle de Firminy (près de Saint-Étienne), elle comprend, dans ses étages centraux, des services et des commerces. La terrasse est occupée par une école maternelle, un gymnase, un auditorium…

C Comment aménager des « villes durables » ?

Les politiques urbaines dites de développement durable répondent souvent aux seuls **enjeux environnementaux** : tri sélectif des déchets, aménagement d'espaces verts, développement des transports en commun, construction de bâtiments à basse consommation énergétique (HQE). Elles cherchent aussi à mettre en place localement des Agendas 21 (→ chap. 11), à améliorer le cadre de vie en détruisant les grands ensembles par exemple. Mais la « ville durable » implique de s'intéresser aussi aux autres piliers du développement durable.

C'est dans cette optique que sont nés les **écoquartiers**, véritables laboratoires de la ville durable. Nombreux en Suède, au Danemark et en Allemagne, ils se développent aussi en France et au Royaume-Uni, à la périphérie des villes ou dans des friches industrielles ou ferroviaires. Ils ont pour fonction d'intégrer toutes les dimensions du développement durable et répondent à la **charte d'Aalborg** (1994), qui définit le concept de ville durable.

Habitats à faible émission de CO_2, construits dans un environnement offrant toutes les aménités urbaines, les écoquartiers doivent assurer la mixité sociale en intégrant **des services de proximité et des logements sociaux**, tout en étant bien reliés au reste de la ville par des transports durables. L'introduction de la nature et le développement du lien social sont privilégiés : espaces verts, aires de jeux, potagers associatifs, etc.

Les **aménités** sont les atouts, les agréments d'un lieu (bonne desserte, paysages, services disponibles).

Un écoquartier : BedZed à Londres

■ Cependant, peu de villes d'Amérique du Nord ou d'Europe du Sud disposent de tels projets et de nombreuses interrogations demeurent dans les villes où ces écoquartiers sont aménagés. Le plus souvent, **la mixité sociale n'y est pas souhaitée par les habitants** qui paient très cher des logements neufs et écologiques : ne risque-t-on pas de créer de nouvelles disparités sociospatiales ?

■ La plupart des PED n'ont pas les moyens financiers d'aménager ce type de quartiers innovants, même si des expériences sont tentées, notamment en Chine. La réponse aux **besoins urgents des populations** (gestion de l'eau, logement, éducation, rénovation et légalisation des quartiers informels) prend le pas sur la question des transports et des villes durables.

RÉCAPITULONS

La croissance urbaine généralisée est à l'origine d'un étalement des villes et de l'explosion des mobilités. Les défis auxquels sont aujourd'hui confrontées les villes rendent nécessaire la mise en œuvre d'un urbanisme plus durable. Celui-ci reste cependant cantonné aux pays développés ; dans les PED, les urgences concernent d'abord l'accès à l'eau, à l'emploi, au logement, aux soins.

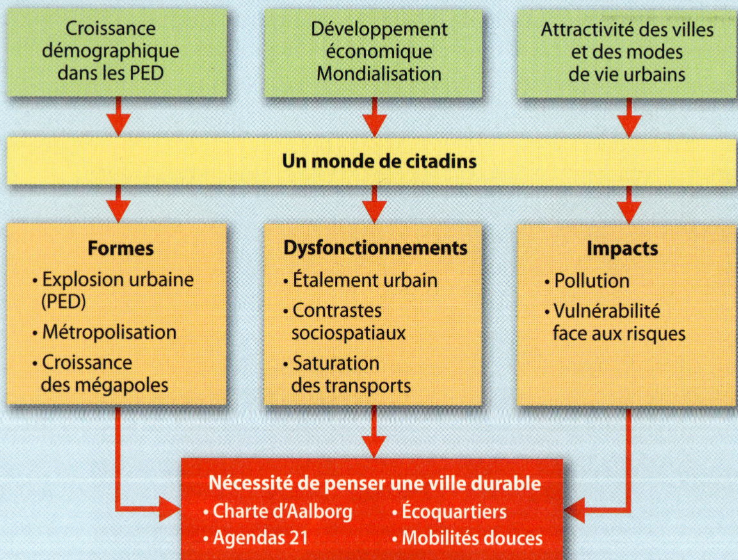

Analyser un paysage

LA DÉMARCHE

Décrire le paysage. Précisez l'angle de vue, repérez les plans, définissez la nature du paysage (rural, touristique, littoral, urbain) et relevez les composantes du paysage (éléments d'unité, occupation du sol, aspect du quartier).

Interpréter. Mettez en relation les informations relevées (éléments naturels, aménagements humains) : quels sont leurs liens ? À quel problème ces aménagements répondent-ils ? Pour quels résultats ? Repérer les éléments d'évolution (ce qui semble avoir changé, ce qui est ancien, récent).

Présenter l'intérêt du paysage. Ce qu'il montre est-il caractéristique d'un phénomène observable ailleurs ? À l'inverse, qu'est-ce qu'il ne montre pas ?

L'EXEMPLE COMMENTÉ

DOCUMENT **Un paysage de São Paulo**

Décrire. Il s'agit d'une photographie d'un quartier de São Paulo, la plus grande ville du Brésil. Au premier plan, un **quartier informel**, appelé **favela** (bidonville), reconnaissable aux constructions faites de tôles, de matériaux de récupération. Au second plan, on voit des immeubles modernes, sans doute le centre-ville ou le **quartier des affaires (CBD)**.

Interpréter. La **ségrégation sociospatiale** est observable à une échelle micro-locale : les constructions de fortune jouxtent les buildings du centre-ville. Les favelas sont alimentées par la croissance démographique et l'exode rural, certes en recul. La présence de poteaux électriques au premier plan montre la pérennisation de ce type d'habitat typique des PED.

Présenter l'intérêt du paysage. Cette photographie représente la **fragmentation urbaine** particulièrement marquée dans les pays émergents, où seule une partie de la population bénéficie des fruits de la croissance.

VÉRIFIER SES CONNAISSANCES

1 Définir

a. Mégapole et métropole b. Urbanisme

2 Expliquer

Quel est le lien entre croissance urbaine et taux d'urbanisation ?

S'ENTRAÎNER

3 Analyser un paysage

DOCUMENT **TransMilenio, réseau de bus créé à Bogotá en 2000,** transportant environ 1,4 million de passagers par jour.

VÉRIFIER SES CONNAISSANCES

1 Définir

a. Une **métropole** est une ville ayant un pouvoir de commandement économique, politique et culturel sur un espace vaste. Une **mégapole** est une ville très peuplée (plus de 10 millions d'habitants) et très étendue. Toutes les mégapoles ne sont pas des métropoles de rang mondial.

b. L'**urbanisme** désigne l'ensemble des aménagements et équipements d'une ville.

2 Expliquer

Le **taux de croissance urbaine** correspond à l'accroissement annuel de la population urbaine. Le **taux d'urbanisation** correspond au pourcentage de citadins par rapport à la population totale d'un pays. Ainsi, les pays qui ont un **taux d'urbanisation élevé** ont généralement un **taux de croissance urbaine faible** car la majorité de la population vit déjà en ville. Il s'agit surtout des pays riches et développés et de l'Amérique latine. Les pays qui ont un taux d'urbanisation moyen ou faible (moins de 50 %) ont généralement un taux de croissance urbaine forte, par effet de rattrapage. Il s'agit surtout des pays d'Asie et d'Afrique.

S'ENTRAÎNER

3 Analyser un paysage

1. [Décrire le paysage]

La photographie, prise légèrement en hauteur, présente une station du TransMilenio, système de bus innovant mis en place en 2000 à Bogotá, capitale de la Colombie. On observe que le TransMilenio circule en site propre. De la station, les passagers empruntent une passerelle qui leur permet de quitter les voies de circulation. Autour des stations, particulièrement à droite, la circulation est dense. Au loin, on devine le centre-ville, où l'atmosphère semble particulièrement **polluée**. Les bus sont proches les uns des autres : ce doit être l'heure de pointe.

On appelle circulation en **site propre** le fait de réserver des voies à certains types de véhicules, généralement pour les transports en commun.

2. [Interpréter]

En transportant rapidement un grand nombre de voyageurs, le TransMilenio réduit la densité de circulation, donc la pollution atmosphérique, très importante à Bogotá. Il est adapté à ce type de ville des PED car son installation est **peu coûteuse** (80 % moins cher qu'un tramway en Europe). S'il ne répond pas totalement aux critères de transport durable (puisque les bus émettent des gaz à effet de serre), il constitue néanmoins un bon compromis.

3. [Présenter l'intérêt du paysage]

Après Bogotá, qui a servi de modèle, d'autres villes latino-américaines (Mexico, Buenos Aires...) ont adopté ce type de transport en commun appelé aussi BRT *(Bus Rapid Transit)* ou bus à haut niveau de service (BHNS). Cela témoigne de la volonté de **réduire la ségrégation sociospatiale** en permettant aux quartiers défavorisés d'être reliés au centre.

CHAPITRE

16 Les mondes arctiques, une « nouvelle frontière »

Les bouleversements climatiques font aujourd'hui des régions arctiques de nouveaux enjeux géopolitiques, économiques, sociaux et environnementaux. Ces régions constituent désormais une « nouvelle frontière » dont les ressources sont à l'origine de tensions internationales et de menaces sur l'environnement. Inventer un monde polaire durable est-il possible ?

I Un milieu contraignant en voie d'intégration

A Délimiter les mondes arctiques

■ Définir les limites géographiques de la région Arctique est complexe. Traditionnellement, l'Arctique est **la région située au nord de la Terre, à l'intérieur et aux abords du cercle polaire arctique**. Cette région comprend l'océan Arctique (deux tiers de la superficie) et le nord des terres qui l'entourent, soit environ 24 millions de km².

■ Si l'océan Arctique est parfaitement délimité, il est en revanche **difficile de fixer la frontière des régions arctiques terrestres**. La frontière aujourd'hui admise par les climatologues est la **ligne de Köppen**, c'est-à-dire la limite à l'intérieur de laquelle la température de l'air ne dépasse jamais 10 °C durant le mois le plus chaud (juillet). Cette isotherme marque la limite nord de la taïga, au contact de la toundra, et celle du pergélisol continu.

La **taïga** est une forêt de conifères adaptés au froid, et la **toundra** une formation végétale basse d'herbes, de lichens et de petits arbustes.

■ Pour compléter cette définition, on utilise parfois l'**indice de nordicité**, qui prend en compte des données à la fois naturelles (températures, précipitations, durée de la nuit…) et humaines (accessibilité, présence de populations autochtones, activités économiques). Ces dix indicateurs VAPO (valeur polaire) établissent une échelle allant de 100 à 1 000 pour le pôle Nord. Peut être considéré comme arctique un lieu dont l'indice est supérieur à 200.

B Un milieu contraignant

Le climat polaire se caractérise par des **températures froides**, sans chaleur estivale, des hivers glaciaux (toujours en dessous de -40 °C) et des vents violents. Les températures entraînent la formation du **pergélisol** ou permafrost (sous-sol gelé en permanence) qui ne permet aucune agriculture. Neuf mois par an, le froid fabrique une continentalité provisoire : la banquise (mer gelée) soude des dizaines de milliers d'îles au continent. Cet englacement ferme les mers arctiques à la circulation des navires, à moins de faire usage d'un brise-glace.

Il est difficile de caractériser un seul climat arctique. Celui-ci varie en fonction de la latitude (plus ou moins au nord), de l'altitude, de la distance par rapport aux littoraux (plus froid à l'intérieur des terres) et de la présence ou non de courants marins. Dans une même région, plusieurs climats peuvent donc voisiner, et l'impact des changements climatiques a déjà des répercussions.

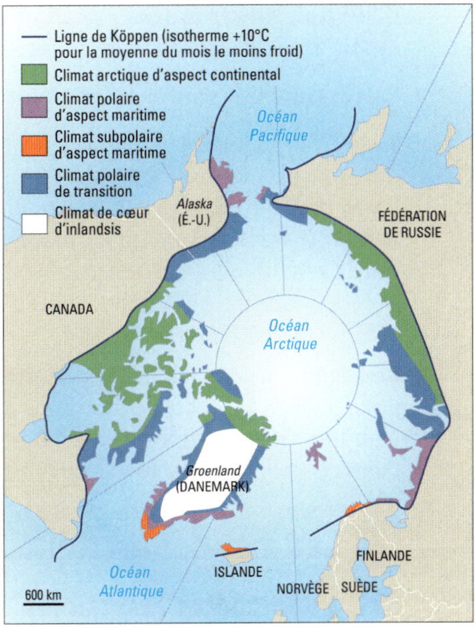

Les climats de l'Arctique

C Une nouvelle frontière en voie d'intégration ?

1. Le réchauffement climatique

L'Arctique s'est réchauffé **au cours du dernier siècle**, mais de façon non uniforme. La température moyenne de surface a augmenté d'environ 0,09 °C tous les 10 ans, ce qui est supérieur de 50 % à la moyenne dans l'hémisphère nord.

Depuis la fin des années 1970, et plus encore des années 1990, le réchauffement climatique s'accélère en Arctique. La surface recouverte de glace (**calotte glaciaire**) a diminué d'environ 20 % depuis 30 ans. Selon les scientifiques, elle continuera à se réduire de 40 à 50 % d'ici 2050. Surtout, la **fonte de la banquise pendant l'été** est devenue spectaculaire et observable depuis l'espace (→ zoom p. 217).

■ Peu peuplé, fréquenté essentiellement, outre les populations locales, par des scientifiques et des militaires (pendant la guerre froide, l'Arctique représentait le plus court chemin entre l'Amérique du Nord et l'URSS), l'Arctique pourrait, en raison du réchauffement climatique, devenir une **« nouvelle frontière » de la planète**, c'est-à-dire un espace à mettre en valeur et à intégrer à l'œkoumène.

> **L'œkoumène** est l'espace occupé par l'homme.

2. De nouvelles routes maritimes

■ Avec le réchauffement climatique, l'ouverture des grandes routes maritimes du Nord permettrait de réduire d'environ 40 % la longueur des trajets entre l'Asie et l'Europe. Les navires pourraient emprunter le **passage du Nord-Ouest** qui traverse l'archipel canadien, ou celui du **Nord-Est** qui longe la côte nord de la Russie. D'ici une dizaine d'années, une **route transpolaire** entre le port de Mourmansk (Russie) et celui de Churchill (Canada) serait ouverte par la fonte des glaces (→ zoom p. 221).

■ Cependant, ces passages restent et resteront **dangereux** (risques d'accidents et de pollution), car les contraintes naturelles y sont fortes : glaces dérivantes, courants violents, vents, faible tirant d'eau dans les détroits, qui ne peuvent laisser passer que des cargos de taille modeste.

II Les mondes arctiques : des ressources convoitées

A D'importantes ressources

■ Les mers arctiques sont riches en **ressources halieutiques** (poisson), notamment au large de la Norvège et de la Russie d'Europe, et entre l'Alaska et la Sibérie. En outre, le réchauffement des mers du globe tend à faire migrer vers les pôles des espèces ordinairement pêchées dans des eaux plus tempérées (cabillaud, églefin...), qui s'ajoutent à celles traditionnellement présentes (hareng, morue...). La fonte des glaces pourrait élargir les zones de pêche existantes, même si les ressources des zones centrales de l'Arctique sont encore mal connues.

■ De nombreuses **ressources minières et énergétiques** sont présentes dans les régions arctiques : nickel, phosphates, étain, fer, or, diamants, uranium, charbon et hydrocarbures (→ zoom p. 221). Leur exploitation n'est pas nouvelle : en Suède, l'extraction du fer organise la vie économique du nord du pays depuis plus d'un siècle. En **Sibérie**, les réserves minières sont exploitées dès les années 1930 par les prisonniers soviétiques du goulag.

ZOOM

La fonte de la banquise

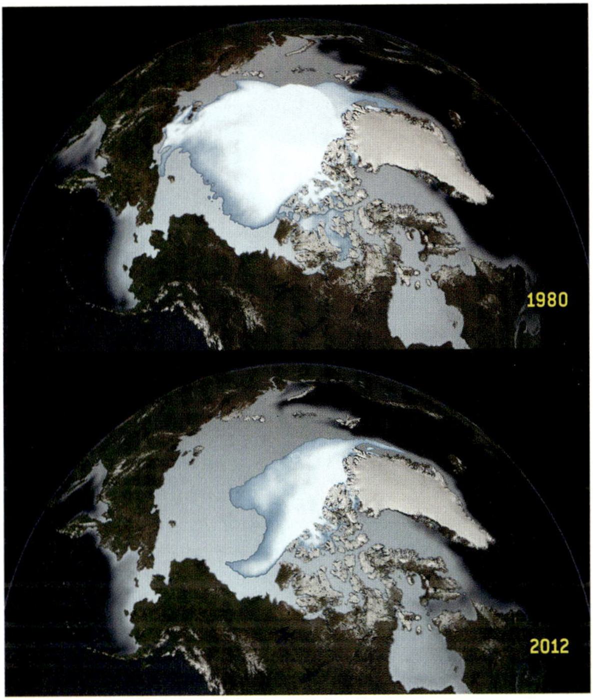

▲ **Images satellites de la banquise en 1980 et en 2012 (période du 1er novembre au 31 janvier)**

▶ En trente ans, la surface de la banquise observable à la fin de l'été a diminué de 50 %. Elle a atteint un **minimum record** en septembre 2012 avec 3,4 millions de km², pulvérisant le record de 2007 (4,1 millions de km²).

▶ La **structure** même de la banquise est modifiée par les bouleversements climatiques : auparavant constituée de plusieurs couches de glace persistante, elle est maintenant formée majoritairement de **glace saisonnière**.

▶ Alors que la plupart des spécialistes considéraient que la **disparition de la banquise à la fin de l'été** ne se produirait pas avant la seconde moitié du XXIe siècle, certains scientifiques pensent désormais que ce pourrait être le cas dès 2016 !

Toutefois, c'est surtout à partir de la Seconde Guerre mondiale que les mondes arctiques sont perçus comme des **réserves stratégiques**. En Alaska, au Yukon, dans le delta du Mackenzie (Canada), dans la plaine de l'Ob en Sibérie, les géologues font alors l'inventaire de nombreux gisements pétroliers. Mais en raison de l'ampleur des investissements à entreprendre et du prix du baril, encore peu élevé, ils ne sont pas exploités. Les deux chocs pétroliers de 1973 et 1979 changent la donne et marquent le début de la mise en valeur de ces ressources.

Les **chocs pétroliers** se traduisent par une augmentation importante et brutale du prix du pétrole : les prix de 1980 sont environ 9 fois supérieurs à ceux de 1972.

L'augmentation actuelle du prix du pétrole, la baisse des réserves prouvées et la croissance de la consommation énergétique mondiale (notamment en Chine et en Inde) rendent aujourd'hui l'exploitation des gisements arctiques **beaucoup plus rentable**. Le réchauffement climatique apparaît donc comme une opportunité pour accéder à ces ressources, plus facilement.

Il faut néanmoins relativiser cette idée : si le recul de la banquise offre de nouvelles opportunités énergétiques, **il fragilise aussi le pergélisol**, ce qui complique l'extraction et l'acheminement des ressources. En outre, l'implantation de plates-formes de forage en mer est confrontée aux mêmes contraintes naturelles que la navigation (glaces dérivantes, etc.) et, selon certains spécialistes, le montant des ressources arctiques (ex. : 22 % des réserves probables d'hydrocarbures) serait surestimé.

La transformation du paysage arctique par la mise en valeur des ressources : mine de diamants à ciel ouvert de Diavik, Territoires du Nord-Ouest (Canada)

B Concurrence entre États et réglementation internationale

1. Les acteurs en présence

Les cinq États riverains de l'océan Arctique sont les principaux acteurs de la région.

- Plus de 40 % du territoire du **Canada** (Yukon, territoires du Nord-Ouest, Nunavut, archipel arctique) appartient à la zone arctique. Environ 100 000 habitants y vivent, dont la moitié de populations indigènes (Inuits).
- Grâce à l'Alaska, les **États-Unis** sont également présents. Le détroit de Béring les fait voisiner avec la **Russie**, qui représente à elle seule 50 % des terres arctiques.
- Le Groenland appartient au **Danemark** ; il bénéficie toutefois d'un statut d'autonomie. Enfin la **Norvège** possède l'archipel de Svalbard (principale île : Spitzberg).

2. Une réglementation internationale récente

- Le statut de l'océan Arctique, comme celui de tous les océans et mers du globe, est réglementé par la Convention des Nations unies sur le droit de la mer signée à **Montego Bay** (Jamaïque) en 1982. Cette convention reconnaît aux États des droits sur leurs **eaux territoriales** (jusqu'à 12 milles nautiques des côtes), sur la zone contiguë (12 milles de plus) et sur la ZEE (200 milles des côtes, soit 370 km). Au-delà s'étendent les eaux internationales.

La **zone économique exclusive** (ZEE) est l'espace maritime (y compris les fonds marins et le sous-sol) sur lequel un État côtier exerce des droits souverains en matière économique.

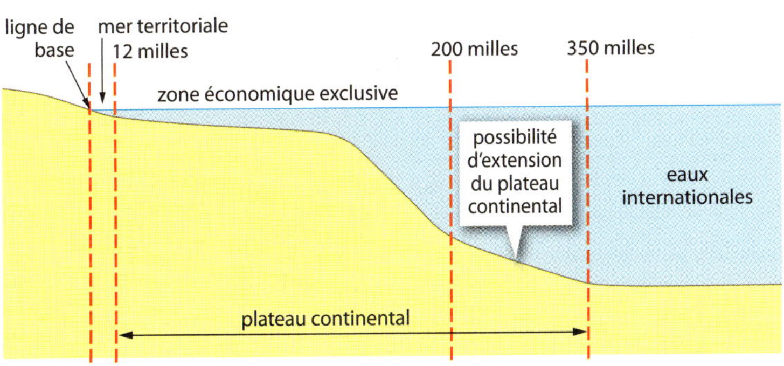

Les limites juridiques des espaces maritimes

Toutefois, lorsque le **plateau continental**, c'est-à-dire le prolongement du continent sous la surface de la mer, s'étend au-delà de 200 milles marins (ce qui est le cas dans l'océan Arctique), les États peuvent se voir reconnaître l'exploitation des ressources jusqu'à 350 milles de leurs côtes (soit 648 km), si la profondeur de la mer ne dépasse pas 2 500 mètres. Cette situation est à la base de **revendications des pays riverains de l'Arctique**.

Deux organisations intergouvernementales cherchent à favoriser la concertation dans la région arctique :

- Le **Conseil de l'Arctique**, crée en 1996, est un forum intergouvernemental qui cherche à promouvoir le développement durable de la région, et s'occupe notamment de questions environnementales. Il regroupe les cinq États riverains de l'océan Arctique, l'Islande, la Suède et la Finlande, ainsi que six organisations représentant les populations autochtones.
- La **Dimension nordique**, mise en place en 1997, est un programme de collaboration entre l'UE, l'Islande, la Norvège et la Russie. Elle vise à faciliter le dialogue et la coopération en matière politique, économique et environnementale.

III Un enjeu pour les équilibres mondiaux ?

A De nouvelles tensions géopolitiques

La présence d'importantes ressources et les incertitudes quant aux délimitations des territoires marins attisent les tensions entre États.

Les tensions concernent d'abord la **circulation des navires**. Ainsi, le Canada estime que le passage du Nord-Ouest fait partie de ses eaux territoriales, alors que l'Union européenne et les États-Unis considèrent qu'il doit être géré comme un **détroit international**.

Les eaux internationales représentent aujourd'hui 40 % de l'océan Arctique, mais seraient ramenées à 10 % si toutes les revendications nationales devaient être satisfaites. Pourtant, les zones qui contiendraient des hydrocarbures se trouvent à **95 % à l'intérieur des ZEE** des cinq États concernés (→ zoom p. 221). L'extension des domaines territoriaux (plateau continental) de chaque pays ne permettrait donc d'acquérir que les 5 % restants, sans certitude de la présence d'hydrocarbures. Mais cela suffit à créer des tensions.

En mer de Beaufort, Américains et Canadiens ne s'entendent pas sur le tracé de la **ligne de partage des eaux** au large du Yukon et de l'Alaska. Canadiens et Danois se disputent depuis trente ans la propriété de l'île de Hans et surtout de sa ZEE.

ZOOM

Géopolitique de l'Arctique : la course pour les ressources

Ressources énergétiques

- Réserves connues de pétrole et de gaz, zones en cours de prospection
- Extraction
  - de pétrole et de gaz
  - mines
- Principaux oléoducs et gazoducs
  - existants
  - en projet
- Principales marées noires ou ruptures d'oléoducs
- Routes maritimes utilisables en permanence à échéance de 10 ou 15 ans

Un milieu contraignant

Surface de la banquise (en sept.)

- moyenne 1992-2006
- 2012
- Surface du pergélisol

▶ La présence d'importantes ressources et la perspective de l'ouverture de nouvelles voies maritimes font des mondes arctiques un enjeu pour les équilibres mondiaux.

Mais c'est le **découpage du plateau continental de l'Arctique** qui constitue l'enjeu le plus crucial : la Russie, le Canada et le Danemark ont engagé une course pour cartographier les fonds marins entourant la dorsale de Lomonossov, afin de prouver qu'elle constitue le prolongement naturel de leur propre plateau continental. Cela leur permettrait d'affirmer leur souveraineté sur la zone jusqu'à 350 milles nautiques de leurs côtes. La Russie a même planté son drapeau sur le fond marin en août 2007.

Une **dorsale** est une chaîne de montagnes sous-marine.

B De nouvelles vulnérabilités arctiques

L'environnement de l'Arctique est fragile. Il est soumis à de multiples **pollutions** qui sont soit transportées par les courants atmosphériques et océaniques (gaz à effet de serre, substances toxiques), soit liées à la mise en valeur de ses ressources (exploitation des hydrocarbures, déchets radioactifs laissés par les bases militaires et les sites d'essais nucléaires soviétiques). Souvent, l'hostilité du milieu et l'éloignement des sites de traitement poussent les producteurs à abandonner les déchets sur place ou, au mieux, à les enterrer dans des fosses étanches.

Le **réchauffement climatique** amplifie les menaces sur l'environnement. En libérant les gaz prisonniers du pergélisol, la fonte des glaces augmente les émissions de méthane et de CO_2, ce qui accroît l'effet de serre. Tout l'**écosystème** subit des transformations : l'ours polaire est menacé par la fonte de la banquise, la toundra disparaît. Avec l'augmentation du trafic maritime et l'implantation de plates-formes pétrolières offshore, les probabilités de **marées noires** deviennent plus élevées.

Les mondes arctiques sont peuplés d'environ 3 millions d'habitants, dont 10 % sont des **peuples autochtones** (Inuits au Canada et au Groenland, Lapons en Norvège, Nenets, Évènes et Tchouktches en Russie). Sédentarisés, ceux-ci vivent pour l'essentiel de chasse, de pêche ou d'élevage, mais ils sont particulièrement touchés par les atteintes à l'environnement. Leur taux de contamination aux métaux lourds est parmi les plus élevés du monde. La saison de la chasse est raccourcie par la fonte de la banquise, le recul de la toundra fragilise les élevages.

Un « mal-vivre » boréal s'est installé, causé par une **perte d'identité** face à l'influence grandissante du modèle occidental : les immeubles collectifs des métropoles régionales du Nord sont les symboles d'une rupture entre les autochtones et leur mode de vie traditionnel. La perte de la transmission d'une mémoire culturelle et de certaines langues témoigne de cette crise identitaire.

L'adjectif polaire s'applique aux pôles Nord et Sud, tandis que l'adjectif **boréal** ne s'applique qu'au Nord.

C Vers un développement durable boréal ?

La préservation des milieux polaires passe par un processus de **sanctuarisation des espaces naturels**. Ainsi, 60 % de l'archipel du Svalbard (Norvège) est protégé par un réseau de réserves naturelles et de parcs nationaux. Un parc naturel existe aussi au nord du Groenland et s'ouvre progressivement au tourisme. Mais cette politique de préservation doit affronter les offensives sur les ressources. Les parcs nationaux coexistent avec des zones sacrifiées à l'exploitation minière, hydroélectrique et pétrolière.

Une véritable politique de coopération internationale et d'intégration économique, plus soucieuse de l'environnement, reste à inventer. Le **Conseil de l'Arctique** et la **Dimension nordique** y travaillent : par exemple, ils encouragent la **dépollution** des sites militaires abandonnés et des zones contaminées par la radioactivité en mer de Barents.

Mais un développement durable pour l'Arctique semble pour l'instant difficile à réaliser car il est souvent **remis en cause en vertu d'intérêts économiques** supérieurs. Prendre en compte les aspirations des autochtones à préserver leur culture et leur environnement, tout en offrant des emplois aux populations jeunes et qualifiées, semble difficile. De nombreux pays, dont l'Union européenne, sont favorables à la création d'un **traité de l'Arctique**, afin de maîtriser son exploitation et de préserver son environnement, mais les États côtiers restent sourds à cette demande.

RÉCAPITULONS

Conséquence du changement climatique, l'Arctique, jusque-là en marge, devient une « nouvelle frontière » qui attise la convoitise en raison de ses ressources minières et énergétiques, et de la perspective de l'ouverture de nouvelles routes maritimes. Ces évolutions font toutefois peser de lourdes menaces sur l'environnement, la biodiversité et la vie des autochtones.

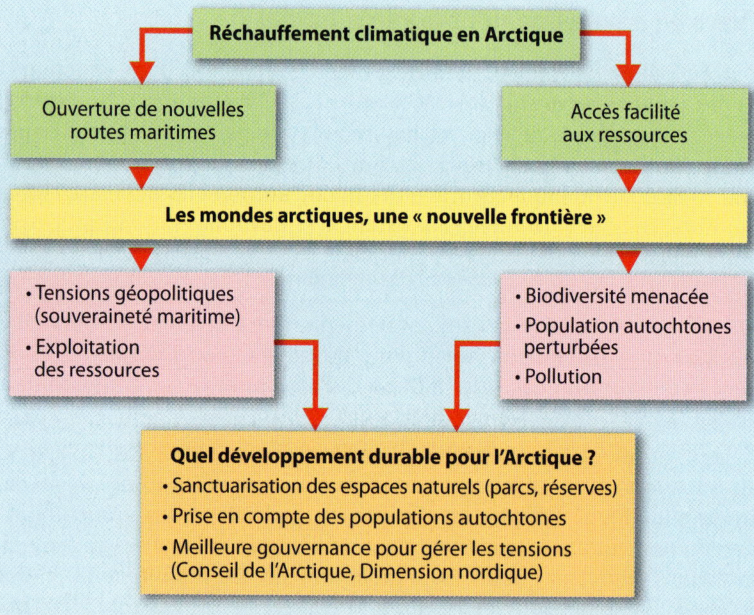

Étudier un graphique en géographie

LA DÉMARCHE

- **Identifier le type de graphique** proposé (en barres, circulaire, courbe, etc.). Certains graphiques sont spécifiques à la géographie : pyramide des âges, diagramme pluviothermique. Repérez le titre, la date, la légende et l'échelle.
- **Faire une lecture générale du graphique.** Observez son allure et notez les grandes tendances (hausse, baisse, corrélation, etc.). Calculez le rapport numérique entre la valeur la plus haute et la valeur la plus basse, recherchez les détails significatifs (les accidents de variation).
- **Expliquer vos observations.** Dégagez deux ou trois thèmes et proposez une analyse en faisant appel à vos connaissances.

L'EXEMPLE COMMENTÉ

DOCUMENT Le climat d'Eureka, Canada

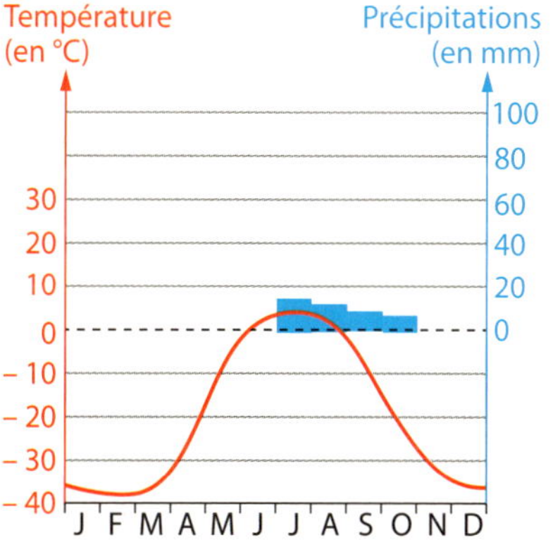

- **Identifier le type de graphique.** Il s'agit du diagramme pluviothermique de la station météo d'Eureka au Canada. Les barres bleues présentent les précipitations en mm, la courbe rouge indique les températures en °C. Il n'y a pas de date : les diagrammes sont réalisés en fonction de moyennes.
- **Faire une lecture générale.** Les températures sont négatives toute l'année, en dehors des trois mois d'été où elles atteignent difficilement 5 °C. L'hiver, elles peuvent descendre à des valeurs très basses : presque -40 °C en février. Les contrastes entre saisons sont donc très marqués, avec plus de 40 °C d'amplitude thermique annuelle. Les précipitations sont très faibles : en raison du froid, elles se font presque exclusivement sous forme de neige.
- **Expliquer vos observations.** Le climat d'Eureka est caractéristique d'un régime polaire. Le froid s'explique par le bilan radiatif déficitaire (les rayons solaires parcourent une distance plus longue dans l'atmosphère et s'étalent sur une surface plus grande qu'à l'équateur) et par l'albédo (déperdition énergétique due à la réflexion des rayons solaires sur la neige ou la glace).

VÉRIFIER SES CONNAISSANCES

1 Définir

a. Banquise et pergélisol

b. Eaux internationales et zone économique exclusive

c. Géopolitique

2 Expliquer

Pourquoi les mondes arctiques peuvent-ils être considérés comme une « nouvelle frontière » ?

S'ENTRAÎNER

3 Analyser un graphique

DOCUMENT Estimation de la surface de la banquise arctique (en millions de km²)

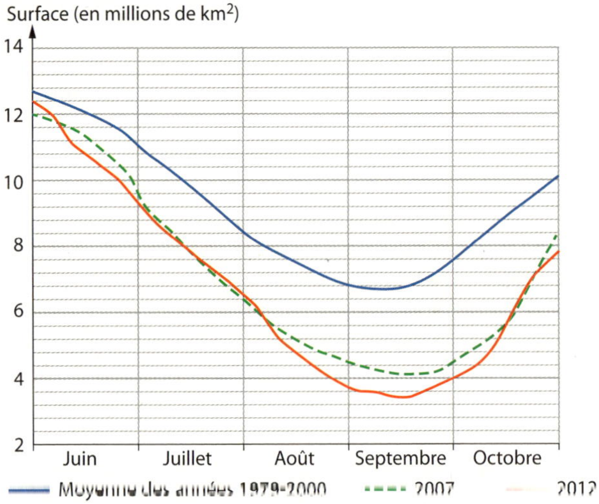

Source : National Snow and Ice Data Center.

POUR VOUS AIDER

- Dégagez les grandes tendances de l'évolution des trois courbes.
- Notez les différences de rythme d'évolution des courbes et expliquez-les à l'aide de vos connaissances.

VÉRIFIER SES CONNAISSANCES

1 Définir

a. La **banquise** est l'eau de mer gelée en surface. Elle se forme durant l'hiver polaire, lorsque la température de l'eau de mer descend au-dessous de 1,8 °C. Son épaisseur peut atteindre 2 mètres, mais il faut y ajouter celle de la neige qui s'y dépose. Le **pergélisol** (*permafrost* en anglais) est le sous-sol terrestre gelé en permanence, au moins pendant deux ans.

b. Les **eaux internationales** correspondent à la zone maritime située au-delà des 200 milles nautiques à partir du rivage. Si, dans cette zone, le plateau continental est situé à moins de 2500 mètres de profondeur, alors les eaux internationales sont repoussées plus loin de 150 milles nautiques. La **zone économique exclusive (ZEE)** correspond à la zone maritime sous la juridiction d'un État dans laquelle il peut exploiter les ressources. Elle s'étend jusqu'à 200 milles des côtes.

c. La **géopolitique** est l'étude des rapports entre l'espace et le politique à travers les tensions, les conflits, les alliances et les rapports de puissance.

2 Expliquer

Le mot **frontière** peut avoir plusieurs sens. Communément, il désigne la **limite de souveraineté** entre deux États (frontière terrestre, maritime et/ou aérienne); cette limite résulte d'une décision politique. Dans un second sens, le terme de frontière est lié à la perception que l'on a d'un espace: il est alors synonyme de « **front pionnier** » et désigne un nouvel espace à exploiter, à mettre en valeur. Cette seconde signification peut s'appliquer à l'Arctique, « réserve » de ressources en voie d'intégration à l'espace habité.

S'ENTRAÎNER

3 Analyser un graphique

1. [Identifier le type de graphique]

Le document est un graphique en courbes présentant l'évolution de la surface de la banquise arctique (surface d'eau de mer gelée au moins à 15 %) sur plusieurs années: une première courbe représente la moyenne des années 1979 à 2000, la deuxième indique les données pour l'année 2007 et la troisième pour l'année 2012.

2. [Faire une lecture générale du graphique]

Les trois courbes suivent une tendance globalement similaire. En juin, la superficie de la banquise est proche des 12 millions de km^2, puis elle se réduit rapidement en août : 4 à 6 millions de km^2. En octobre, la superficie remonte progressivement à 8 ou 10 millions de km^2.

Il y a néanmoins des différences importantes entre les courbes récentes et celle indiquant la moyenne de 1979 à 2000. Pendant ces vingt années, les variations ont été moins importantes qu'entre 2007 et 2012. C'est au mois de septembre que la banquise atteint sa superficie minimum : environ 3,5 millions de km^2 en 2012 et 4,1 en 2007. De 1979 à 2000, la moyenne était de 6,7 millions de km^2. La tendance générale est donc à une réduction de la banquise, et celle-ci est particulièrement forte en 2012.

3. [Expliquer les observations]

Ce graphique est révélateur d'un phénomène planétaire : le **réchauffement climatique** et ses effets particuliers en Arctique. Alors que l'année 2007 semblait avoir battu tous les records, avec une superficie de la banquise saisonnière trois fois moins importante en septembre qu'en juin, l'année 2012 révèle une **accélération** du phénomène. La fonte de la banquise semble donc prouvée par ce graphique, et elle est impressionnante. Elle a pour origine le réchauffement climatique lié à l'augmentation des émissions de **gaz à effet de serre**, causées par les activités humaines.

La modélisation de la fonte de la banquise est toutefois loin d'être une science exacte, et l'évaluation du rythme de la fonte fait **débat chez les spécialistes**. Ainsi, durant l'été 2012, l'Arctique a connu un ouragan particulièrement important qui pourrait avoir anormalement accru la vitesse de la fonte. Détail qui peut permettre de nuancer les analyses les plus catastrophiques, faisant état d'une disparition de la banquise estivale dès 2016.

Essayez d'apporter un élément critique lorsque vous commentez un document.

www.annabac.com

CHAPITRE

17 Les littoraux, des espaces convoités

Les littoraux sont devenus des espaces attractifs pour les hommes, les villes et les industries. L'occupation de ces espaces, fragiles et instables par nature, ainsi que les concurrences pour leur aménagement se développent, augmentant ainsi les risques environnementaux. Comment aménager et ménager durablement les littoraux dans le monde ?

I Une littoralisation accrue des activités

A Les littoraux : des espaces densément peuplés

- Près de **60 % de la population mondiale réside aujourd'hui à moins de 60 km de la mer** et 20 % à moins de 15 km. Les plus grands foyers de peuplement de la planète sont proches des littoraux : façades maritimes des mégalopoles du Nord-Est américain, du Japon et de l'Europe de l'Ouest, littoraux asiatiques. Ce processus de concentration des hommes et des activités sur les littoraux est appelé **littoralisation**. L'attirance des populations pour les régions littorales est quant à elle appelée **haliotropisme**.

> Le **littoral** est l'espace de contact entre la terre et la mer, large d'environ 60 km à l'intérieur des terres.

- La **densité moyenne d'occupation littorale** est estimée à 170 hab./km² (soit cinq fois plus que la moyenne de l'ensemble des terres habitées), mais elle est inégale à l'échelle continentale. Certains littoraux ont une occupation plus discontinue (Californie, Afrique de l'Ouest), d'autres sont faiblement peuplés (Afrique de l'Est, Australie).

- Plus des quatre cinquièmes des populations littorales sont **citadines**. Sur les dix premières agglomérations mondiales, huit sont localisées sur le littoral. On constate par ailleurs que sur les cent vingt-trois pays disposant d'une ouverture maritime, plus des trois cinquièmes ont leur ville principale sur le littoral.

B Les littoraux : des espaces fortement aménagés

1. Les aménagements liés à la mondialisation de l'économie

- Avec l'explosion des échanges mondiaux, les transports maritimes se sont développés : le nombre et la taille des navires ont augmenté, notamment celle des **porte-conteneurs** (→ zoom p. 231). La capacité des transports maritimes a été multipliée par cinq en trente-cinq ans ; ceux-ci assurent aujourd'hui 80 % du commerce mondial en valeur.
- Pour accueillir ces navires, les ports ont été agrandis, des bassins plus profonds et des **zones industrialo-portuaires (ZIP)** ont été construits. L'extension de ces zones portuaires a parfois nécessité de gagner de la surface sur la mer par des remblais (**terre-pleins**, notamment au Japon) pour accueillir les industries, les infrastructures de transport, les entrepôts.
- Beaucoup d'industries (ex. : sidérurgie) ont « glissé » vers les littoraux pour transformer les matières premières et les sources d'énergie acheminées par bateau. Ces espaces sont aujourd'hui des interfaces majeures mettant en relation un avant-pays maritime et un arrière-pays continental.

> Les **interfaces** sont des espaces où s'effectuent les échanges reliant des acteurs venus de lieux différents.

- L'extension des zones industrialo-portuaires a débouché sur la formation de grandes **façades maritimes** : côte nord-est des États-Unis, baies japonaises (Tokyo), Northern Range européen (Hambourg-Rotterdam-Anvers). La Chine a créé des **zones économiques spéciales** (ZES) sur ses littoraux afin d'attirer les investisseurs étrangers. Dans ces zones, les lois sont plus avantageuses pour les entreprises : réductions fiscales, aides à l'installation, fourniture de terrains… La Corée du Sud, Singapour et Taïwan constituent, avec la Chine, une façade maritime dynamique.

2. Les aménagements liés au tourisme

- Première forme de tourisme dans le monde, le tourisme balnéaire donne lieu à des aménagements spécifiques. Les **stations balnéaires** sont apparues dans la seconde moitié du XIXe siècle à partir de noyaux urbains anciens, notamment sur les côtes de la Manche, de la mer du Nord et de la mer Baltique. Au milieu du XXe siècle, elles se sont multipliées et ont évolué afin d'accueillir un tourisme de masse (ex. : littoral du Languedoc-Roussillon).

> Le **tourisme balnéaire** est le tourisme de vacances au bord de la mer (baignade, sports nautiques, bains de soleil).

ZOOM

Un port à conteneurs : Barcelone

▶ Classé en 2010 en **4e position européenne** après Rotterdam, Anvers et Hambourg, le port de Barcelone progresse de manière spectaculaire. En 2010, environ 2,5 millions de **conteneurs**, caissons utilisés pour le transport des marchandises et dont les dimensions sont standardisées internationalement, y ont été déchargés. Les autorités espagnoles espèrent multiplier ce chiffre par quatre.

▶ La **plate-forme multimodale** du port de Barcelone comporte une série d'équipements permettant de passer rapidement d'un mode de transport à un autre : les conteneurs sont ainsi déchargés par des portiques puis transférés sur des camions.

▶ Le port de Barcelone est également le **1er port de croisière d'Europe** (et le 4e au niveau mondial), accueillant de nombreux bateaux de prestige.

Les littoraux de la **Méditerranée** accueillent désormais 50 % des touristes du monde. D'autres régions développent des complexes touristiques : bassin caraïbe, Thaïlande, Malaisie, Indonésie (Bali). Elles profitent d'une relative proximité avec tel ou tel pays émetteur de touristes (États-Unis, Australie, Japon) et proposent des tarifs attractifs. Le tourisme y est un moteur de développement.

L'**héliotropisme**, c'est-à-dire l'attraction pour les espaces ensoleillés, se généralise : dans les pays riches, les retraités et surtout les actifs sont nombreux à s'installer sur les littoraux du Sud : Sun Belt aux États-Unis (Floride, Californie), régions méditerranéennes en Espagne et en France.

3. Les aménagements liés à l'agriculture

La pression humaine sur les littoraux n'a pas fait disparaître les activités traditionnelles liées aux ressources littorales : **aquaculture, pêche, marais salants, cultures maraîchères**. Pour gagner des terres cultivables sur la mer (**polders**), de gigantesques travaux ont été entrepris : assèchement, drainage des marais maritimes, construction de digues.

Les polders sont destinés à la culture de légumes et de fruits et à l'élevage intensif. Aux **Pays-Bas**, 20 000 km² de terre ont ainsi été conquis, selon une technique maîtrisée depuis plusieurs siècles qui consiste à construire des digues puis à drainer et à dessaler les eaux résiduelles.

II Des littoraux convoités, instables et fragiles

A Des espaces convoités

Les activités s'accroissent sur les littoraux et des conflits apparaissent entre des **acteurs aux intérêts contradictoires** : les aménagements touristiques ou industriels sont de gros consommateurs d'espace et d'eau, au détriment de l'activité agricole, qui ne peut rivaliser face à la hausse des prix des terrains et a de forts besoins en eau en période estivale.

Certaines activités en excluent d'autres : les installations industrielles sur le littoral entravent le développement du tourisme, la multiplication des ports de commerce perturbe les activités liées à la pêche. De même, le développement du tourisme, à travers notamment la multiplication des résidences secondaires, entraîne le départ de nombreux résidents permanents (hausse des prix immobiliers) et le déclin des activités traditionnelles.

B Des espaces instables, soumis à de nombreux risques

Le littoral est un espace instable par nature, confronté à plusieurs dynamiques. Chaque jour, le balancement des marées façonne la physionomie des littoraux. À l'échelle de l'année, **des grandes marées et des tempêtes** sapent le pied des falaises, qui finissent parfois par s'écrouler. L'érosion provoque le recul des côtes ; à l'inverse, des **dépôts** venus de la mer ou des terres sont abandonnés par les courants marins, créant des avancées ou des plages. À l'échelle du siècle, le **niveau de la mer** varie. Le rythme actuel de son élévation (de 1 à 5 mm par an), conséquence du réchauffement climatique, est problématique pour les côtes basses (Maldives menacées de disparition).

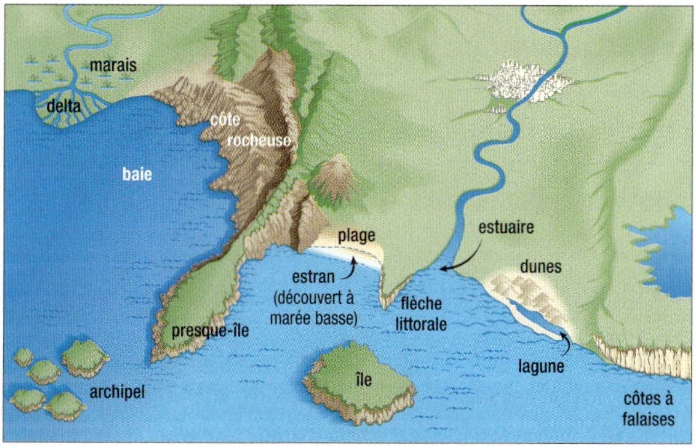

Les types de côtes

Les littoraux sont soumis à des **risques naturels majeurs**. Les côtes tropicales sont les plus exposées aux tempêtes, aux cyclones et aux raz-de-marée (ex. : tsunami dans l'océan Indien en décembre 2004), mais les littoraux des régions tempérées peuvent aussi être parfois victimes de violentes tempêtes. En France, ce fut le cas en 1999 sur l'ensemble du territoire, en 2009 sur les côtes landaises et en février 2010 en Charente-Maritime.

Les littoraux sont également particulièrement vulnérables aux **risques technologiques**. Environ 3 millions de tonnes de pétrole sont déversées chaque année en mer, dont plus de 600 000 dans la Méditerranée, principalement à cause de fuites dans la coque de pétroliers et de dégazages. 30 % de cette pollution atteint les côtes où elle cause des **marées noires**, véritables catastrophes écologiques qui détruisent la faune et la flore, et polluent durablement les plages.

Le **dégazage** est l'opération qui consiste à vider les citernes d'un navire de ses résidus pétroliers ou gazeux.

C Un environnement particulièrement vulnérable

■ Les différentes formes de **pollution** fragilisent les littoraux. Les rejets d'hydrocarbures, d'eaux usées, mais aussi de produits chimiques, en partie liés à l'activité agricole (algues vertes), polluent de plus en plus les mers du globe (→ zoom p. 235). Les inondations sont favorisées par le goudronnage et le bétonnage dans les stations balnéaires. Les lagunes, les dunes et les landes sont menacées par le piétinement des touristes.

■ Les paysages sont également altérés par la **concentration des hommes et des activités** : mitage des espaces, bétonnage des fronts de mer (aussi appelé « baléarisation » en référence à l'urbanisation massive du littoral des Baléares) par les aménagements touristiques (tours, hôtels, etc.).

On appelle **mitage** le développement anarchique des maisons individuelles.

■ Dans les régions tropicales, les **mangroves** sont asséchées pour fournir du combustible et récupérer des terres pour la riziculture ou l'élevage de crevettes. La faune et la flore naturelles y sont menacées.

Mangrove au Brésil. Composée principalement de palétuviers, la mangrove est une forme végétale typique des littoraux tropicaux.

ZOOM

La prolifération des algues vertes en Bretagne

- Le **lisier** des élevages porcins hors-sol, très nombreux en Bretagne, est utilisé comme engrais naturel pour fertiliser les sols. L'**azote** contenu dans le lisier s'inflitre dans le sous-sol et les nappes phréatiques, et se transforme en **nitrates**.
- La faible profondeur du sous-sol et la perméabilité des roches accélèrent le **ruissellement**, entraînant les nitrates dans les **cours d'eau** et, par leur intermédiaire, jusqu'à la **mer**.
- L'association des nitrates et de l'eau de mer provoque le développement des **algues vertes**, surtout en période de chaleur. Celles-ci émettent des **gaz toxiques** pour l'homme.

III Aménager et ménager durablement les littoraux

A Les mesures de protection

■ Face au problème de l'**érosion des côtes**, des **digues** sont édifiées, des **brise-lames** sont mis en place, des dunes sont restaurées, des berges sont consolidées. Pour protéger les côtes à falaises, on installe des épis en bois (qui piègent les galets transportés par la mer), on construit des murs pour empêcher les effondrements.

■ Plusieurs moyens peuvent être utilisés pour **lutter contre la pollution** : traiter les eaux usées avant qu'elles ne se déversent dans la mer, contrôler l'état des pétroliers et sanctionner les dégazages, réduire les rejets de gaz à effet de serre pour limiter le réchauffement climatique et, ainsi, préserver les récifs coralliens, menacés de disparition par le réchauffement de la température de l'eau.

■ Afin de **préserver les écosystèmes et les paysages**, certains littoraux sont classés comme réserve naturelle ou comme parc national ou régional : ils sont « sanctuarisés ». En France, des dispositions protègent le domaine littoral : créé en 1975, le Conservatoire du littoral a le pouvoir d'acquérir des espaces côtiers pour les préserver ou les réhabiliter ; la **loi Littoral** (1986) interdit les nouvelles constructions trop proches de la côte, afin de contenir le « bétonnage ». Dans certaines régions tropicales, des mesures visant à protéger et replanter la mangrove commencent à être adoptées (ex. : Guadeloupe).

B Une protection inégale dans le monde

■ Dans les pays riches, **la prise de conscience de la nécessité d'une protection** est réelle. Le classement de certains littoraux en réserve naturelle ou en parc national a pour but d'y préserver la biodiversité et les paysages. Leur périmètre englobe le plus souvent le liseré côtier, l'espace marin et les zones humides voisines. Les États, les collectivités locales ou les conventions internationales sont à l'origine de ces délimitations des zones à protéger (nouvelles constructions interdites, accès et exploitation des ressources limités ou interdits). On parle de politique de zonage.

> Une **politique de zonage** consiste à délimiter des espaces affectés à différentes fonctions : urbanisation industrie, préservation du milieu naturel, etc.

■ Ainsi, en 2002, une recommandation européenne a demandé à chaque État de l'Union d'établir une stratégie de **gestion intégrée des zones côtières (GIZC)**. Elle consiste à préserver les ressources et les équilibres naturels, à éviter les conflits entre les usagers, à prendre en compte l'évolution naturelle des littoraux.

■ La gestion des littoraux doit donc être globale et intégrer différents acteurs (organisations internationales, États, collectivités territoriales, professionnels) dans une démarche de **concertation**, pour un développement durable. Parfois, des ouvrages de protection sont détruits (dépoldérisation) pour rendre les littoraux à leur évolution naturelle : laisser la mer agir et la végétation se réinstaller. Sur certains littoraux menacés directement par la remontée du niveau de la mer, des projets de **construction d'îles artificielles** voient le jour, comme à Monaco ou aux Maldives.

Dans les PED, la recherche du développement économique prime sur la préservation de l'environnement. Les littoraux permettent en effet des activités souvent **très rémunératrices** : industrie (délocalisation d'usines vers ces pays), agriculture intensive, tourisme.

RÉCAPITULONS

La concentration des hommes et des activités sur les littoraux entraîne des conflits entre les usagers de ces espaces fragiles et instables par nature. Concilier le développement économique et social des littoraux tout en respectant les milieux est un des enjeux du développement durable.

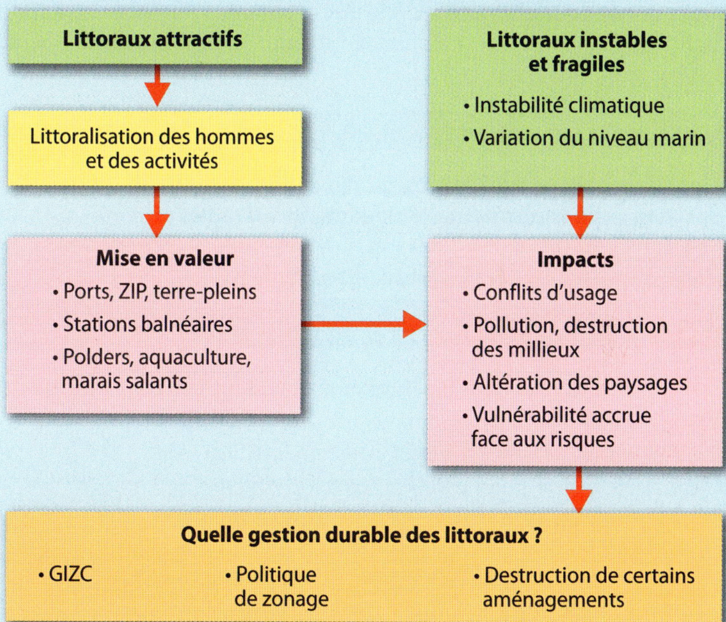

Confronter deux documents

LA DÉMARCHE

Confronter deux documents, c'est mettre en évidence ce qui les rapproche ou ce qui les oppose. Cette analyse est orientée par un énoncé.

- **Lire les documents et la consigne**. Identifiez la nature des documents, définissez les termes du sujet et relevez les informations essentielles (titre, date, auteur, légende, espace concerné).
- **Dégager les informations contenues dans les documents.** Trouvez les thèmes communs, comparez les documents (ce qui les différencie, ce qui les rapproche). Éclairez les documents à l'aide de vos connaissances personnelles.
- **Rédiger une réponse organisée.** Elle doit répondre à l'énoncé et comporter une brève introduction (présentation du thème étudié), un développement organisé et une conclusion.

L'EXEMPLE COMMENTÉ

Voici les éléments que vous pourriez relever afin de répondre à la question : « En confrontant les documents suivants, montrez que les littoraux sont des espaces convoités et vulnérables dont la gestion oppose des intérêts contradictoires. »

DOCUMENT 1 La tempête Xynthia du 27 au 28 février 2010

Espace convoité
Espace vulnérable
Une gestion difficile : entre attractivité et risques à prendre en compte

« L'urbanisation galopante de La Faute-sur-Mer et de L'Aiguillon-sur-Mer, les deux communes de Vendée les plus touchées par la tempête Xynthia, a commencé dans les années 1960 et s'est poursuivie à un rythme effréné. […] Les municipalités, souvent dirigées par des commerçants et des artisans, ont transformé ces terres agricoles en terrains à bâtir et n'ont pas su fixer les limites à la pression des particuliers et des promoteurs. En une vingtaine d'années, La Faute, L'Aiguillon et les communes au-delà ont été quadrillées « de parcelles de 400 à 500 m » pour y construire des maisons basses de style vendéen […]. Avec des résidences secondaires deux à trois fois plus nombreuses que les résidences principales, des campings trans-

formés en mobile-homes, le littoral est devenu un lieu prisé par des retraités issus des couches populaires […]. La côte est instable, d'une extrême fragilité. […] Toute la basse vallée du Lay constitue un littoral très dynamique qui ne cesse d'avancer.
Un plan de prévention des risques a fini par être approuvé en 2007, entérinant le fait que nombre de constructions se trouvent en zone inondable.

Le Monde, 2 mars 2010

DOCUMENT 2 Manifestation d'habitants des Boucholeurs (Charente-Maritime), réclamant notamment la construction de nouvelles digues plutôt que la destruction de leurs résidences

Maisons individuelles de bord de mer

Victimes de la tempête Xynthia

L'État souhaite détruire les maisons situées en zone dangereuse (loi Littoral)

VÉRIFIER SES CONNAISSANCES

1 Définir

a. Arrière-pays et avant-pays b. Digue et brise-lames

S'ENTRAÎNER

2 Confronter deux documents

À l'aide des documents et de vos connaissances, présentez l'attractivité de l'île Maurice et les impacts sociaux et environnementaux de cette attractivité.

DOCUMENT 1 Photographie publicitaire pour l'île Maurice

DOCUMENT 2 L'île Maurice, des littoraux attractifs

« L'île Maurice aux plages de sable blanc bordées d'un lagon aux eaux limpides, à la température clémente, aux équipements hôteliers de qualité et à l'accueil chaleureux et compétent, donne l'image d'une île paradisiaque. […] Les touristes dont c'est souvent le premier voyage lointain (retraités) apprécient également l'absence de maladies (le paludisme a disparu), d'animaux et d'insectes dangereux, la stabilité politique du pays et un niveau d'insécurité faible.

Le développement touristique de l'île a été rapide et en a fait une activité donnant du travail à près de 10 % de la population active en 2007 (plus de 50 000 emplois directs et indirects confondus), représentant 8,5 % du PIB […]

et plus d'un milliard d'euros de recettes, soit la seconde source de rentrées de devises du pays après la zone franche. [...] L'activité atteint peut-être ses limites car l'exploitation intensive du littoral entraîne une forte pression immobilière et une saturation de l'espace (le linéaire côtier représente 322 km). Les hôtels occupaient 3,1 % de ce linéaire en 1975, [...] et sans doute 20 % aujourd'hui. Les emplacements disponibles se raréfient si bien que les espaces encore libres sont convoités et les prix flambent. Par ailleurs, des signes tangibles de détérioration de l'environnement (dégradation du lagon, érosion des côtes) sont perceptibles et des paysages ont perdu leur caractère sauvage pour faire place à des complexes hôteliers. Enfin, des problèmes d'approvisionnement se posent, notamment dans le sud-ouest de l'île ; le secteur touristique en est en partie responsable, étant un gros consommateur d'eau.

Emmanuel Grégoire, « L'île Maurice ou comment surmonter le handicap de l'insularité », communication au Festival international de géographie de Saint-Dié, 2009.

VÉRIFIER SES CONNAISSANCES

1 Définir

a. Le littoral est une interface qui met en relation :
- l'**avant-pays** maritime : lieu des échanges maritimes, de la pêche, de l'aquaculture et de l'exploitation des ressources maritimes ;
- l'**arrière-pays** : espace continental desservi par un ou plusieurs ports au moyen de réseaux de transports terrestres.

b. Une **digue** est une construction, accessible de la terre, dont le rôle est de retenir l'eau. Le rôle d'un **brise-lames** est identique, mais il est placé devant un port, une plage, une côte menacée d'érosion et n'est pas toujours accessible à pied.

S'ENTRAÎNER

2 Confronter deux documents

Les titres de parties ne doivent pas figurer dans votre copie.

[Introduction] L'île Maurice, située dans l'océan Indien, est aujourd'hui une destination prisée des touristes. L'attractivité de ses littoraux représente un atout pour son économie et son développement, mais elle peut aussi être source de menaces sur l'environnement. Comment les deux documents proposés permettent-ils de montrer la difficile gestion des littoraux touristiques ?

I. Le tourisme, une activité motrice pour l'économie mauricienne

▮ Les premières lignes du texte, extrait d'une conférence donnée par E. Grégoire au festival de géographie de Saint-Dié en 2009 (doc. 2), et la photographie publicitaire du littoral mauricien (doc. 1) évoquent les **atouts naturels** de l'île : températures agréables (climat tropical), eaux limpides et plages de sable blanc.

▮ Ils ont permis à l'île de faire du tourisme l'**une de ses activités économiques principales**, qui occupait en 2007 10 % de sa population active (doc. 2). La qualité de l'équipement hôtelier et de l'accueil mentionnée dans le texte semble confirmée par la photographie (doc. 1) : hôtel de luxe, palmiers, vaste piscine, plage, etc. Digne d'une carte postale, la photographie nous aide à comprendre pourquoi le tourisme rapporte **plus d'un milliard d'euros de recettes** à l'île Maurice : il s'agit d'un tourisme balnéaire de luxe, réservé à une clientèle fortunée des pays développés, et notamment des retraités.

II. Des conséquences néfastes sur la société et l'environnement

▮ Cette réussite du tourisme mauricien ne doit pas cacher ses impacts sociaux et environnementaux sur des littoraux fragiles et instables. Ainsi, à Maurice comme ailleurs dans le monde, le tourisme accroît la **concurrence pour l'espace** disponible sur le littoral, et fait monter les prix des terrains et de l'immobilier, entraînant le départ des habitants. Les stations balnéaires concurrencent aussi les agriculteurs, les industriels et les villes dans l'accès à l'eau (menace de stress hydrique).

> Faire le lien entre le particulier et le général montre que vous avez compris les enjeux et vous permet de développer des idées qui ne sont pas formulées explicitement dans le texte.

▮ Enfin, l'auteur du texte évoque les menaces sur l'environnement : « dégradation du lagon, érosion des côtes » sans doute causées par les **pollutions** d'origine touristique (bateaux) mais aussi par la nature (marées, tempêtes). Même si la photographie omet ces atteintes à l'environnement, on peut y observer la diminution des paysages sauvages.

[Conclusion] Le littoral mauricien illustre la **situation paradoxale** du tourisme balnéaire : la beauté des paysages et leur caractère « sauvage » attirent de plus en plus de touristes, qui risquent de les dégrader, si leur fréquentation n'est pas maîtrisée. Cependant, nous n'assistons pas sur l'île Maurice à une « **baléarisation** » du littoral. Même si ce dernier est fortement aménagé et transformé, les équipements touristiques s'intègrent au paysage et tirent profit du tracé des côtes.

www.annabac.com

CHAPITRE

18 Les sociétés face aux risques

Les sociétés humaines sont confrontées à de nombreux risques naturels et technologiques. L'augmentation de la population dans les métropoles et sur les littoraux accroît leur vulnérabilité. La prise en compte des risques est devenue une préoccupation majeure dans le cadre du développement durable.

I Des sociétés exposées à de multiples risques

A De nombreux risques naturels

▪ L'**aléa** est un phénomène plus ou moins probable sur un espace donné. Il devient un **risque** lorsqu'il touche les sociétés humaines et leurs aménagements. Les risques naturels peuvent résulter d'aléas liés à l'atmosphère, à la lithosphère (roches de la partie externe du globe) ou à l'hydrosphère (→ zoom p. 244).

▪ Les **risques climatiques** sont les cyclones, les tempêtes, les vagues de froid, les canicules, les sécheresses, les raz-de-marée et les pluies diluviennes. Les cyclones sont des dépressions qui naissent dans les océans de la zone intertropicale quand l'eau atteint 25 °C ; ils combinent vents violents et pluies diluviennes.

> Le **raz-de-marée** est une immense vague, le plus souvent d'origine météorologique. On parle de **tsunami** quand le raz-de-marée est d'origine lithosphérique (séisme sous-marin, volcanisme).

▪ Les **risques d'origine lithosphérique** recouvrent les éruptions volcaniques, les séismes, les mouvements de terrain. Lorsque des plaques lithosphériques entrent en contact, surviennent des tremblements de terre, qui peuvent provoquer un tsunami s'ils se produisent en mer. Les éruptions volcaniques sont souvent liées aux tremblements de terre. Certaines sont explosives, d'autres s'accompagnent de coulées de boue (lahars).

▪ On classe parmi les **risques hydrologiques** les inondations, les avalanches et certains feux de forêt. Les inondations sont liées à de fortes précipitations

ZOOM

Distinguer les différents types de risques naturels

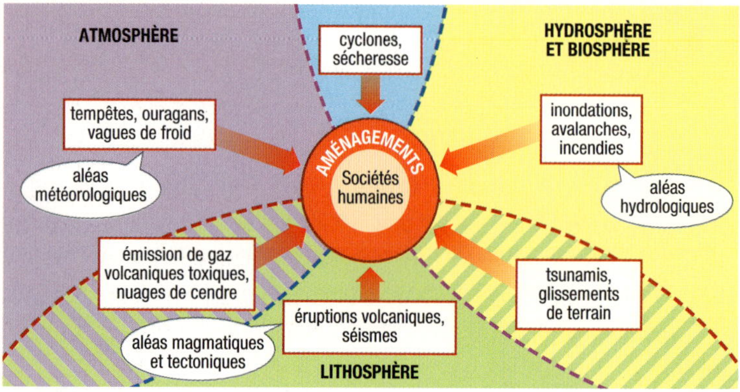

- Plusieurs critères permettent de distinguer les risques naturels : leur origine (atmosphère, hydrosphère, lithosphère), leur impact spatial et leur fréquence.
- L'**impact spatial** évalue l'étendue de l'espace concerné par le risque : ainsi, les inondations et les éruptions volcaniques sont des **risques concentrés** (limités à une zone restreinte), tandis que les cyclones, les tsunamis, les sécheresses sont des **risques diffus** (vaste zone).
- On peut aussi distinguer les risques selon leur **fréquence** : les risques lithosphériques sont plus rares que les cyclones, qui reviennent régulièrement toucher les régions tropicales à la fin de la saison chaude.
- L'opinion publique est plus sensible aux risques concentrés, plus spectaculaires. On parle pour ceux-ci de **risques majeurs** car ils donnent lieu à des catastrophes dont il est difficile d'anticiper les aspects et qui occasionnent d'importants dégâts humains, matériels et environnementaux. Toutefois, d'autres risques, moins médiatisés, peuvent affecter des populations sur une très longue période (ex. : longue sécheresse).

ou à des tempêtes. Elles sont fréquentes à proximité des grands fleuves d'Asie, d'Amérique du Nord et dans les régions méditerranéennes. Les avalanches sont des coulées de neige qui dévalent les pentes des reliefs lorsque le manteau neigeux, trop lourd, devient instable et se rompt. Enfin, les feux de forêt d'origine naturelle se produisent le plus souvent en période de sécheresse (rôle de la foudre). Cependant, ils sont le plus souvent d'origine humaine.

B Des risques engendré par les activités humaines

■ Les activités industrielles, le transport et le stockage de certains produits, sont à l'origine de **risques technologiques** (explosions entraînant des marées noires ou des nuages toxiques). La **pollution atmosphérique** est liée à l'émission de CO_2 par les usines, l'extraction de produits miniers ou énergétiques, le chauffage des particuliers, la circulation automobile ou aérienne, etc. La **pollution des sols** est due au stockage de produits chimiques et à l'utilisation d'intrants dans l'agriculture. Enfin, les produits chimiques utilisés par l'industrie et par l'agriculture sont responsables de la **pollution des eaux** douces, qui se propage souvent à la mer (ex. : algues vertes → chap. 17 p. 235). Cette dernière est également polluée par la présence de déchets et par les marées noires.

■ L'ampleur des risques technologiques, en augmentation depuis la fin du XXe siècle, est liée à l'**industrialisation** accélérée de nombreuses puissances émergentes, notamment la Chine et l'Inde. De même, la croissance des échanges internationaux par voie maritime a pour corollaire une aggravation du risque de **marées noires** (essentiellement par dégazage). Enfin, l'augmentation des niveaux de vie dans les pays émergents, qui accèdent de plus en plus à l'usage de l'automobile, et l'essor des migrations internationales, notamment du tourisme, multiplient les **émissions de gaz à effet de serre** qui contribuent au risque mondial du réchauffement climatique.

■ La mondialisation et la multiplication des mobilités humaines à l'échelle planétaire favorisent une diffusion plus rapide des risques épidémiologiques (ex. : grippe H1N1).

Les **risques épidémiologiques** concernent la santé et les maladies des populations.

▸ Explosion d'une plate-forme pétrolière dans le golfe du Mexique (2010)

C Des risques naturels amplifiés par les aménagements humains

Les hommes aggravent certains risques naturels, en particulier les inondations, les feux de forêts et la désertification.

La **crue** est la situation d'un cours d'eau en période de hautes eaux, quand son débit est à son maximum. Lorsque le cours d'eau déborde de son lit et submerge les terrains voisins, on parle d'**inondation**, et le terme est étendu à toute submersion anormale d'un espace.

- Les **défrichements** et le **bétonnage des sols** accroissent le risque d'inondations, qui représentent environ 80 % des catastrophes naturelles dans le monde. Le défrichement de la forêt, pratiqué pour agrandir les surfaces agricoles, accélère le ruissellement de l'eau de pluie, amplifie l'érosion et entraîne des inondations et des coulées de boue. En ville, sur les littoraux touristiques et dans les stations de sports d'hiver, les surfaces bétonnées limitent l'absorption de l'eau par les sols, ce qui engendre un gonflement des rivières et accélère les effets de la crue, favorisant ainsi les inondations.
- La sédentarisation des populations dans les régions arides, leur croissance démographique et, par conséquent, l'augmentation de leurs besoins (nourriture, bois, terres), aggravent les impacts des sécheresses. Le nombre des troupeaux d'élevage augmente, entraînant un **surpâturage** qui dégrade les sols. Certains géographes parlent dans ce cas de « rupture de la capacité de charge des terres » : lorsque les besoins des populations sont supérieurs aux ressources du milieu, la région aride concernée peut être frappée d'une **désertification** irréversible.
- Les **feux de forêt** sont le plus souvent causés par l'action des hommes : actes de malveillance, agriculture sur brûlis ou écobuage (débroussaillement par le feu) mal maîtrisés, dépôts d'ordures, incidents sur les réseaux électriques. Ainsi en France, 8 % des feux de forêt seulement ont pour origine la foudre.

II L'inégale vulnérabilité des sociétés face aux risques

A Une vulnérabilité inégale à différentes échelles…

La **vulnérabilité** est la capacité d'une société, d'un milieu, d'un aménagement, à faire face à un risque donné.

- Selon les sociétés et leur niveau de développement, les dommages et les pertes subies à cause d'un même risque naturel peuvent être très différents. Cette inégale vulnérabilité s'observe à toutes les échelles.
- À l'échelle mondiale, on peut affirmer que d'une façon générale, les catastrophes détruisent dans les pays riches

et développés, et tuent dans les pays en développement. À l'échelle d'un pays, **les métropoles et les littoraux** sont les espaces les plus vulnérables : les premières, parce que les densités humaines et l'importance des aménagements rendent plus probables un nombre élevé de victimes ou de destructions ; les seconds parce que ce sont des espaces instables et mouvants par nature (→ chap. 17). Les vallées et les zones montagneuses sont également exposées aux risques d'inondations et d'avalanches.

- À une échelle plus fine, l'impact des risques est un marqueur de la **ségrégation sociospatiale** : les centres-villes sont moins exposés aux aléas et mieux protégés que les périphéries. Dans les PED, il n'est pas rare que les plus pauvres s'installent en zone inondable ou sur des pentes instables, dans des quartiers informels où les **risques sanitaires** sont accrus par l'absence de réseaux d'évacuation des eaux usées.

B ... et aggravée par la pauvreté

- Les **risques naturels,** nombreux dans les PED, semblent même y être en augmentation et frapper sans cesse les mêmes victimes (comme Haïti). Bon nombre de ces pays se trouvent en effet dans des zones sismiques ou, parce qu'ils sont situés dans la zone intertropicale, sont exposés à des fléaux tels que l'aridité ou les cyclones (→ zoom p. 248). Néanmoins, c'est généralement l'instabilité politique et sociale (faiblesse du pouvoir central, guerre civile, etc.) qui accroît la vulnérabilité des populations.
- Les **risques d'accidents industriels** sont moins nombreux dans les pays pauvres, mais ils y ont souvent des conséquences plus graves. Les délocalisations d'activités polluantes en provenance des pays riches, l'industrialisation galopante d'un pays comme la Chine renforcent ces risques.
- Les **risques sanitaires** sont particulièrement élevés dans les pays les moins avancés, menacés par les épidémies à cause de la sous-alimentation, des catastrophes naturelles et de conditions d'hygiène insuffisantes. Ils sont les plus touchés par la pandémie de sida, particulièrement présente en Afrique subsaharienne.
- Dans les PED, **le risque est souvent accepté**, la catastrophe étant largement considérée comme une fatalité. Lorsqu'une catastrophe se produit, la solution envisagée est souvent la fuite, ce qui peut donner lieu à des flux migratoires importants d'**éco-réfugiés** (réfugiés liés aux conditions climatiques). La résilience des pays pauvres est donc faible.

> La **résilience** est la capacité d'un individu ou d'une société à surmonter un événement traumatique et à retrouver une situation d'équilibre et de stabilité.

ZOOM

Les aléas naturels dans le monde

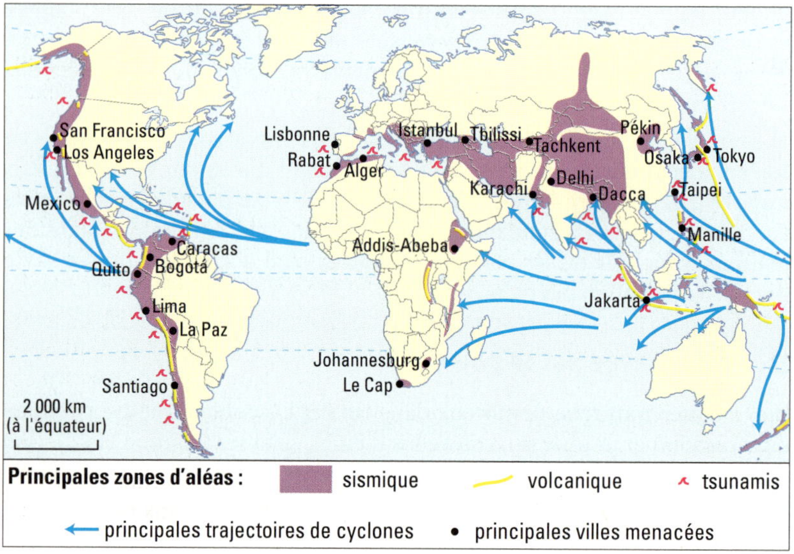

- Les catastrophes les plus meurtrières sont les séismes et les tsunamis, qui se produisent dans les zones de contact entre plaques lithosphériques. Les plus puissants ont souvent lieu dans la « **ceinture de feu du Pacifique** », qui va du Japon à la cordillère des Andes en passant par la Californie.
- Les cyclones et les ouragans occasionnent les catastrophes les plus fréquentes, majoritairement **entre les tropiques** (côtes orientales de l'Amérique du Nord et de l'Asie), mais ils sont beaucoup moins meurtriers.
- L'**Asie** est de loin le continent où les catastrophes naturelles tuent le plus : on y dénombre 65 % des victimes (près de 800 000 morts ces dix dernières années). Les **Amériques** arrivent en deuxième position avec 27,6 % des victimes (340 000 morts) et l'Europe en troisième place avec 7,5 % des victimes (90 000 morts). La position des Amériques est en partie due au séisme de janvier 2010 en Haïti, qui a fait à lui seul 316 000 victimes.

C La recherche du « risque zéro » dans les pays riches

■ Les pays développés subissent environ 25 % des catastrophes naturelles, mais ils ne déplorent que 5 % du total des victimes, car leur niveau de développement leur assure une **capacité de résilience élevée**. Les dégâts matériels peuvent en revanche y être importants (ex. : 210 milliards de dollars pour le séisme et le tsunami de mars 2011 au Japon). Les assurances et parfois l'État aident les victimes à reprendre leurs activités.

■ Les pays riches sont pourtant exposés à des **risques technologiques majeurs** du fait de la présence sur leur sol de nombreuses installations chimiques, nucléaires, etc. Certains risques naturels peuvent y entraîner des catastrophes technologiques : ainsi, le séisme et le tsunami de 2011 au Japon ont sérieusement endommagé les réacteurs de la centrale nucléaire de Fukushima (→ p. 191).

■ La richesse des sociétés développées leur permet toutefois de mieux **prévenir les risques**. Cependant, la simple perturbation des activités économiques est considérée comme un risque (ex. : chutes de neige, pourtant « normales » en hiver). À l'inverse, le manque de neige en montagne est pris en compte par les assurances des séjours de sport d'hiver.

■ Dans ces pays, la **sécurité individuelle** est considérée comme un **droit**. Mais la recherche de la protection absolue génère de nouveaux risques : s'il réalise les aménagements de protection nécessaires (ex. : digues), l'homme se sent en sécurité dans des zones exposées (ex. : zones inondables) et s'y installe durablement, alors que l'aléa n'a pas disparu. Or, lors du passage de la tempête Xynthia en Charente-Maritime (février 2010), les digues ont empêché l'évacuation de l'eau, causant des pertes humaines et de lourds dégâts matériels.

III La gestion des risques

A Dans les pays riches et développés : prévoir, prévenir et protéger

■ Dans les pays riches, la lutte contre les risques est devenue une science : la **cindynique**. Elle passe par la prévision, la précaution, la prévention et la protection (→ tableau p. 250).

■ Il faut distinguer prévention et précaution. Alors que la **prévention** a pour but d'anticiper la manifestation d'un risque identifié, la **précaution** est la présomption de risques graves mais incertains. Les décisions prises en son nom suscitent parfois la polémique (ex. : campagne de vaccination contre la grippe H1N1 en France pendant l'hiver 2009).

Prévision : mieux connaître les aléas	• Centres d'observation : sismographes, capteurs de chaleur sur les volcans, stations météorologiques • Surveillance des installations industrielles et nucléaires
Précaution : anticiper les risques incertains	• Campagnes de vaccination • Interdiction de la vente de produits qui pourraient être dangereux (sécurité alimentaire)
Prévention : anticiper les risques identifiés	• Élaboration de plans de prévention des risques (PPR) • Diffusion de sonneries d'alerte • Modification de l'exposition aux aléas par le retour d'expérience après une catastrophe • Entretien d'une mémoire du risque : archives, statistiques, sensibilisation de la population
Protection : limiter les risques	• Délimitation de zones à risque pour limiter ou interdire les constructions • Classement d'installations dites dangereuses (directive Seveso en France, 1996) • Aménagements spécifiques : constructions parasismiques, renforcement de digues, entretien des canaux de drainage, débroussaillage des forêts, déclenchement des avalanches

B Dans les pays en développement : secourir

Dans les pays pauvres, il n'existe quasiment pas de plans de prévention des risques. Dans les pays émergents, alors que le potentiel industriel augmente, peu de mesures sont prises pour renforcer la sécurité.

En cas de catastrophe, l'aide provient essentiellement des pays riches, dont les **ONG** sont les acteurs essentiels. Expertes en mobilisation de fonds, en savoir-faire géopolitique, logistique et technique, ainsi que dans le domaine médical (Croix-Rouge, Médecins du monde), elles interviennent de plus en plus souvent. Cependant, elles ont parfois des **difficultés à agir**, à définir leurs relations avec les pouvoirs en place, et à arbitrer entre l'aide d'urgence, l'aide au développement et la prévention sur le long terme.

La **catastrophe** est la réalisation du risque lorsqu'elle entraîne des dégâts importants ou des pertes humaines.

Port-au-Prince, après le séisme en Haïti, le 14 janvier 2010

C Vers une gestion globale et durable des risques

- Sous la pression des opinions publiques, des ONG et des partis écologistes, de nombreuses voix s'élèvent aujourd'hui pour demander une gestion plus globale, c'est-à-dire à une **échelle mondiale**, des risques.
- Des **solutions** existent pour limiter la fréquence et la gravité de certains risques : réhabiliter et étendre les réseaux d'évacuation des eaux usées, stabiliser les pentes par des murs de soutènement, reboiser, déplacer des populations ; développer une culture du risque par l'information et l'éducation, entretenir une mémoire du risque par l'archivage et l'implication des médias ; développer l'**aide internationale** par un soutien scientifique, financier et humanitaire concernant la prévision (ex. : mise en place d'un système d'alerte au tsunami).
- Mais il reste difficile de faire prendre conscience à des nations indépendantes, qu'elles soient riches ou pauvres, de la nécessité de prendre en compte les risques. Dans les pays les moins développés, le financement de la prévention représente un **coût trop élevé**.

RÉCAPITULONS

Si toutes les sociétés sont confrontées à des risques d'intensité plus ou moins grande, c'est avant tout leur inégale vulnérabilité face à ces risques qui les distingue. La prise en compte des risques s'avère donc indispensable pour assurer le bien-être des populations dans le cadre du développement durable. Encore insuffisante dans de nombreux pays, c'est à l'échelle globale qu'elle doit être envisagée.

Des sociétés inégalement exposées aux risques

Aléas naturels

- Séismes
- Tempêtes, cyclones
- Inondations, sécheresses
- Vagues de froid, canicules

Risques technologiques

- Explosions chimiques ou d'hydrocarbures
- Pollution atmosphérique, des eaux, des sols

Des espaces plus exposés aux risques

- Littoraux
- Vallées, montagnes
- Villes
- Sites industriels

Des sociétés inégalement vulnérables

- En fonction du niveau de développement et de richesse
- En fonction de la stabilité politique
- En fonction des choix politiques

Vers une gestion globale et durable des risques

- Prévision, prévention, protection : gestion locale des risques
- Nécessité d'une prise en compte globale des risques (accords internationaux)

Introduire et conclure une composition de géographie

LA DÉMARCHE

C'est par l'introduction que le correcteur entre en contact avec votre devoir : elle doit susciter son intérêt. Quant à la conclusion, elle laisse l'impression finale de la composition. Il est donc essentiel de soigner particulièrement ces deux parties clés. Pour cela, vous devez les rédiger entièrement au brouillon. Toutefois, l'introduction et la conclusion ne peuvent être élaborées qu'une fois que vous aurez défini votre problématique et votre plan (→ p. 196).

I L'introduction

Présenter le sujet. Commencez par une accroche : une référence à l'actualité, une citation, un paradoxe qui vous permet de susciter l'intérêt du lecteur et de mettre le sujet en perspective. Puis, reprenez l'intitulé de l'énoncé, justifiez ses bornes spatiales (quoi ? où ?) et précisez le sens des termes du sujet.

Annoncer la problématique. Dégagez la signification du sujet en posant, sous forme d'une question le plus souvent, le problème géographique induit par le sujet. Cette problématique doit guider l'ensemble de votre devoir, et le plan doit en découler : chacune de ses parties présente un élément permettant de répondre à la problématique.

Annoncer clairement le plan. Le plan constitue le cheminement du devoir, il permet de savoir les thèmes que vous allez aborder. Sa présentation doit être claire et concise. Préférez les connecteurs tels que « d'abord », « puis », « enfin » plutôt que « dans une première partie », « dans un second temps », etc.

II La conclusion

Dresser le bilan du devoir. La conclusion est l'aboutissement de la démonstration que présente votre composition ; il faut donc donner la ou les réponses à la problématique énoncée dans l'introduction. Il ne s'agit pas de répéter, en le résumant, votre devoir.

Élargir. Il est souvent possible de formuler une nouvelle question qui prolonge votre réflexion ou de suggérer une autre échelle, un thème proche, une évolution à venir. Vous pouvez aussi, si le sujet s'y prête, présenter les limites du phénomène observé.

VÉRIFIER SES CONNAISSANCES

1 Définir

a. Risque et aléa b. Prévention et précaution

2 Expliquer

À quel type de risque l'opinion publique est-elle la plus sensible ?

S'ENTRAÎNER

3 Rédiger l'introduction et la conclusion d'une composition

Après avoir pris connaissance de la problématique et du plan choisis, rédigez l'introduction et la conclusion de la composition portant sur le sujet : « Risques et pauvreté dans le monde. »

PROBLÉMATIQUE En quoi la présence et la gestion des risques est-elle un marqueur des inégalités de développement ?

PLAN

I. Les aléas et les risques se jouent des inégalités de richesses

1. Des risques naturels partout présents
2. Des risques technologiques, plus nombreux dans les pays riches
3. Des risques spécifiques à la pauvreté : les risques sanitaires

II. Des risques cependant aggravés par la pauvreté

1. **Une plus grande vulnérabilité face aux risques**
2. **Les facteurs d'explication**

III. Une gestion nécessairement globale des risques

1. L'aide internationale lors des catastrophes (acteurs, enjeux)
2. Une aide au développement pour parvenir à gérer les risques

POUR VOUS AIDER

- L'introduction doit faire apparaître les liens entre risques et pauvreté. Pensez à la notion de **vulnérabilité**.
- Concluez autour de la notion de **résilience**. Dans les pays pauvres, revenir à l'état antérieur à la catastrophe est parfois plus complexe que de gérer le risque lui-même.

VÉRIFIER SES CONNAISSANCES

1 Définir

a. L'**aléa** est un événement plus ou moins probable, présentant un danger potentiel pour les hommes et l'environnement. L'aléa devient **risque** lorsqu'il touche une société.

b. La **prévention** consiste à anticiper les risques, c'est-à-dire à prendre des mesures pour se préparer à y faire face. La **précaution** concerne des risques non identifiés ou peu probables, mais potentiellement graves.

2 Expliquer

L'opinion publique est particulièrement sensible aux **risques concentrés** (appelés aussi risques majeurs), car ce sont les plus spectaculaires et les plus médiatisés (cyclones, séismes).

S'ENTRAÎNER

3 Rédiger l'introduction et la conclusion d'une composition

Voici une proposition d'introduction et de conclusion.

[Introduction]

- **[Présenter le sujet]** Les sociétés humaines sont confrontées à de multiples risques, naturels et technologiques. Ceux-ci semblent aujourd'hui particulièrement toucher les pays pauvres, particulièrement vulnérables.
- **[Annoncer la problématique]** En quoi la présence et la gestion des risques sont-elles un marqueur des inégalités de développement ?
- **[Annoncer le plan]** Nous verrons que les aléas et les risques se jouent des inégalités de richesses ; puis, qu'ils sont en réalité aggravés par la pauvreté ; enfin, que leur gestion nécessite l'aide des pays développés.

[Conclusion]

- **[Dresser le bilan du devoir]** Les sociétés des PED sont confrontées à différents aléas et subissent chaque année des catastrophes meurtrières. Mais elles ne sont pas plus soumises aux aléas que les pays riches : c'est leur vulnérabilité qui est plus grande, aggravée par des mesures de précaution et de prévention insuffisantes. Une gestion planétaire et l'aide internationale sont donc nécessaires pour limiter la vulnérabilité des pays pauvres.
- **[Élargir]** La prise en compte des risques est devenue une préoccupation majeure dans le cadre du développement durable. Mais pour les PED, l'urgence est ailleurs : se nourrir, accéder à l'eau potable et aux énergies.

Table des illustrations

11 ph © Bianchetti/Leemage
24 ph © Achim Bednorz/Arcaid/Corbis
25 ph © RMN-Grand Palais (musée du Louvre)/ Hervé Lewandowski
30 ph © Josse/Leemage
31 ph © Erich Lessing/Akg-images
40 ph © Luisa Ricciarini/Leemage
42 ph © Paul Kujawski
43 ph © Jean-Paul Dumontier/La Collection
49 © Détail de la tapisserie de Bayeux - XIe siècle. Avec autorisation spéciale de la ville de Bayeux
53-b ph © Peter Richardson/Robert Harding World Imagery/Corbis
53-h ph © Jean-Pierre Lescourret/Corbis
59 ph © coll. Galerie des Offices, Florence/ A. Dagli Orti/The Picture Desk
60 ph © Paul Kujawski
62 ph © Digital Vision/Getty Images
65 ph © Akg-images
66 ph © G. Dagli Orti/The Picture Desk
67 ph © Bibliothèque nationale Marciane, Venise/A. Dagli Orti/The Picture Desk
80 ph © Electa/Leemage
82 ph © Jemolo/Leemage
83-b ph © Luisa Ricciarni/Leemage
83-h ph © Aisa/Leemage
87 ph © The Bridgeman Art Library
90 ph © DeAgostini/Leemage
98 ph © Bianchetti/leemage
101 ph © Selva/Leemage
110 ph © B.N.F., Paris/Archives Hatier
112 ph © Josse/Leemage
114 ph © Josse/Leemage
117 ph © RMN / Réunion des Musées Nationaux
120-1 ph © RMN-Grand Palais/Agence Bulloz
120-2 ph © Josse/Leemage
133 ph © Josse/Leemage
136 ph © Isadora/Leemage
137 ph © RMN - Hervé Lewandowski
138 ph © Musée Carnavalet / Roger-Viollet
157-b ph © Sime/Photononstop
157-h ph © Rick Dalton/AgStock Images/Corbis
176 ph © Marie-Aline Vrevin
191 ph © Ho/AFP
193 ph © Rémy Gabalda/AP/Sipa Press
205 ph © Yann Arthus Bertrand/Altitude
208-b ph © Tschaen/Sipa Press
208-b © ADAGP, Paris 2013
208-h ph © Laurent Grandguillot/REA
209 ph © Paul Miller
211 ph © Pascal Maitre/Cosmos
212 ph © Scott Dalton/The New York Times/REA
217 ph © NASA/Corbis
218 ph © Jason Pineau/All Canada Photos/ Corbis
231 ph © Vario Press / Photononstop
234 ph © Westend61/Photononstop
235 ph © Dominique Halleux/Biosphoto
239 ph © Pierre Andrieu/AFP
240 ph © Hervé HUGHES/ hemis.fr
245 ph © USGS/SPL/Cosmos
251 ph © Thony Belizaire/AFP

Maquette de principe : Frédéric Jély
Mise en page : Olivier Cabon
Cartographie et schémas : Légendes cartographie, Coredoc, Édigraphie
Iconographie : Nelly Gras / Hatier illustration
Édition : Grégoire Thorel

Achevé d'imprimer par I.M.E. à Baume-les-Dames - France
Dépôt légal : 96892-1/02 - mai 2014